헤르만 바빙크의 기독교와 믿음의 본질

- 기독교 신앙의 본질과 정체성에 대한 초시대적 성찰 -

다함
도서출판 **다함** 은

1. **다윗**과 **아브라함**의 자손

   아브라함과 다윗의 자손으로, 하나님 구원의 언약 안에 있는 택함 받은 하나님 나라 백성을 뜻합니다.

2. 마음과 뜻과 힘을 **다하여** 하나님을 사랑하라

   구약의 언약 백성 이스라엘에게 주신 명령(신 6:5)을 인용하여 예수님이 가르쳐 주신 새 계명
   (마 22:37, 막 12:30, 눅 10:27)대로 마음과 뜻과 힘을 다해 하나님을 사랑하겠노라는 결단과 고백입니다.

사명선언문
1. 성경을 영원불변하고 정확무오한 하나님의 말씀으로 믿으며, 모든 것의 기준이 되는 유일한 진리로 인정하겠습니다.
2. 수천 년 주님의 교회의 역사 가운데 찬란하게 드러난 하나님의 한결같은 다스림과 빛나는 영광을 드러내겠습니다.
3. 교회에 유익이 되고 성도에 덕을 끼치기 위해, 거룩한 진리를 사랑과 겸손에 담아 말하겠습니다.
4. 하나님 앞에서 부끄럽지 않도록 항상 정직하고 성실하겠습니다.

헤르만 바빙크의 **기독교와 믿음의 본질**
- 기독교 신앙의 본질과 정체성에 대한 초시대적 성찰 -

초판 1쇄 인쇄 2026년 01월 12일
초판 1쇄 발행 2026년 02월 02일

지은이 ｜ 헤르만 바빙크
옮 김 ｜ 이동영

디자인 ｜ 장아연
교 정 ｜ 강동규
펴낸이 ｜ 이웅석
펴낸곳 ｜ 도서출판 다함
등 록 ｜ 제 402-2018-000005호
주 소 ｜ 경기도 군포시 산본로 323번길 20-33, 701-3호(산본동, 대원프라자빌딩)
전 화 ｜ 031-391-2137
팩 스 ｜ 050-7593-3175
블로그 ｜ https://blog.naver.com/dahambooks
이메일 ｜ dahambooks@gmail.com

ISBN 979-11-994307-8-5 [04230] ｜ 979-11-90584-00-5 (세트)

기독교 신앙의 본질과 정체성에 대한 초시대적 성찰

헤르만 바빙크의
교회를 위한 신학
08

헤르만 바빙크의

기독교와 믿음의 본질

헤르만 바빙크 지음
이동영 옮김

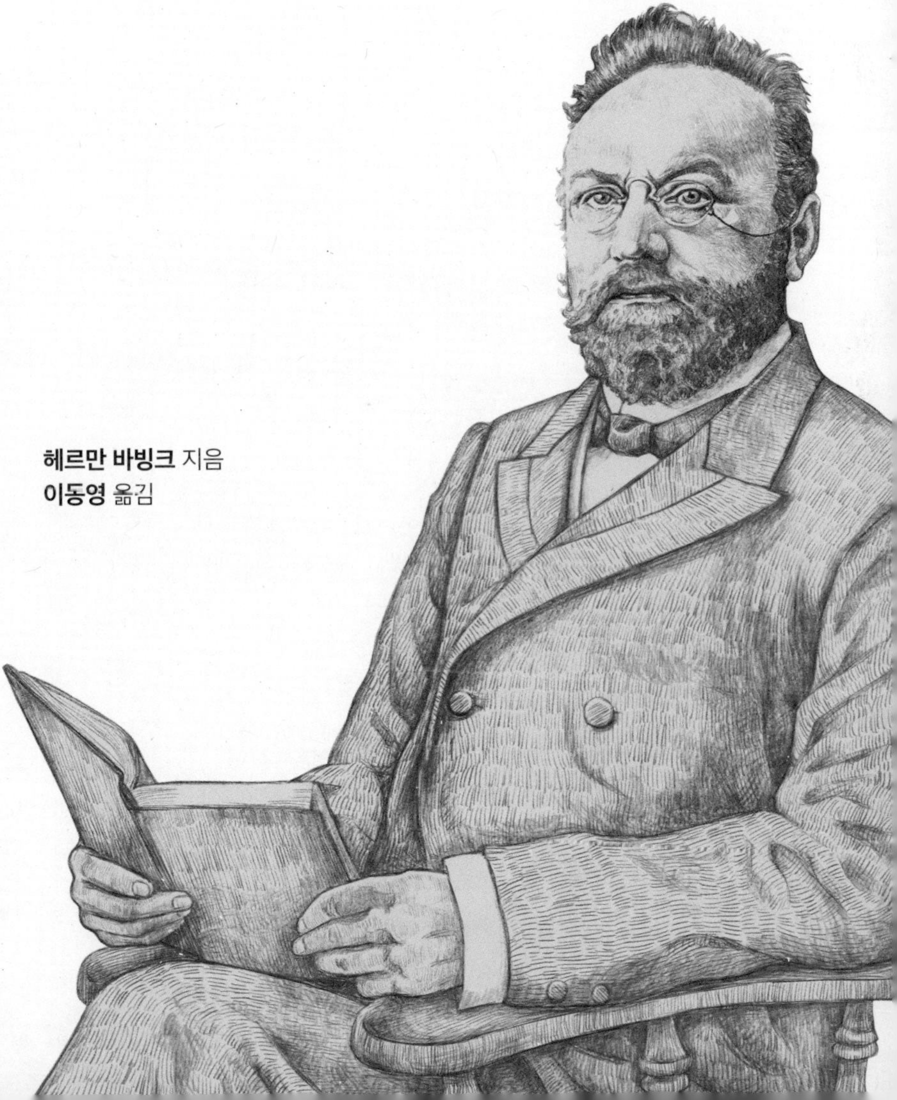

목차

추천사

이 책은 헤르만 바빙크의 신학을 해설하거나 요약한 저술이 아니라, 그의 사유를 잘 드러내 주는 여섯 편의 소품을 충실히 옮긴 번역서입니다. 초기에서 후기까지 이어지는 바빙크의 신학적 여정을 따라가며, 독자는 "기독교란 무엇인가"라는 근본 질문 앞에 다시 서게 됩니다.

네덜란드 개혁신학을 깊이 연구해 온 이동영 박사의 번역은 단순한 언어적 번역을 넘어, 전통에 대한 깊은 이해와 사상사적 통찰에 근거한 신학적 작업입니다. 그의 번역은 바빙크 특유의 명료함과 따뜻함을 한국어의 질서 속에 차분하고 안정되게 정착시킵니다.

신앙을 지식과 직관, 사랑의 유기적 관계 속에서 조망하는 바빙크의 통찰은 오늘의 교회와 신학을 깊이 성찰하게 합니다.

이 번역서는 개혁파 신학이 근대를 통과하며 보편 교회를 향해 어떻게 열려 있었는지를 분명히 증언합니다.

신앙의 본질을 다시 묻고자 하는 이들에게, 이 책은 신뢰할 수 있는 안내서가 될 것입니다.

안인섭 (총신대학교 신학대학원 역사신학 교수)

바빙크의 책을 읽으면 100년 전에 살았던 그가 마치 현시대를 내다본 것 같다는 느낌을 받습니다. 이 책 역시 시대를 초월하는 통찰이 가득합니다. 이 책에서 종종 드러나는 바빙크의 사유는 겉보기에는 변증법의 구현처럼 보입니다. 대조되는 두 극단을 차례로 제시하고 둘을 극복하는 또 다른 견해를 제시하기 때문입니다. 하지만 바빙크가 추구한 방법론은 변증법이 아니라 성경적 종합이라 불러야 마땅합니다.

종교개혁 연구가였던 에밀 두메르그는 칼뱅의 신학을 '활'에 비유한 적이 있습니다. 활시위를 당기면 활대의 양쪽은 팽팽한 힘으로 휘어져 가는데, 그 힘이 강할수록 발사되는 화살은 빨라지고 더욱 단단히 박히게 됩니다. 그 한쪽을 없애고자 하는 사람은 오히려 활 자체를 못 쓰게 만들 것입니다. 이와 같이 이 책에 실린 바빙크의 사상도 그 이율배반 혹은 상반대립의 특징 덕분에 더욱 강력한 개혁주의 사상이 됩니다.

중요한 것은 바빙크가 이 대립의 종합을 성경 때문에 도입한다는 사실입니다. 바빙크는 성경에서 모순처럼 보이는 부분이 오히려 역설적 진리를 밝혀주는 것으로 보았고, 그것을 이 책에서 신앙과 기독교의 본질을 다룰 때 적용했습니다. 따라서 그의 종합은 철저하게 성경에 기초한 종합입니다.

G. K. 체스터튼은 "기독교는 서로 격렬하게 반대되는 것들을 능숙하게 연결시키는데, 둘 다를 놓치지 않고 또한 둘 모두를 계속 격렬하게 만듦으로써 그렇게 한다."라고 했습니다. 이 책을 읽는 독자들은 체스터튼의 말이 무슨 뜻인지 실감하게 될 것입니다.

우병훈 (고신대학교 신학과 교의학 교수)

요즘은 과거 30여 년 전 상황에서 공부하던 시절과는 무척 많이 달라졌습니다. 논문을 작성하는 과정에서 불어에 문외한인 사람이 불어로 된 논문을 읽어야 할 때면 소양을 갖춘 다른 이에게 유료 번역을 의뢰하여 그 영역을 습득하곤 했으나, 요즘은 인공지능(Artificial Intelligence) 번역 프로그램이 90% 수준까지 초벌 번역을 제공하는 시절이 왔으니 말입니다.

노력과 시간과 비용을 크게 절감하며 연구할 기회가 제공되는 시절에, 귀한 원고를 발굴하고 애정 어린 번역을 제공한 이동영 박사님의 특별한 수고를 기억하게 됩니다. 내용적인 면에서 새롭지는 않으나, 형식적인 면에서 저자의 생각을 집중적으로 접하고 읽을 수 있도록 단편 자료를 모아 편집했다는 점에서 귀한 책입니다.

순서와 상관없이 어느 장이나 읽어도 되는 성격의 글 모음집이어서 독자가 저자에게 더 친숙하게 다가설 수 있지 않을까 싶어 기꺼이 일독을 권하게 됩니다. 헤르만 바빙크(Herman Bavinck, 1854-1921)의 글이 세계 개혁교회의 지체에게 이렇게 애독될 줄은 저자 자신도 미처 예상하지 못했을 것입니다. 한국 개혁교회의 지체에게도 이런 기회가 제공되니 지체의 한 구성원으로서 여간 기쁘지 않을 수 없습니다.

유태화 (백석대학교 신학대학원 조직신학 교수)

혼동된 시대를 향해 확신을 선포하는 신학자, 지난 한 세기 넘는 세월동안 네덜란드의 신학자 헤르만 바빙크가 끼친 공헌은 이루 헤아릴 수 없습니다. 개혁주의의 후예임을 자처했던 모든 신학자들, 교의학의 역사를 다시 써나가길 원했던 바르트와 같은 신학자들까지 바빙크의 신학으로부터 귀감을 찾고자 했습니다.

본 번역서에 소개된 여섯 편의 글은 그들이 왜 그토록 거센 도전들의 돌파구를 바빙크로부터 찾고자 했는지, 그리고 다원주의와 세속주의의 도전이 몰아치는 오늘의 현실 속에 그의 이름이 힌트를 줄 수 있는지 단적으로 보여주는 수작들입니다. 본문에서 반복되듯, 바빙크는 살아계신 하나님, 살아있는 믿음, 그리고 예수의 복음을 따라 살아가는 생명의 삶을 추구해 나갔습니다. 이름만 들으면 알 만한 학문적 대가들에 맞서 정공법의 대결을 펼치며, "기독교와 믿음의 본질이란 바로 이런 것이다"라고 설파하는 바빙크의 육성에서 우리는 살아계신 하나님을 경외하는 신학자의 애절한 외침을 들을 수 있습니다.

특별히 바빙크의 이 위대한 저술들이 경건하고 탁월한 번역자의 세밀한 손끝을 통해 우리 앞에 놓이게 되는 것은 복된 일이 아닐 수 없습니다. 본문을 통해 우리는 바빙크의 경건과 예리한 지성이 시대를 가로질러 이동영 교수님의 펜 끝에서 공명(共鳴)을 일으키며 감동으로 이어지는 것을 느낄 수 있습니다. 마치 지금 바로 여기 나의 앞에서 바빙크 자신이 권면하고 대화하고 있는 것 같은 생생한 체험을 본 번역서는 제공해 주고 있습니다. 많은 이들과 함께 이러한 경험을 나누기를 소원합니다.

이상은 (서울장신대학교 조직신학 교수)

역자 서문

헤르만 바빙크(Herman Bavinck, 1854-1921)는 개혁파 정통주의의 마지막 세대에 속한 신학자이며, 이 전통이 낳은 가장 위대한 신학자 가운데 한 사람입니다. 그의 신학은 한편으로는 개혁파 정통주의에 깊이 뿌리를 내리고 있으면서, 또 다른 한편으로 근대 사상의 흐름과 정직하고 열린 자세로 대화함으로써 개혁교회적이면서도 동시에 보편교회적인 신학을 지향하였습니다.

이번에 역자는 바빙크의 방대한 저술 가운데서, 특별히 기독교 신앙의 본질과 정체성을 다룬 세 편의 소품과 믿음(신앙)을 주제로 한 세 편의 소품, 곧 총 여섯 편의 작품을 한 권에 묶어 독자들에게 소개합니다.

앞의 세 작품은 그의 신학적 여정의 초기, 중기, 후기에서 각

각 집필되었지만, 모두 "기독교란 무엇인가?"라는 동일한 물음을 중심 주제로 삼고 있습니다. 독자들은 이 세 작품을 통하여 기독교 신앙의 본질과 정체성에 관한 바빙크의 신학적 관점을 선명하게 조망해 볼 수 있을 것입니다. 옛 성현의 말씀 가운데 '본립도생'(本立道生)이라는 사자성어가 있습니다. 그 뜻은 "근본을 바르게 세워야 비로소 길이 열린다"라는 의미입니다. 그러기에 "기독교 신앙이란 무엇인가? 기독교의 본질은 무엇인가? 기독교는 어떤 종교인가?" 이것들은 기독교의 사활이 걸린 실로 중요한 질문이 아닐 수 없습니다.

첫 번째 작품인 『기독교 신앙』(*Het Christelijk Geloof*, 1883)은 바빙크가 비교적 젊은 시절에 집필한 소품으로서, 당시 유럽 신학계를 휩쓸던 자유주의 신학과 자연주의적 종교 이해에 맞서 기독교 신앙의 초월성, 고유성, 그리고 특별함을 변증하는 그의 시도를 담고 있습니다. 우리는 이 작품을 통해서 삼위일체 하나님에 대한 신앙을 기독교 신앙과 신학의 중심에 놓는 그의 신학적 관점이 그의 신학의 초기부터 이미 뚜렷하게 드러나고 있음을 확인할 수 있을 것입니다.

두 번째 작품인 『기독교의 본질』(*Het wezen van het christendom*, 1906)은 바빙크의 신학적 사유가 원숙기에 접어든 무렵에 발표된 강연 원고입니다. 그는 이 소품에서 그 자신 특유의 유려하고 명료하며 따뜻한 문체로, 기독교의 본질이 "하나님께서 인간을 찾아오시는 은혜의 역사"에 있음을 밝힙니다. 기독교의 중심은 인간의 도덕성, 종교성, 혹은 철학적 사변이 아니라 "예수 그리스도 안에서 계시된 하나님"임을 강조합니다. 그는 다음과 같이 말합니다. "기독교는 그 모든 아름다움과 영광 가운데 마침내 우리 영혼의 눈앞에 드러나게 될 것입니다. 왜냐하면, 기독교는 성부 하나님께서 창조하셨으나 타락한 세상을 성자의 죽음을 통해 화해시키시고, 성령을 통해 다시 창조하셔서 하나님의 나라로 세우시는 삼위일체 하나님의 위대한 사역이기 때문입니다."

세 번째 작품인 『기독교』(*Het christendom*, 1912)는 바빙크 생애의 후반기에 집필된 저작으로서, 그의 깊은 신앙적·신학적 통찰이 응축된 원숙한 작품입니다. 그는 이 작품에서 기독교가 단순한 교리 체계나 제도적 종교가 아니라, 삼위일체 하나님의 '구원 역사', 곧 '창조'와 '타락'과 '구속'과 '재창조'의 대서사 속에서 인간 존재의 목적과 의미를 새롭게 밝히는 계시의 종교임을 강조합니다. 이를 통해 그는, 기독교라는 종교가 이 세상에 존재하는 모든 종교 가운데 유일하고 독특하며, 특별한 위치를 차지하는 종교라는 사실을 천명합니다.

독자들은 이 세 개의 소품들을 통해 기독교 신앙의 본질과 정체성에 대해 대단히 명료하고 풍요로우며, 정통하고, 아름다운 신학적 통찰들을 얻게 될 것입니다. 이 작품들이 오늘날 기독교 신앙의 본질과 정체성을 찾기 위해 고민하는 수많은 독자에게 한편의 길잡이가 되고, 따뜻한 위로와 격려가 되며, 아름다운 진리의 찬송이 되기를 희망합니다.

후자의 세 작품은 모두 믿음을 주제로 한 소품들입니다. 『민음의 학문』(*Geloofswetenschap*, 1880), 『믿음과 직관』(*Geloof en Aanschouwing*, 1902), 『믿음과 사랑』(*Geloof en Liefde*, 1909). 각 작품의 출처와 의의는 각 글의 첫머리에 있는 역자주에서 상세히 설명해 두었습니다. 독자들은 이 세 작품을 통해 기독교의 믿음이 단순히 인간의 종교적 경험에서 비롯된 '절대적 의존감정'에 그치지 않고, '지식', '직관', '사랑'과 유기적으로 깊은 관계를 맺으며, 이들을 생동하게 하는 내적 동력임을 깨닫게 될 것입니다. 역자의 바람이 있다면, 지식. 직관. 사랑과 관계하는 믿음의 다층적인 차원을 다룬 이 세 편의 탁월하고도 아름다운 작품이 독자들에게 역사적 기독교가 지향해 온 믿음의 정수를 올바르게 이해하고 정립하는 일에 도움이 되었으면 합니다.

끝으로, 어려운 출판 환경 속에서도 한국 교회의 미래를 염려하며 좋은 신학 서적을 묵묵히 출판해 온 「도서출판 다함」의 이웅석 대표님께 깊은 감사와 경애의 마음을 전합니다. 그리고 오래전 오스트리아 비인에서 당시 젊디젊은 목사를 도와 아름다운 교회 공동체(비인 정동교회)를 세우기 위해 헌신했던 성 삼위 하나님의 착하고 올곧은 종 안준호 장로님과 이순실 권사님께 이 역서를 감사의 마음을 담아 헌정합니다. 장로님 내외분의 노년이 삼위일체 하나님의 은총 가운데서 항상 행복하시기를 기도합니다.

2025년 12월 3일
아기 예수님의 탄생을 기다리는 대림의 계절에
역자 이동영

헌사

오래전 오스트리아 비인에서 젊디젊은 목사를 도와 아름다운 교
회 공동체 비인 정동교회를 위해 헌신하셨던, 성 삼위 하나님의 착
하고 올곧은 종 안준호 장로님과 이순실 권사님께 이 역서를 감사
의 마음을 담아 헌정합니다. 장로님 내외분의 노년이 삼위 하나님
의 은총 가운데 항상 행복하시기를 기도합니다.

I. 기독교란 무엇인가?

1. 기독교 신앙

『기독교 신앙』(*Het Christelijk geloof*, 1883)은 네덜란드 신학지 「지유교회」(*De Vrije Kerk*), 제9권(1883년) 제1월호, 제2월호, 제4월호에 세 편의 연속 논문(articles) 형식으로 실렸던 글이다.

출처 및 페이지 정보 - *De Vrije Kerk*, 제9권: 제1월호(pp.44-47), 제2월호(pp.90-95), 제4월호(pp.184-193).

비록 분량은 적지만, 기독교 신앙의 본질과 내용을, 특히 삼위 하나님과의 관계 속에서 기독교 신앙의 본질과 내용을 바빙크 특유의 명료하고, 유려하며, 따뜻한 문체로 밝히 드러낸 아름다운 작품이다.

깊이가 결여된 시대

오늘날의 교회는 신앙고백의 깊이와 확신에 있어서 과거의 교회들과 비교할 수 없다는 사실을 -비록 그것이 우리에게는 불명예스러운 일이지만- 인정하지 않을 수 없습니다. 그러나 반대로, 오늘날 기독교는 과거보다 훨씬 더 널리 알려지고, 더 폭넓게 이해되고 있다는 사실 또한 부정할 수 없습니다. 오늘날에는 기독교 신앙이 지닌 사회적 영향력, 어쩌면 우주적인 영향력까지도 이전 세기들보다 훨씬 더 뚜렷하게 인식되고 있습니다. 그리고 이러한 측면 역시 기독교 진리의 중요한 한 부분으로서 정당하게 평가되어야 한다는 점에 대해서, 이의를 제기할 사람은 없을 것입니다. 우리 또한 모든 성도들과 함께, 그리스도의 사랑이 지닌 깊이와 높이뿐만 아니라, 그 너비와 길이가 어떠한지를 알아가야만 하기 때문입니다. 그러나 바로 이러한 진리에 대한 개념이, 오늘날 많은 사람들에게 심각한 영적 위험을 불러올 수 있다는 사실 역시 결코 간과해서는 안 됩니다.

기독교 신앙의 이러한 '너비와 길이'에 특별한 관심이 집중되고 있는 것이 바로 오늘날의 시대라는 사실은 결코 우연이 아닙니다. 이는 우리 시대의 전반적인 성격과 깊이 연결되어 있습니다. 오늘날 사람들은 성공을 좇고, 광범위하고 거대한 것에 쉽게 매력을 느끼며 이끌립니다. 또한, 쉽고 가벼운 일에 호감을 갖습니다. 공리주의적 사고와 확률 계산은 우리 세대의 모든 사람 속으로 깊숙이 파고들어, 뼛속까지 영향을 미치고 있는 실정입니다.

　오늘날의 핵심적인 질문은 "무엇이 허용되는가?"가 아니라 "무엇이 가능한가?"이며, "무엇이 선한가?"가 아니라 "무엇이 유익한가?"입니다. 모든 것을 활용하고, 착취하고, 가능한 한 적은 노력으로 많은 생산(실적)을 얻고자 하는 것이 거의 모두의 목표이자 목적입니다. 이러한 사실을 설명하기 위해 실제적인 예를 드는 것조차 불필요합니다. 예시는 지천에 널려 있기 때문입니다. 예술, 특히 건축에서는, 피상적인 관람객(구경꾼)에게도 강렬하게 감동시키고 인상 깊게 하는 것이 무엇인가가 핵심적인 질문이 되었습니다. '가볍고 촘촘하게 [가득 차] 있는 것'이 오늘날의 표어가 되었습니다. 내부에 무엇이 있든 상관없습니다. 겉에 무엇이 있느냐가 중요합니다. 학교 교육, 즉 그것이 고등교육이든 초등교육이든 간에, 교육의 핵심은 가능한 한 짧은 시간 안에 머릿속을 온갖 잡다한 지식으로 가득 채우는 것입니다. 그리고 상업과 산업은 무엇을 제공하는가가 아니라, 무엇을 벌어들일 수 있는가에 대한 계산하에서 운영됩니다. 그리고 그 핵심적인 목표는 다름 아닌 투기입니다.

　이와 같은 깊이의 결여는 이제 고차원적 삶의 영역에서도 뚜렷이 나타납니다. 종교와 도덕에 있어서조차 사람들은 가능한 한 빨리 자신만의 '생활 방식'을 만들어내려 합니다. 그리고 자신들의 생활 방식이 미개하거나 품위 없게 보이지 않을 정도의 수준만 유지한다면 그것으로 충분하다고 생각합니다. 하나님과 덕과 불멸, 그리고 여기에 몇 가지 가벼운 도덕 규칙만 더하면, 오늘날의 종교적-도덕적 인간들은 그것들만으로 자신들의 삶이 충분히 완성된 셈이며, 그로 인하여 천국에 들어갈 충분한 자격 또한 갖추고 있다고 생각합니다. 그 이상의 깊은 탐구는 시간 낭비로 간주합니다. 왜냐하면, 시간은 곧 돈이기 때문입니다. 진지한 자기 성찰은 불필요한 것이며, 광신적인 성향을 지닌 일부 사람들이나 일삼는 것으로 치부됩니다. 영혼의 문제에 대해서는 너무 깊이 생각해서는 안 된다는 것이 오늘날의 대체적인 분위기입니다. 사람들은 영혼이 무엇을 원하든 상관없이, 자신들이 하는 일이 잘 풀리기만 하면, 그것으로 족하다고 생각합니다. 그리고 영혼은 다음과 같이 대충 달래질 수 있을 것이라 여깁니다. "내가 내 영혼에게 이르되 영혼아, 보라, 여러 해 동안 쓸 물건(재물)을 많이 쌓아 두었으니, 평안히 쉬고 먹고 마시고 즐거워하자!"(눅 12:19)

바른 믿음으로 돌아가자

내용과 본질은 뒷전이고, 오직 규모와 숫자에만 관심을 가지는 피상적인 태도는 예수 그리스도를 [주님으로] 고백하는 이들 가운데에서도 얼마든지 발견됩니다. 물론 [그들이] 고백을 하기는 합니다. 그러나 그들에게서 고백의 뜨거움은 찾아볼 수 없고, 너무나 빈번하게 고백은 흥분된 감정이나, 당파적 열정에서 비롯되며, 진심에서 우러나오는 깊은 내면적 체험에 근거한 경우는 무척 드뭅니다. 우리는 고백하되, 마치 숨어서 하듯이 고백하며, 때로는 부끄러움을 느끼며 고백합니다. 우리는 자주 우리 믿음의 근거를 신뢰하지 못하고 -마치 그 믿음의 근거에 대한 성찰 안에 어떤 위험이 도사리고 있기나 한 것처럼- 그 믿음의 근거에 대하여 깊이 성찰하는 일에 주저합니다. 의심할 바 없이, 예전에 우리는 신앙을 '가장 거룩한 믿음'이라 불렀습니다. 그러나 지금 이 말을 거리낌 없이 입에 올리는 사람이 얼마나 될까요? 당파적 열정과 집단적 이익은 차고 넘치지만, 정작 신앙(믿음), 감화, 열정, 경외, 거룩한 열망은 지금 어디에서 찾아볼 수 있다는 말입니까? 우리는 고백하는 법을 잃어버리고 말았습니다.

이러한 현상의 원인은 멀리서 찾을 필요가 없습니다. 세상에 속한 사상과 관념이 우리를 지배하게 되었고, 교회의 영역 안으로까지 침투해 들어왔습니다. 우리는 자주 지나친 착각에 사로잡혀 있습니다. 즉, 우리가 살아가는 이 사회가 여전히 과거 300년 이전처럼 교회의 신앙고백에 근거하여 형성되고 다스려지고 있다는 착각 말입니다. 그러나 그렇지 않습니다. 물론, 여기저기에 신앙고백의 흔적과 영향이 남아 있는 곳도 없지는 않습니다. 그러나 오늘날 민족들이 도덕적, 시민적, 정치적 원리와 사상을 끌어내는 근원은 전혀 다른 곳에 있습니다. 사회는 변화하고 말았습니다. 사회는 기독교, 곧 종교개혁으로부터 자기 자신을 이탈시켜 버렸습니다. 교회는, 자신도 모르는 사이에, 아무런 의심이나 경계도 없이 이러한 혁명의 흐름에 영향을 받아 왔던 것입니다. 교회는 그와 같은 과정에서 수많은 개념과 사상, 그리고 세계관을 비판 없이 받아들였습니다. 심지어 혁명의 원리와 탐구 방법, 그 결과들, 그리고 거기에 속한 언어들까지도 비판 없이 받아들였습니다. 그것이 오늘날 우리가 무력하게 된 원인이며, 우리 자신의 신앙(믿음)과 그 신앙의 기초를 의심하게 만든 원인입니다.

이에 맞서 우리는 그리스도의 교회가 세상과는 전혀 다른 삶을 살아간다는 사실을 다시금 분명히 깨달아야만 합니다. 예수 그리스도를 믿는 사람은 진정으로 새로운 사람, 곧 전혀 다른 [새로운] 존재가 된다는 진리를 우리가 진지하게 받아들여야만 합니다. 우리는 오직 믿음 안에서만 우리의 힘과 능력을 찾아야 하며, 그러기에 교회와 세상 사이에서 어떤 절충을 시도하려는 모든 노력을 포기해야만 합니다. 둘은 정반대입니다. 이것은 생사를 건 투쟁입니다. 그러므로 세상이 우리의 믿음을 어리석다고 여기고, 불합리한 것으로 여겨서 거부한다고 할지라도, 우리는 그것에 대해서 전혀 놀라지 말아야만 할 것입니다. 왜냐하면, 그것은 너무도 당연한 일이기 때문입니다. 오히려 우리가 이상하게 여겨야만 할 것은, 세상이 여전히 우리의 믿음 중 많은 부분을 받아들이고 있다는 사실에 있습니다. 그것은 오직 은혜로 말미암은 것이며, 또한 세상이 자기 원칙에 불성실하기에 빚어진 일입니다. 그리고 그것은 찬란했던 과거가 계속해서 약화 되어 가고 있는 여운에 불과합니다.

이제부터 우리는 앞서 개진한 진술들을 명확히 하기 위해, 우리 믿음(신앙)의 성격과 기초, 그리고 내용을 간략하게 살펴보고자 합니다.

보이지 않는 것을 보는 눈

1. 교회의 삶은 믿음의 삶입니다. 교회는 믿음으로부터, 믿음을 통해, 믿음 안에서 살아갑니다. 교회의 모든 행위와 활동, 생각과 말, 지식과 행동은 믿음의 영역 안에서 움직입니다. 이 사실은 무엇을 의미하는 것일까요? 교회는 보이지 않는 것들로부터 살아가며, 세상의 지혜가 주장하는 것과는 정반대의 것들을 고백한다는 뜻입니다.

사물의 외형, 즉 눈에 보이는 것은 교회를 반대합니다. 이와 같은 사실은 가장 작고 사소한 일에까지 드러납니다. 세상 사람들은 "창조 세계가 사랑의 하나님에 대해 말해 주지 않는다"고 말합니다. 그러나 교회는 이 모든 반론에도 불구하고 "하나님은 사랑이시다"라고 신실하게 고백하며, 이 사실을 강력하게 주장합니다. 사람들은 "이 세상 외에 다른 세상은 없으며, 이 세상이 가장 좋은 세상이며, 더 나은 세상은 없다"라고 외칩니다. 그러나 교회는 "여전히 다른 세상, 더 나은 세상이 있으며, 보이지 않으나 영원한 보화로 가득한 나라가 반드시 도래할 것이며, 이 세상은 타락한 세상이지만, 그 나라, [곧 하나님의 나라]를 향해 나아가고 있다"라고 응답합니다. 사람들은 성경이 너무나 낯설고, 자신들의 심기를 너무 많이 거슬리게 한다고 말합니다. 그러나 교회는 성경이 하나님의 말씀이라고 고백합니다. 사람들은 십자가에 못 박히신 분은 우리에게 걸림돌이요, 어리석음이라고 말하지만, 교회는 우리에게 십자가에 달린 분이 하나님의 능력이시며, 하나님의 지혜라고 고백합니다. 교회는 십자가에 못 박히신 분이 나의 주님이시며 나의 하나님이시고, 나의 유일한 영광이시며, 내 삶의 힘이 되신다고 말합니다. 그리고 내 양심은 내가 하나님의 모든 계명을 어기고 여전히 모든 악에 기울어져 있다고 나를 고발합니다. 그럼에도 불구하고, 교회는 스스로 나는 하나님 앞에서 의롭다고 말합니다. 사람들은 조상들이 잠든 이래로, 창조의 시작 때부터 지금에 이르기까지 만물은 하나도 변한 것 없이 그대로 남아 있다고 말합니다. 그러나 우리는 새 하늘과 새 땅을 기대하며 기다립니다.

이것이 바로 믿음의 '그럼에도 불구하고'의 차원입니다. 가난하지만 부유하고, 아무것도 없지만 모든 것을 소유하고 있으며, 죽음과 저주의 죄를 범했지만 영생의 상속자이며, 지옥의 암영이 드리워져 있지만, 천국의 시민입니다. 믿음은 바로 '그럼에도 불구하고'를 이러한 양자의 엄청난 대립적인 현실 사이에 놓습니다. 한쪽은 말합니다. "그렇게 보입니다." 그에 반하여 다른 한쪽은 선언합니다. "그러나 실제로는 그렇지 않습니다." 이 세상의 기준, 곧 타락하고 사라져가는 세상의 기준으로 보면 "그렇게 보입니다." 그러나 또 다른 세계, 곧 진정한 세계의 법칙에 따르면 "실제로는 그렇습니다." 장차 도래할 다른 세계는 더 나은 세계이며, 우리가 그것을 향해 나아가야 할 세계입니다. 언젠가 이 세계는 그다음 세계로 넘어갈 것입니다. 겉모습, 곧 눈에 보이는 것들이 말해 주는 것을 기준으로 보면 다음과 같이 말할 수 있습니다. "세상이여, 너희 말이 옳다. 그렇다면 하나님도, 천국도, 거룩함도, 영광도 없다. 인간의 자녀들에게 일어나는 일이 짐승들에게도 일어나며, 둘 모두에게 같은 일이 닥친다.”

누가 사람의 숨결은 위로 올라가고 짐승의 숨결은 땅 아래로 내려간다는 것을 깨달을 수 있겠습니까? 그러나 이러한 눈에 보이는 것에 대한 가르침에 반하여, 믿음은 보이지 않는 것들이 영광스러우면서도 매우 강력하다는 사실과 더불어 겉모습의 학문인 ‘현상학’에 맞서서 ‘믿음의 학문’을 제시합니다. 우리의 믿음은 시종일관 하나의 거대하고 두려울 만큼 심오한 역설, 곧 신비에 휩싸인 선언입니다. 믿는다는 것은 다름 아닌, 하나님을 옳다고 인정하는 것이고, 인간과 세상을 포함한 그 외의 모든 것들을 그릇되다고 선언하는 것입니다. 믿음이란 환상의 눈가리게를 찢어버리는 것, 길고 숨 막히는 꿈에서 깨어나는 것, 술에 취한 듯한 혼미한 정신상태에서 벗어나 제정신으로 돌아오는 것을 의미합니다. 곧 신앙은 다음과 같은 사실을 인정하는 것입니다. 사물과 나 자신조차도, 내가 흐릿한 눈과 근시안적 시선으로 보는 그대로의 것들이 진짜가 아니라, 영광의 하늘에서 하나님께서 보시는 그대로의 것들이 진짜라는 사실을 인정하는 것입니다.

온 세상에 대한 부인

그러므로 믿음은 한편으로는 자기 부정, 곧 자기 자신, 이성, 의지, 감정, 상상력, 모든 사물, 온 세상을 부정(부인)하는 것이며, 또 다른 한편으로는 하나님께 의지하고, 다음과 같이 겸손하게 고백하는 것입니다. "오 나의 하나님, 주께서는 [언제나] 옳으십니다. 주의 말씀은 진리입니다." 그러나 이러한 '믿음의 그럼에도 불구함'을 기쁨으로 말할 수 있으려면, 도덕적인 힘, 그것도 소수에게만 주어지는 도덕적으로 특별한 용기가 필요합니다. 왜냐하면, 아무나 '그럼에도 불구하고'라고 말할 수 있는 것이 아니기 때문입니다. 아무리 연구하고 공부해도, 인간의 힘으로는 결코 그러한 [신앙의] 경지에 도달할 수 없습니다. 모든 사물의 외형적 모습과 모든 학문적 주장에 맞서서, 전혀 다른 차원의 질서를 주장하며, 세상의 지혜 속에서 어리석음을 발견하며, 십자가의 어리석음 안에서 최상의 지혜를 경배하며, 자기 자신에 맞서서, 자신이 원하고, 느끼고, 생각하고, 믿어왔던 것과는 전혀 반대되는 것들을 받아들이는 것, 이것이야말로 도덕적이고 영적인 능력의 표현입니다. 죄에 빠진 인간은 그 누구도 자기 스스로 이러한 능력을 발현시킬 수 없으며, 오직 성령의 강력한 역사로만 그러한 능력은 현시될 수 있습니다. 보이지 않는 하나님의 진리와 그분의 신실하심을 믿는다는 것은, 보이지 않는 그분의 능력에 의해서만 가능한 일입니다. 하나님의 나라를 볼 수 있으려면, 그 나라에 속해 있어야 하며, 중생을 통해서 그 나라의 시민이 되어야만 합니다.

그러므로 세상은 믿을 수 없습니다. 위대한 일을 수행하기에는 세상이 지닌 도덕적 힘이 너무나 부족합니다. 세상은 연약하며, 영적인 것과도 거리가 멉니다. 만일 세상이 참으로 믿을 만한 것이라면, 그 순간 더는 '세상'일 수 없습니다. 물론 한때 세상은 그리스도의 교회가 지닌 강인한 믿음과 영웅적인 신앙고백의 영향력 아래 놓여 있었지만, 그 영향으로 인해 자신의 본모습을 억제당한 채 잠시 유지되었을 뿐입니다. 그러나 그것은 세상의 자발적인 반응도, 진정한 본모습도 아닙니다. 세상은 단지 언젠가 그 멍에를 벗고 자신을 해방시킬 기회가 올 때까지 그 실체를 감추고 있는 것뿐입니다. 그러므로 교회 밖에는 참된 의미에서의 믿음은 존재하지 않습니다. 인간 내면 깊은 곳에는, 보이지 않는 것들의 실재성에 대한 확신이 존재하지 않으며, 영혼의 심연 속에도 그 실재성에 대한 신념은 자리 잡고 있지 않습니다. 그 대신 인간의 마음과 영혼 속에는 그저 의견, 관점, 통찰, 생각, 추측이 있을 뿐입니다. 믿음이 없는 곳에는 확고한 신념도 존재하지 않기에, 사람들은 언제나 이렇게 말할 수밖에 없습니다.

"내 생각에는…", "내게는 그렇게 보입니다…", "내가 보기에는…", "내 견해로는…". 이러한 표현들은 오늘날 우리 시대에 넘칠 만큼 흔한 말들입니다. 그래서 결국은 모든 것이 이렇게 되어버립니다. "내 생각에는 하나님이 계신 것 같고, 덕이라는 것도 있는 것 같고, 영혼의 불멸도 있는 것 같으며, 천국과 지옥도 있는 것 같고, 예수께서도 그리스도이신 것 같습니다." 이렇게 되면, 모든 보이지 않는 것들의 존재가 인간의 판단과 기호에 달려 있는 셈이 됩니다. 하나님의 존재조차도 인간의 동의에 따라 선포되는 꼴이 되고 맙니다. 이는 마치 원로원이나 국회에서 어떤 법안이 다수결의 원칙을 따라 겨우 한 표차로 통과되는 것과 다를 바가 없습니다.

[여러분은] 모든 인간의 판단에 좌우되지 말고, 담대하고 확고하게 고백하십시오. "하나님이 계시며, 나는 그분의 은혜로 지금의 내가 되었습니다." 이렇게 고백할 수 있는 것은 오직 교회뿐이며, 세상은 결코 이와 같이 고백할 수 없습니다. 그러나 세상 역시 때로는, 대담하고 거침없이 하나님을 부인하는 자기 고백을 드러냅니다. 세상이 개인주의에 지쳐갈 때, 결국 자신의 불신앙을 체계화하는 것 외에는 구원도 해방도 찾지 못합니다. 그리하여 마침내, 세상은 교리적 광신에 빠져들고, 마음으로 믿고 입술로 고백하는 이들을 향해 화형대를 세웁니다. 세상은 언제나 두 극단 사이를 오갑니다. 한편에는, 무관심과 유명론, 무정부주의가 자리하고 있으며, 모든 객관적 진리를 개인의 관점에 내맡기고, 모든 절대성을 부정하는 풍조가 있습니다. 다른 한편에는, 절대주의와 국가의 전능함, 전제주의가 있으며, 가장 강한 권력을 가진 자에 의해 진리가 결정된다고 여기는 사고방식이 자리합니다. 이처럼 세상은 항상 이상이 없는 현실주의와 현실이 없는 이상주의라는 양극단 사이를 떠돌고 있습니다. 이상이 없는 현실주의는 인간을 물질 숭배와 육체의 쾌락 속에 빠뜨리고, 현실이 없는 이상주의는 스스로 존재하기 위해 독재자의 강력한 팔에 기대려 합니다.

이에 반하여 교회는 아무런 의심이나 망설임도 없이, 확고하고 담대하게 순교자의 강인함과 기도하는 자의 겸손함으로 자신의 신앙고백을 선포합니다. 교회는 이 두 가지를 동시에 행할 수 있습니다. 왜냐하면, 교회에 있어서 사상(생각)과 실제(현실)는 둘이 아니라 하나이기 때문입니다. 보이지 않는 것들, 영적인 것들, 영원한 것들은 교회에 있어서 가장 참다운 현실이며, 우리가 육신의 눈으로 보는 이 세상의 것들보다 훨씬 더 실제적인 것입니다. 하나님이 계시다는 것, 예수께서 그리스도이시라는 것, 하늘나라가 존재한다는 것은 교회에 있어 수학의 공리보다도 훨씬 더 분명하고 확고한 진리입니다. 만약 이러한 비교가 가능하다면, 교회는 자기 눈에 비치는 햇빛을 의심하는 쪽이, 자기 영혼에 빛을 비추는 더 높은 세계의 실재성을 의심하는 쪽보다 쉬울 것입니다. 왜냐하면, 교회는 사라지는 것은 영원한 것의 그림자일 뿐이라는 어느 시인의 말이 참되다는 것을 깨닫고 있기 때문이며, 하나님의 존재야말로 모든 진리의 초석이자 기초이며 기둥이라는 사실을 알고 있기 때문입니다. 교회는 우리를 이토록 현혹하는 이 세상의 모습, 곧 사물들의 겉모습은 사라져가는 것이며, 보이지 않는 것은 영원하고 불멸하며, 믿는 자들에게만 그 모습을 드러내고 알린다는 사실을 알고 있습니다.

그러므로 교회는, 그 확실함을 허물어뜨리려 하거나, 질서를 뒤엎으려는 모든 사람에 대해서 경계심을 갖고 있으며, 그들에 대해서 매우 회의적입니다. 하나님은 반드시 하나님이 되셔야 하며, 그럴 때라야 인간도 참으로 인간일 수 있습니다. 따라서 교회의 믿음은 모든 의심을 배제하며, 단순한 개인적인 견해와는 본질에 있어서 전적으로 다릅니다. 이 말이 다소 이상하게 들릴지 모르지만, 바로 그 믿음 때문에, 교회는 양심의 자유를 억압하려는 그 어떤 외적인 강제나 내부적인 강박으로부터 자신을 지키며 보호받을 수 있게 되는 것입니다. 왜냐하면, 교회는 그 영혼의 깊은 곳에서 더 높은 세계의 실재를 확신하며, 그 세계를 자신이 붙들고 있는 것이 아니라, 오히려 그 세계가 자신을 붙들고 보존하고 있음을 알고 있기 때문입니다. 교회는 그 더 높은 세계로부터, 그리고 그 세계를 통해서만 살아가며, 그 세계의 존재에 대하여 자신이 아무것도 더하거나 뺄 수 없다는 것을 알고 있습니다. 믿는 자는 조급해하지 않습니다. 거룩한 세계는 스스로 자신을 유지하고 보존합니다. 교회는 그 세계로부터 생명을 부여받아서 살아가며, 자신의 사명은 오직 그 진리에 대해 담대히 증언하는 것뿐임을 알고 있습니다. 언제나 교회는 크고, 힘차게, 성령에 충만하여, 자신감에 넘쳐, 온 세상을 향해 이렇게 외칩니다. "나는 믿습니다"(*Credo*). 그렇게 외치는 것 외에 교회는 달리 외칠 수 없습니다.

믿음의 근거

2. 믿음이 모든 의심을 배제할지라도, 그 믿음이 어떤 근거 위에 서 있는지, 또한 그 믿음이 단지 꿈이나 환상이 아님을 어떻게 증명할 수 있을까요? 기독교 신앙의 특이점은, 그 믿음이 자연이나 인간 안에 존재하는 어떤 힘으로부터 비롯되거나 설명될 수 없

다는 데 있습니다. 기독교 신앙은 이성의 산물도 아니며, 이성적인 추론이나 학문적 연구의 결과도 아닙니다. 기독교 신앙은 하나의 삼단논법적 결론과도 전혀 무관합니다. 믿음은 또한, 마치 인간의 의지가 스스로 그것을 해낼 수 있기라도 한 것 같이 의지의 힘을 나타내는 것도 아닙니다. 왜냐하면, 단지 믿으려고 마음먹는 것만으로는 믿는 것이 불가능하기 때문입니다. 믿음은 또한 감정의 산물도 아니며, 상상력의 결과도 아닙니다. 왜냐하면, 믿음은 그 속성과 성격에 있어서 감정이나 상상과는 본질에 있어서 다르며, 오히려 그것들을 선행하는 것이기 때문입니다. 믿음은 인간으로부터나, 타락한 이 세상의 어떤 힘들로부터도 설명될 수 있는 것이 아닙니다. 우리는 이미 분명히 보았습니다. 참된 믿음이란 보이는 세상에 속한 모든 것, 무엇보다 우리 자신과 우리의 모든 생각과 개념과 성향들을 철저히 부정하는 데 있다는 사실을 말입니다.

그러나 이방인들의 믿음은 이와는 정반대입니다. 이방인들의 믿음은 사도 바울의 말대로, 하나님의 진리를 거짓으로 바꾸고, 창조주보다 피조물을 더 경배하고 섬기며, 보이지 않는 것에 주목하지 않고, 오히려 보이는 것에서 지지와 확신을 구하려고 합니다. 이러한 이방인들의 믿음은 어떤 다양한 형태로 나타나든지 간에, 항상 이 세상에 속한 어떤 것 위에 기초를 두고 있을 뿐입니다. 즉, 이방인들의 믿음은 인간 안에 있는 어떤 힘, 인간의 이성적 사고나 풍부한 상상력에 근거하고 있을 뿐입니다. 그러한 믿음은 언제나 자기 자신 안에서 맴돌 뿐, 결코 그 마법 같은 경계 밖으로 벗어나지 못합니다. 그러한 믿음은 참된 하나님에 대한 신앙이 아니라, 언제나 우상숭배에 머물 수밖에 없습니다. 왜냐하면, 그것은 하나님의 말씀 위에 세워진 믿음이 아니라, 인간의 이해와 관념에 기반한 믿음이기 때문입니다. 반면, 참되고 진정한 기독교적 믿음은 모든 것을 철저히 내려놓는 것이며, 곧 자기 자신을 십자가에 못 박고 무덤에 묻는 것이요, 과거에 의지하던 모든 것이 무너져 내리는 깊은 영적 체험입니다. 그러한 믿음은 인간 안에 있는 그 어떤 것들에도 의존하지 않으며, 오히려 그 모든 것들을 버리고 떠나보낸 후에, 자기 자신을 부인하고 죽음으로써 다시 살아나는 것입니다. 그리하여 우리가 이전에 알지 못했던 새롭고 거룩한 생명으로 인도되는 것입니다.

그렇다면, 그러한 믿음은 오직 살아 계신 하나님 안에서만 안식할 수밖에 없습니다. 온전한 자기 부정과 죽음을 통해 태어나는 이 믿음의 삶은, 죽음 가운데서 생명을, 그것도 썩지 아니할 생명을 밝히 드러내신 그분, 오직 그분으로부터만 나올 수 있습니다. 우리로 하여금 보이지 않는 것들을 마치 보는 것처럼 붙잡게 하고, 실제로 그 보이지 않는 것들로부터 살아가게 하는 이 믿음은 더 높은 세계 자체로부터 우리에게 나타나는 능력의 표현이며, 이 세상 안에서는 결코 설명될 수 없는 신비입니다. 그러므로 그리스도를 믿는다는 것은 곧 성령의 은사요, 성령의 능력이 드러나는 역사입니다.

믿음은 초자연적인 기원을 가지고 있기 때문에, 그 자체 안에 확실성을 지닐 뿐만 아니라, 믿음의 대상인 보이지 않는 것들의 실재성까지도 함께 증거합니다. 그 대상들이 실제로 존재하지 않는다면, 믿음 자체도 존재할 수 없습니다. 그러므로 믿음은 바라는 것들의 실상이요, 보이지 않는 것들의 증거입니다. 한 시인이 신대륙을 발견한 이에게 "그 대륙이 존재하지 않았다면, 바다에서 솟아나야 했을 것이다"라고 노래한 것처럼, 이 표현은 기독교 신앙의 진리에도 그대로 적용될 수 있습니다. 성령의 은사를 받은 자에게는, 그 은사 자체가 성령의 존재뿐 아니라 성령께서 주시는 모든 것들의 결정적인 증거가 됩니다.

믿음의 인침

믿음이 우리 마음 안에서 어떻게 역사하는지를 온전히 설명하기란 참으로 어렵습니다. 이는 성령의 사역이 너무도 놀랍고, 깊이를 헤아릴 수 없으며, 말로 다 표현할 수 없을 만큼 신비롭기 때문입니다. 우리는 여기서 하나의 기적과 마주하고 있으며, 경이로운 신비 앞에 서 있는 것입니다. 분명한 것은, 이러한 믿음은 역사 비평적 연구나 해석학적 학문을 통해 얻어지는 것이 아니며, 훌륭한 기질이나 올곧은 인격적 성품을 통해서도 주어지는 것이 아니라는 사실입니다. 이 믿음은 오직 성령께서 우리 안에 주시는 강력하고 직접적인 인상을 통해서만 형성됩니다. 곧, 영적인 실재들이 우리의 영혼 속으로 강하고 저항할 수 없는 방식으로 밀려 들어와, 그것들이 참된 진리임을 스스로 증언할 때, 비로소 참된 믿음이 탄생하는 것입니다. 그 순간, 갑작스럽게 우리 안에 한 줄기 빛이 비춰며, 그 빛은 우리에게 '아래', 곧 땅의 비참함을 보게 할 뿐 아니라, '위', 곧 하늘의 거룩함과 영광스러움 또한 깨닫게 해줍니다.

우리는 이러한 형언할 수 없는 인상(印象)에 대한 희미한 유비(類比)를, 도덕률이 각 사람의 양심 속에 강력하게 작용하며 실질적인 권위로 드러나는 방식에서 찾아볼 수 있습니다. 또한, 이러한 유비는, 가장 고귀하고 아름다운 생각들이 어느 순간 갑자기 의식 속에 떠오르며, 그것들이 마치 '선물'처럼 주어진 것으로 받아들여지기를 바라는 신비로운 경험 속에서도 발견됩니다. 아타나시우스에게는 성자의 신성에 대한 분명한 확신이, 아우구스티누스에게는 [하나님의] 선택에 대한 확고한 확신이, 그리고 루터에게는 오직 믿음으로 말미암는 칭의가 그의 내면에 흔들림 없는 진리로 자리 잡고 있었습니다. 이러한 확신은 모두 직접적이고 즉각적인 내면의 인상을 통해 그들에게 주어진 것입니다.

우리 신앙고백의 어떤 조항도 이성적 숙고나 학문적 연구에 기초한 것이 아닙니다. 이성적인 숙고나 학문적 연구는 언제나 그 신앙고백 뒤에 따라 나온 것에 불과합니다. 어떤 교리에 주관적인 확신을 부여하고, 그 교리를 고백하는 이들에게 확신과 용기의 힘을 불어넣는 것은 언제나 성령을 통해 그 진리가 우리 마음 깊은 곳에 직접적이고 형언할 수 없는 인상으로 다가올 때입니다. 우리의 믿음이 참된 믿음이 되는 순간은, 달리 믿을 수 없게 될 때입니다. "나는 달리 믿을 수 없습니다. 나는 다르게 믿을 수 없습니다"라는 고백은, 우리의 믿음에 세상을 이기는 용기를 부여합니다. 우리가 그 진리를 마음속 깊이 강하게 확신하든 그렇지 않든, 그 진리를 경건하게 받아들일 때, 우리의 신앙고백 하나하나의 조항은 깊은 영적 체험의 열매가 될 수 있으며, 참된 영적 유익이 될 수 있습니다.

그러나 오늘날 우리에게 그런 인상이 즉각적으로 일어나는 것은 아니며, 이는 성령께서 그 과정에서 모든 수단을 배제하신다는 뜻도 아닙니다. 자연의 영역에서 그렇듯, 영적인 영역에서도 믿음은 말씀을 통해 매개되고 전달됩니다. 다만, 말씀이 그 자체로 우리 안에서 믿음을 불러일으킬 수는 없습니다. 말씀과 더불어 역사하시는 성령께서, 그 말씀을 우리 마음속에서 친히 말씀하셔야만 믿음이 형성될 수 있는 것입니다. 오직 말씀을 주신 그 성령만이, 그 말씀을 합당한 이조와 무게로 우리에게 들려주실 수 있습니다. 그럴 때, 그 말씀은 우리의 영혼에 지울 수 없는 인상을 남기게 되는 것입니다. 그 진리는 의심할 여지 없이 우리 마음에 깊이 새겨지고 인쳐집니다. 그렇게 하여 믿음이 형성되는 것입니다.

그리고 이러한 믿음은 지극히 섬세하고 거룩한 것이어서, 오직 하나님 안에서만 안식을 얻을 수 있으며, 그 누구도, 그 무엇도, 어떤 책이나 문서도 믿음의 근거가 될 수 없습니다. 믿음은 오직 하나님께만 의지합니다. 그러나 그 하나님은 기록된 말씀을 통해 우리에게 말씀하시며, 성령을 통해 그 진리를 우리의 마음에 확증해 주시는 분이십니다. 하나님과 그분의 말씀, 그분의 약속과 행하신 일들이야말로 우리의 믿음이 의지하는 든든한 기둥들입니다. 다시 말해, 사실과 사건과 역사가 바로 믿음의 토대를 이루며, 그 역사와 우리 마음에 인쳐진 진리 사이의 끊을 수 없는 연결이 곧 그 역사의 참됨을 보증해 주는 것입니다.

우리는 권위에 의지하여 믿습니다. 그러나 그 권위는 다름 아닌 하나님의 권위이며, 하나님께서는 성령을 통해 우리 안에서 기쁨으로 그분과 그분의 말씀을 믿게 하여 주십니다. 그리고 이러한 하나님의 권위는 결코 강제나 억압이 아닙니다. 오히려 믿음은 하나님의 권위 안에 거하는 것 외에 더 큰 기쁨을 알지 못합니다. 그렇습니다. 믿음이 하나님이 아닌 다른 어떤 것에 의지한다면, 결국 그것은 시들어 죽고 말 것입니다. 믿음이 견고하고 확실한 이유는, 그것이 단순히 '믿음'이기 때문이 아니라, '하나님 안에 있는 믿음'이기 때문입니다. 믿음이 강하고 세상을 이기는 능력을 지닌 것도, 그것이 '세상을 이기신 그리스도 안에 있는 믿음'이기 때문입니다. 믿음이 거룩하고 영화로운 것도, 그것이 '성령 안에 있는 믿음'이기 때문입니다.

성경에 뿌리 박은 신앙

3. 교회는 그 믿음 안에 굳게 서고, 그 믿음으로 살아가며, 자신이 믿는 바를 담대히 고백합니다. 교회는 자신의 신앙고백을 숨기거나 부끄러워하지 않습니다. 확신과 신뢰 가운데서 기꺼이 그 신앙을 입술로 고백합니다. 비록 화형대의 연기가 피어오르는 상황

일지라도, 교회는 기쁨으로 자신의 신앙을 고백하며, 오히려 순교의 불길 속에서 교회의 신앙고백은 더욱 힘 있게 울려 퍼집니다. 영혼 깊은 곳에서 경험한 진리가 저절로 입술을 통해 흘러나오는 것입니다. 교회는 신앙을 고백할 뿐만 아니라, 고백하지 않을 수 없습니다. 그러한 고백은 교회의 마음 깊은 곳에서 솟아나는 열망이며, 침묵할 수 없는 내적 충동입니다. 교회는 믿기 때문에 말하지 않을 수 없으며, 하나님의 놀라운 역사와 그분의 찬란한 사역들을 증언해야만 합니다.

그렇다면 성경만으로 충분하지 않을까요? 물론 성경만으로 충분합니다. 성경은 교회가 의존하는 유일한 [진리의] 원천(샘)이요, 모든 은혜가 성경으로부터 교회로 흘러 들어옵니다. 교회는 그 깊은 샘으로 침잠해 들이기서 그 안에서 살아갑니다. 성경은 하나님께서 이끌어 가시는 구원의 역사와 사역을 매혹적인 장면들로 펼쳐 보여주는 찬란한 그림입니다.

그러므로 교회는 성경이 자신에게 주는 감동을 반드시 되새기고 표현해야만 합니다. 교회는 그 놀라운 책을 통해 생명의 말씀을 보고, 만지며, 체험한 것을 선포하지 않을 수 없습니다. 교회는 그것을 말로 드러내고, 그것이 무엇을 의미하는지를 자기 스스로 분명히 깨달아야만 합니다. 교회는 성경의 말씀을 자신 안에 받아들여 마치 그것을 직접 살아낸 것처럼 깊이 체험하였고, 이제 그 경험(체험)을 자신의 신앙고백 속에서 되살려 고백합니다. 성경의 샘 깊은 곳으로 들어갔다가 다시 올라온 교회는, 자신을 둘러싼 세상을 바라보며 이 땅에서 자신이 이방인임을 자각합니다. 그리고 반대자들과 미혹된 이들을 향해, 말씀 안에서 자신이 경험하고 누린 바를 거룩한 열정으로 고백합니다.

교회는 무언가를 새롭게 만들어내지 않습니다. 단 하나의 진리도 스스로 발견하지 않으며, 오직 성경 안에 담긴 진리를 찾아낼 뿐입니다. 교회는 성령께서 미리 생각하신 것을 따라 되새기며, 성경 안에서 발견하고 깊이 숙고한 내용을 자기만의 언어와 방식으로, 충분한 자각 속에서 모든 이가 이해할 수 있도록 전달합니다. 그러므로 교회의 신앙고백은 결코 성경을 초월하거나, 성경과 나란히 존재하거나, 성경 밖에 있는 것이 아니라, 오직 철저히 성경에 뿌리박고 있습니다. 신앙고백은 성경으로부터 나왔고, 교회의 살아 있는 신앙 체험이라는 통로를 통해 솟아오른 것입니다. 그러므로 교회의 신앙고백은 결코 성경을 초월하거나, 성경과 나란히 서거나, 성경 바깥에 존재하지 않습니다. 오직 철저히 성경에 뿌리내리고 있습니다. 교회의 신앙고백은 성경으로부터 나왔으며, 교회 공동체가 살아 있는 신앙의 체험을 통해 그것을 다시 솟아오르게 한 것입니다.

물론 이러한 일은 한순간에 이루어졌던 것이 아닙니다. 성경에 담긴 내용은 너무나도 풍성하고 그 의미가 광막하여, 한 사람이나 한 세대만으로는 그 내용을 온전히 받아들이고 드러낼 수 없습니다. 이를 위해서는 수 세기의 시간이 필요했습니다. 그리스도의 사랑의 길이와 너비와 깊이와 높이를 온전히 아는 지식은 모든 성도들과 더불어 공동체 안에서만 도달할 수 있는 지식이었던 것입니다.

처음의 신앙고백은 단순했습니다. 처음에는 "나는 예수 그리스도를 믿습니다"라는 고백이 전부였습니다. 이후에 이 신앙고백은 "나는 성부와 성자와 성령을 믿습니다"라는 고백으로, 더욱더 넓고 깊게 확장되었습니다. 이것이 훗날 [사도신경을 구성하고 있는] 열두 조항의 뿌리가 되었습니다. 그리고 교회가 시간의 흐름에 따라 하나님의 계시에 더욱 깊이 천착해 들어갈수록, 뿌리로부터 줄기들이 자라나 여러 개의 가지들이 뻗어 나오게 되었습니다. 그 중에 일부의 가지들은 옆으로 휘어져 잘못된 방향으로 자라기도 했습니다. 그러나 세월이 흐르면서 그리스도의 사랑은 더욱더 풍성하게 설명되었고, 교회가 성경으로부터 취하여 외부 세계를 향하여 발산했던 그 영광스러운 이미지는 시간이 갈수록 정교하게 발전되어 갔습니다.

교회가 믿고 고백하는 바

교회가 이처럼 믿고 고백하는 바는 너무나도 깊고 풍성하기에, 자신이 믿고 고백하는 바를 모두 다 말로 표현하기란 쉬운 일이 아닙니다. 교회는 하나님을 믿습니다. 하나님을 생각하고, 하나님을 묵상하고, 하나님을 증언합니다. 언제나 하나님에 대하여, 오직 하나님만을 말합니다. 교회는 하나님께서 옛적부터 행하신 사역들과 세상 끝날 때까지 계속 이루어 가실 사역들을 증언합니다. 교회는 하나님으로부터 생명을 얻고, 하나님을 의지하며, 하나님에 대해 말합니다. 하나님의 존재와 성품, 그분의 사역과 기이한 일들에 대해 말합니다. 곧 교회는 하나님의 자기 계시의 풍성함 속에서, 측량할 수 없는 하나님의 신적 존재의 충만함 가운데서, 그리고 삼위일체라는 신적 존재 방식 안에서 하나님을 고백합니다. 교회는 하나님의 사역 안에서 세 가지의 영역들을 바라보며, 하나님의 존재 안에서 세 방식의 구별됨을 인식합니다. [성부와 성자와 성령], 이 셋은 결코 분리될 수 없고, 항상 구별된 채로 존재하며, 교회의 영적 체험 속에서도 [하나님의] 세 가지 방식의 구별됨이 반영됩니다. 이처럼 무한하신 하나님의 생명과 존재의 풍요로움은 그분의 자기 계시를 통해 [세상에] 드러나며, 교회는 이를 삼위일체 하나님에 대한 신앙고백 속에서 표현해 왔습니다.

무엇보다 교회는, 비록 세상과 구별되어 있지만, 세상과 더불어 자신 또한 절대적인 권능에 온전히 의존하고 있음을 깊이 자각하고 있습니다. 바로 그 절대자께서 교회와 모든 만물을 창조하셨으며, 지금도 만물을 붙드시고, 다스리고 계십니다. 그러나 교회의 권능은 결코 비인격적인 운명이나 추상적인 개념이 아니라, 아시고, 원하시고, 통치하시고, 다스리시는 신적인 실체의 권능입니다. 교회는 그분을 [2인칭으로] '당신'이라 부르며, 그 앞에 자발적이고 무조건적으로 자신을 낮추고 경배합니다. 교회는 그분을 하늘과 땅의 창조주로 고백합니다. 곧 그분을 신적인 본질 안에서 스스로 존재하시는 분, 만물의 기원이 되시는 분, 주권자이시며, 율법을 제정하시는 분이시며, 만물의 심판자이신 하나님으로 고백합니다. 그러나 교회는 또한 그분을 '아버지'로 고백합니다. 그분은 성자의 아버지이시며, 성자를 통해 땅 위의 자녀들의 아버지가 되시고, 그들을 돌보시고, 지키시며, 자기 눈동자처럼 사랑하시는 분이십니다. 이 모든 것들을 교회는 성경의 샘으로부터 길어 올리고, 자신의 영혼 깊은 곳에서 직접 경험하며, 감사에 찬 눈으로 하늘을 우러러 고백합니다. "나는 전능하신 아버지 하나님, 하늘과 땅의 창조주를 믿습니다."

그러나 교회는 이보다 더 많은 것을 고백합니다. 그렇습니다, 만일 교회가 더 이상 고백할 것이 없다면, 지금의 이 적은 고백조차도 충분한 근거를 가지고 말할 수 없었을 것입니다. 세상은 하나님을 창조주로서도, 아버지로서도 진정으로 경외하시 않으며, 단지 그 이름만을 입에 올릴 뿐입니다. 그러나 교회는 아들(성자)을 믿기에 아버지를 믿습니다. 여기서 교회는 자신의 신앙고백의 중심부로 나아갑니다. 예수 그리스도야말로 교회의 모든 지식과 믿음의 중심이십니다. 교회는 오직 그분, 곧 십자가에 달리신 그분만을 알고자 합니다. 교회는 그분을 묵상하고, 그분을 바라보며, 그분을 증언합니다. 곧 영원부터 성부에게서 나신 성자의 존재로부터 시작하여, [동정녀] 마리아에게서 잉태되어 나신 [하나님 아들의] 성육신의 신비를 고백하며, 이어지는 그분의 전 생애를 따라 그분의 죽음과 장사 지냄을 고백합니다. 그리고 그분께서 부활하시고 하늘로 승천하셨을 때, 교회는 위를 향해 눈을 들어 그분을 바라보며, 그리스도께서 하늘의 구름을 타고 다시 오실 그날을 믿음으로 고대했던 것입니다.

교회는 기쁨에 찬 확신 가운데서 그리스도로 말미암아 전적인 전환이 이루어졌다고 외칩니다. 죄로 인해 하나님과의 모든 관계가 깨어졌으나, 그분께서 그것을 회복시키셨습니다. 그분은 모든 것을 하나님과 화목하게 하셨고, 따라서 서로 간에도 화해하게 하셨습니다. 그리하여 하늘과 땅, 하나님과 인간, 유대인과 이방인, 헬라인과 야만인, 이 모두가 서로 화해하게 된 것입니다. 이러한 놀라운 전환은 무력이나 강압으로 이루어진 것이 아니라, 오직 그분의 고난을 통해 이루어졌습니다. 교회는 그분을 '고난받으신 분'이라고 칭함으로써 그분의 전 생애를 요약했던 것입니다. 그분은 오직 십자가를 통해서 정사와 세력에 대하여 승리하셨습니다. 십자가가 그분의 유일한 무기였습니다. 그분은 결코 다른 어떤 방식이 아니라, 오직 십자가의 표징 안에서만 승리를 이루셨습니다. 십자가는 만물의 화해와 재결합의 중심입니다. 선악을 알게 하는 나무의 열매로 인해 모든 것이 하나님에게서 떠났던 것처럼, 이제는 십자가를 통해 모든 것이 다시 하나님께로 돌아오게 되었습니다. 그리스도께서 화해를 이루신 이후, 이제는 때가 찬 경륜에 따라 하늘에 있는 것이나 땅에 있는 모든 것을 머리 되신 그리스도 안에서 하나로 모으고 계십니다. 그리고 모든 원수가 그분의 발아래에 굴복하는 그날까지, 그분은 왕으로서 다스리실 것입니다. 이 모든 것을 깊이 묵상하며, 교회는 다시금 열정에 찬 눈으로 하늘을 우러러 고백합니다. "나는 하나님의 외아들, 우리 주 예수 그리스도를 믿습니다."

그러나 신앙고백은 여기서 멈추지 않고 더 많은 내용을 담고 있습니다. 화해는 이미 이루어졌지만, 이제 다음과 같은 질문이 제기됩니다. "나는 어떻게 그 화해에 참여할 수 있는가? 내 안팎에서 죄의 불경한 세력들이 여전히 나를 그리스도에게서 멀어지게 하는 이 상황에서, 나는 어떻게 그 화해에 동참할 수 있는가?" "어떤 신적 능력이 나 같은 부정한 존재를 나 자신으로부터 끌어내어 그리스도와 연합시키고, 그분과의 교제 가운데로 인도할 수 있는가? 어떤 능력이 우리를 그리스도께로, 그분의 십자가로 인도하는가?" 이에 대해 교회는 분명한 대답을 가지고 있습니다. 이를 위하여 또한 분이 계시기 때문입니다. 그분은 우리를 진리 가운데로 이끄시는 인도자이시며, 하나님에게서 오셔서 우리를 다시 그리스도께로 인도하시며, 또한 그리스도를 통해 우리를 아버지께로 인도하시는 위로자이십니다. 그분은 세상에 속하지 않으시지만, 세상 가운데서 역사하시며, 우리를 중생케 하시고 새롭게 하십니다. 그래서 교회는 세 번째로 하늘을 우러러 다음과 같이 고백합니다. "나는 성령을 믿습니다."

하나님은 삼위이시며, 참되고 살아 계신 하나님이시며, 교회가 경배하는 분이십니다. 하나님께서는 존재 안에서는 삼위이시나, 본질은 하나이십니다. 만일 교회가 성부가 하나님이심을 알지 못했다면, 성부를 의지할 수 없었을 것입니다. 만일 성자가 하나님이심을 알지 못했다면, 그분의 구속을 시간과 영원을 통해 신뢰할 수 없었을 것입니다. 만일 성령이 하나님이심을 알지 못했다면, 그분의 증언에 의지하지 못했을 것이며, 그분의 인도하심을 따를 수도 없었을 것입니다. 이 세 위격 중 하나라도 빠진다면 우리 영혼의 구원이 흔들리고, 믿음의 확신도 불가능했을 것입니다. 그러나 이제 하나님은 우리 위에 계시고, 우리 앞에 계시며, 우리 안에 계십니다. 모든 만물은 하나님에게서 나오고, 하나님을 통해 이루어지며, 하나님께로 돌아갑니다. 하나님께서는 사방에서 우리를 감싸 안으시고, 돌보시며, 지키십니다. 이제 우리에게 안식과 평화가 있으며, 우리의 구원은 확실합니다. 하나님이 우리를 위하신다면, 누가 우리를 대적할 수 있겠습니까? 모든 만물이 주에게서 나오고, 주로 말미암고, 주에게로 돌아가리니, 영원토록 주님께 영광이 있습니다.

하지만 누가 하나님께 그와 같은 영광을 돌릴 수 있을까요? 교회는 다시 한번 힘 있게 고백합니다. "나는 하나이고, 거룩하며, 보편적이고, 사도적인 교회를 믿습니다." 이 교회는 이미 존재하고 있으며, 지옥의 문들과 모든 공격에도 불구하고 그것을 이겨내고 마침내 완성될 것입니다. 죄의 용서와 육체의 부활을 통해 교회는 반드시 영원한 생명에 이르게 될 것이며, 이 점에 대해서는 그 어떤 의심도 없습니다. 삼위 하나님의 모든 사역은 바로 이러한 목적을 향해 나아갑니다. 본질에 있어서 하나이신 삼위의 세 위격은, 그 목적에 있어서도 완전히 하나이십니다. 그분들이 함께 세우시며, 친히 거처로 삼고자 하시는 성전이 바로 교회입니다. 그리고 마침내, 우주의 모든 요소들이 불타 녹아내리고, 땅과 그 위의 모든 것이 사라지는 날이 오면, 수세기에 걸쳐 지어진 이 성전은 죄의 폐허 위에 찬란히 솟아올라, 영원히 존재하게 될 것입니다.

2. 기독교의 본질

『기독교의 본질』(*Het Wezen des Christendoms*, 1906)은 「1906년 자유 대학교 학생회 연감」(*Almanak van het studentencorps der Vrijie Universiteit voor jaar* 1906)에 실린 작품이다. 바빙크는 이 작품에서 18세기 슈트라우스 (David Friedrich Strauß) 이래로 강하게 제기되었던 기독교의 본질에 대한 다양한 논의들을 소개하고 비평한다. 특히, 자유주의 신학자 아돌프 폰 하르낙(Adolf von Harnack)이 1899-1990년에 베를린 대학교에서 행한 유명한 강연 『기독교의 본질』(*Das Wesen des Christentums*)을 집중적으로 비판하면서, 사도들과 조기 교부들 그리고 성도들에 의해서 전수된 기독교의 본질에 대한 보편 교회의 전통적인 견해가 슈트라우스로부터 하르낙에 이르는 기독교의 본질에 대한 다양한 견해들보다 훨씬 더 견고하고 신뢰할 수 있음을 이 작품을 통하여 논증한다.

본질과 비본질

기독교의 본질에 대한 질문은 근대에 이르러서야 비로소 제기되기 시작했습니다. 대략 18세기까지는 그 누구도 기독교 신앙의 본질을 별도로 연구할 필요를 느끼지 않았습니다. 사람들은 기독교를 소유하고 있다는 사실 그 자체를 기뻐하였으며, 자신이 속한 교회가 형성해 온 기독교에 대한 독특한 이해 속에서 온전히 편안함을 느꼈습니다. 각 사람에게 기독교는 곧 자기 신앙 공동체 안에서 발견되는 교리와 예배 형식, 교회 제도를 의미했으며, 그것들과 다른 것은 불순하거나, 크고 작은 오류가 뒤섞인 것으로 여겨졌습니다. 그러나 종교개혁 시기와 그 이후에 이르러 다양한 신앙고백, 교회, 교파들이 점점 늘어나자, 기독교를 바라보는 다른 관점들이 서서히 형성되기 시작했습니다.

개혁파와 루터파 정통주의는 일찍이 이미 신앙의 조항들 가운데서도 본질적인 것과 비본질적인 것을 구분하기 시작했습니다. 헬름슈타트의 신학자들은 사도신경으로 되돌아갔고, 성경 신학자들은 교회 교리로부터 독립된 자신들의 성경 주석에서 얻은 신약성경의 가르침을 참된 기독교로 간주했습니다. 이와 함께 이신론자들과 합리주의자들은, 예수께서 선포하신 신앙의 진리들 가운데 이성에 부합되거나 이성에 의해 발견되었거나, 적어도 발견될 수 있는 것들에만 기독교의 본질이 담겨 있다고 여겼습니다.

그리스도의 인격

이 모든 방향에서 기독교의 본질은 주로 혹은 오로지 교리에서 찾고자 추구되었습니다. 그러나 이러한 흐름에 대한 변화는 슐라이어마허를 통해서 일어났습니다. 그는 종교가 이성과 의지가 아니라, 감정, 곧 '절대적인 의존의 감정' 안에 자리 잡고 있다고 보았습니다. 이에 따라 그는 기독교가 지식이나 실천이 아니라, 그리스도, 곧 '구세주'와 맺는 관계 안에 그 고유한 특징을 지니고 있다고 주장했습니다. 그리스도는 단지 자신의 가르침이나 행위 때문이 아니라, 완전하고 불변하는 '하나님 의식'으로 인하여 우리의 구세주가 되신다는 것입니다. 그리스도 안에는 하나님께 대한 전적인 의존의 감정, 곧 하나님과의 완전한 교제가 항상 충만하게 존재하였고, 그것으로 말미암아 종교의 본질이 온전히 실현되었습니다. 바로 이 점에서, 그리스도는 우리 안에서도 하나님께 대한 의존 감정과 종교적 감동을 불러일으키시고, 그것을 더욱 깊게 하시는 능력을 지니고 계신다는 것입니다. 그분은 우리를 자신과의 교제 안으로 이끄심으로써, 우리를 하나님과의 교제로 이끌어 가십니다.

기독교의 본질에 대한 슐라이어마허의 이러한 구성에는 적어도 한 가지 긍정적인 요소가 발견되는데, 그것은 그리스도의 인격이 -기독교의 본질에 대한 논의에 있어서- 다시금 논의의 중심에 놓이게 되었다는 점에 있습니다.

칸트는 그리스도의 인격 안에 하나님께서 기뻐하시는 인간성의 모범이자 상징 내지는 대표성을 발견하였습니다. 물론 그는, 인간 인격의 이상적 이념이 그리스도 안에 역사적으로 나타났다는 사실을 믿는 것이 구원에 필수적이라고 보지는 않았습니다. 그럼에도 그는 이 이념을 명확히 표현하였고, 그리스도의 인격과 이러한 이상적인 인간성 사이에는 비록 역사적 의미에 그칠지라도 일정한 연관성이 있다고 보았습니다.

그리스도의 역사적 현현은 셸링과 헤겔의 철학 안에서 더욱 중요한 의미를 지니고 있었습니다. 셸링에게 그리스도는, 창조 속에서 시작된 하나님의 성육신이 최고조로 계시 되고 실현된 분이었으며, 그런 의미에서 그리스도는 신성과 인성의 연합으로 나타난 존재로서 교회 공동체의 머리가 되시는 분이었습니다. 그리고 셸링은 교회의 모든 구성원들 또한 동일한 방식으로 이러한 신성과 인성의 연합을 실현해야만 하는 존재들로 보았습니다.

헤겔의 견해도 셸링과 유사하지만, 둘 사이에는 다소간의 차이가 존재합니다. 셸링이 신성과 인성의 연합을 역사와 존재의 발전 과정 안에서 파악한 반면, 헤겔은 이 연합을 모든 종교, 예술, 철학의 핵심 내용으로 보았으며, 이러한 연합이 인간 의식의 영역에서 실현된다고 보았습니다. 헤겔에 따르면 그리스도는 곧 신인(神人)이신데, 이는 그분이 신성과 인성의 연합을 가장 뚜렷하게 자각하셨고, 또한 그것을 가장 분명하게 드러내고 표현한 분이시기 때문입니다.

이러한 사상가들의 영향 아래, 19세기 전반기에는 기독교의 본질을 주로 그리스도의 인격 안에서 찾고자 하였습니다. 그리스도는 하나님과 인간의 연합 내지는 통일성을 처음으로 분명하게 자각하고 선포하신 분으로 여겨졌으며, 혹은 한 걸음 더 나아가 그러한 하나님과 인간의 연합을 자기 자신 안에서 처음으로 실현하신 분으로 이해되었습니다. 이 두 방향 사이의 차이는 슈트라우스(David Friedrich Strauß)가 헤겔 철학에서 얻은 결과를 바탕으로, 1835년에 "이념은 그 모든 충만함을 한 개인에게 쏟아붓는 것을 좋아하지 않는다"고 선언했을 때 특히 뚜렷하게 드러났습니다. 이처럼 슈트라우스는 의식적이고도 명시적으로, 신성과 인성의 연합의 이념과 그리스도의 역사적 인격 사이의 관계에 대한 문제를 제기했던 것입니다.

역사 비평의 등장

그러나 슈트라우스의 의의는 또 다른 측면에서 더욱 두드러집니다. 지금까지는 하나님과 인간 사이의 연합과 그리스도의 역사적 인격 사이의 관계 문제가 철학의 영역에서만 다루어졌지만, 슈트라우스를 통해 역사 비평이 본격적으로 이 논의에 들어오게 된 것입니다. "예수가 누구였는가"라는 질문은 이제 순전히 역사학적인 질문으로 간주 되었고, 그에 대한 해답은 특별히 복음서의 문헌학적 연구를 통해 규명되어야만 한다고 보았습니다. 슈트라우스 자신은, 역사적 인물인 예수와 교회의 신앙 안에서 형성된 그리스도 사이에 명백한 구별이 있어야만 한다고 생각했습니다. 오직 예수만이, 오직 그를 통해서만이 신-인 연합이라는 이념이 교회 공동체의 의식 안으로 들어오는 하나의 계기가 되었다는 것입니다. 이러한 이념에 고무된 교회는, 무의식적인 상징적 구성과 메시아적 예언들을 통해서 예수의 역사적 인격을 신앙의 그리스도로 옷 입혔고, 결국 교회의 그리스도상은 교회의 창작이라는 결론에 이르게 되었던 것입니다.

슈트라우스가 초기 기독교에 대한 자신의 해석을 옹호하기 위하여 제시했던 논거들은 얼마 못 가서 설득력을 잃어버리고 말았지만, 그리스도상이 교회의 산물이라는 그의 주장은 오늘날까지도 신학계에서 널리 유포되어 있는 실정입니다. 그러나 만일 예수 자신이 인격적으로 진정한 그리스도가 아니있다면, 교회가 치음부터 눈여겨보았던 그리스도상은 다른 방식과 다른 영향들로부터 설명되어야만 할 것입니다. 그래서 복음서의 기원과 구성, 상호 관계와 차이점을 연구하는 데 엄청난 노력이 기울여졌습니다.

교회 공동체 안에서 그리스도상이 형성된 과정을 설명하기 위해 갖가지 요소들이 동원되었습니다. 기독교에 대한 구약과 유대교와 에세네파와 탈무드와 헬레니즘과 페르시아와 인도의 영향들이 차례대로 언급되었습니다. 그리고 최근에는 바빌로니아-아시리아적인 기원으로 기독교를 설명하려는 해석이 널리 유포되고 있습니다. 요한계시록의 여러 장면과 바울과 요한의 신학적 요소들뿐만 아니라, 예수의 생애 전체, 곧 그의 선재(先在), 탄생, 세례,

시험, 영광, 기적, 부활, 승천 등의 모든 사건은 신화적 관념들로부터 파생되었다는 주장이 제기되었습니다. 그리스도상의 역사적 의존성을 주장하는 '종교사적 방법론', 즉 '종교사학파'의 견해를 따르는 이들에게는 때때로 단 하나의 유사한 특징, 짧은 표현 하나, 혹은 무심코 쓰인 단어 하나만으로도 그리스도상이 역사의 산물임을 입증하는 데 충분한 근거가 되었던 것입니다.

어떤 이들은 이 문제에서 한 걸음 더 나아가, 예수의 역사성을 입증할 수 있는 자료로서의 사료들을 부정하거나 심지어 예수의 실존 자체를 의심하기도 합니다. 그리고 그렇게까지 나가지 않는 이들조차도 예수의 모습을 묘사하는 데 있어서 서로 간에 현격한 견해의 차이를 보입니다. 어떤 이들에게 예수는 도덕적 개혁자요, 인도주의의 설교자이며, 종교의 모든 외적인 형식에 저항하고 순전히 내적이고 영적인 종교를 세우고자 한 인물입니다. 또 다른 이들은 예수를 사회주의의 선구자로서 부유한 자들과 권력자들의 억압에 맞서 가난한 자들을 보호한 인물로 이해합니다. 또 다른 어떤 이들은 예수를 불교적인 자아의 구원을 선포한 설교자로 보며, 모든 문화를 악으로 여기고 사람들을 진리와 자연의 단순함으로 되돌아가도록 인도한 인물로 봅니다.

이처럼 예수의 인격에 대한 해석을 놓고 천차만별의 다양한 견해가 존재합니다. 한 대학교의 교수들이 묘사하는 예수의 모습은 다른 대학교의 교수들이 묘사하는 예수의 모습과 전혀 다르게 나타나는데, 이를 알베르트 칼트호프는 '교수들의 그리스도'라고 비꼬았던 것입니다. 이러한 그의 풍자에는 적지 않은 진실이 담겨 있습니다. 그럼에도 불구하고 이 모든 다양한 예수상에서 여전히 예수는 민중에게 이상적인 본보기요, 길이요, 진리요, 생명으로 제시되었습니다.

하르낙의 견해: 인격성의 신비

최근 기독교의 본질에 대해 논구한 이들 가운데 베를린 대학의 저명한 교수인 아돌프 하르낙보다 큰 반향을 불러일으킨 사람은 없습니다. 그는 1899-1900년 겨울 학기에 이 주제를 다룬 유명한 강의를 하였습니다. 베를린 대학의 모든 학부에 속한 수많은 학생들이 이 강의를 열정적으로 경청했을 뿐만 아니라, 그 강의 내용이 책으로 출간되었을 때에도 각계각층에서 엄청난 반응을 불러일으켰고, 이 주제와 관련된 방대한 문헌들을 쏟아내는 계기가 되었습니다.

한편으로 [기독교의 본질에 대한] 하르낙의 강의는 그의 사상적 동지들과 많은 유대인 학자들, 그리고 알프레드 루아지와 같은 일부 가톨릭 신학자들로부터 크나큰 지지를 받았습니다. 이들은 『기독교의 본질』(Das Wesen des Christentums)이라는 이 책을 두고, 그것이 하나의 용기 있는 행위요, 개인적인 신앙고백이며, 신학이라는 학문이 맺은 성숙한 열매일 뿐 아니라, 현대 시대의 요구에 부응하는 저술이며, 현대 학문과 기독교 신앙 사이에 이루어진 가장 이상적인 조화라고까지 평가하였습니다.

그러나 온건한 정통주의자들과 엄격한 정통주의자들은 하르낙이 이 저작에서 그 자신을 단순히 자유주의 신학의 옹호자이며, 교회의 그리스도론의 반대자임을 드러냈을 뿐이라고 주장했습니다. 하르낙이 제시한 기독교는 그 핵심과 본질을 상실한 모습입니다. 그가 말하는 기독교에는 삼위일체도, 그리스도도, 화해도, 교회와 성례전도 존재하지 않습니다. 오직 시대정신과 종교를 '사적인 일'로 여기는 태도, 그리고 18세기의 자연종교만이 그의 저서 안에서 승리를 자축하고 있을 뿐입니다.

하르낙의 강의를 잘 아는 사람이라면, 이처럼 상반된 평가들이 나오는 것을 결코 놀랍게 여기지 않을 것입니다. 왜냐하면, 하르낙의 견해에 따르면 기독교의 본질은 예수의 출현과 그의 가르침, 그리고 그의 삶을 통해 사람들이 하나님을 자신의 아버지로, 자신을 하나님의 자녀로 경험하게 된다는 데 있기 때문입니다. 도덕적 감수성을 지닌 사람들에게는, 가시적인 것과 비가시적인 것, 외면과 내면, 육과 영, 현세와 내세, 하나님과 세계 사이에 깊은 균열이 존재합니다. 그러나 기독교 신앙은 이 고통스러운 양극단의 균열을 넘어설 수 있도록 사람들을 이끌어 줍니다. 그것은 인간을 하나님의 편에 서게 하고, 시간 속에서 영원한 생명을 얻게 하며, 하나님과 영혼을 연결하여 친교하게 해줍니다. 기독교 신앙이 이러한 일을 할 수 있는 이유는, 끊임없이 하나님의 아버지 되심과 인간 영혼의 고귀함을 선포하고, 바로 이 위대한 두 가지 진리 안에서 신앙을 온전히 드러내기 때문입니다.

따라서 예수께서 직접 선포하신 본래의 복음에는 '아들'이 아니라 오직 '아버지'만이 중심된 위치를 차지합니다. 예수께서는 자기 자신을 선포하지 않으셨고, 자기 자신에 대한 믿음을 요구하지도 않으셨으며, '그리스도론'을 주장하지도 않으셨습니다. 가난한 세리, 헌금함 앞의 여인, 잃어버린 아들의 비유(탕자의 비유) 등은 이러한 사실을 분명하게 보여주고 있습니다. 그러나 그렇다손 치더라도 예수께서 하나님에 대한 완전하고도 독특한 지식을 바탕으로, 자신의 인격과 말씀, 행위를 통해 다른 이들에게 참으로 하나님께 이르는 인도자요, 아버지께 나아가는 길이 되신다는 사실이 달라지는 것은 아닙니다. 지금까지 수많은 이들이 예수를 통해 하나님께 나아갔으며, 예수께서는 복음의 인격적 실현이시며, 복음의 능력이셨고, 오늘날까지도 여전히 그러하십니다. 우리의 인격적 삶은 오직 그분의 인격적 능력으로부터 생겨납니다.

그러나 예수께서 어떻게 하나님에 대한 이토록 독특한 지식을 얻게 되셨으며, 그 지식을 통해 어떻게 그렇게 탁월한 지위를 갖게 되셨는지에 대해 하르낙은 전혀 설명하지 않습니다. 그는 단지 그리스도의 '인격성의 신비'에 호소하고 있을 뿐입니다. 그러나 우리는 오직 예수의 복음에 대한 믿음을 통해서만 하나님과의 교제에 이르고, 영혼의 평화를 누리며, 세상을 이길 수 있습니다. 그리고 이 믿음은 어떤 교리를 수용하는 데 있지 않습니다. 왜냐하면, 복음은 교리가 아니라 기쁜 소식이기 때문입니다. 복음은 오히려 도덕적 체험, 곧 하나님의 뜻을 행하고, 예수의 복음을 따라 살아가

며, 예수의 나타나심과 말씀과 삶을 통해 우리 안에서 일어나는 인
격적이고 영적인 경험으로 구성되어 있습니다.

기독교의 본질, 본래의 기독교

기독교의 본질을 탐구하려는 사람은 자신이 맡으려는 과업이
얼마나 중대한 일인지 미리 충분히 인식해야 합니다. 앞서 언급했
듯이, 기독교의 본질에 대한 질문은 근대에 이르러서야 비로소 제
기되었습니다. 실제로 이러한 물음은 교회의 교의(dogma)와 개인
의 신앙 사이에 균열이 발생하고, 개인이 더 이상 자신의 교회가
신앙고백과 예배 속에서 드러내는 기독교 이해에 공감할 수 없게
되었을 때 처음으로 대두되었습니다.

이 사실은 기독교의 본질을 탐구하려는 시도가 처음부터 어떤
의도에서 비롯된 것이었는지를 놀라울 정도로 분명하게 보여줍니
다. 이러한 탐구를 주장했던 이들은 교회의 기독교 이해에 더는 동
의할 수 없었던 사람들이었습니다. 그들은 교회의 신앙고백과 예
전(예배) 안에 포함된 여러 요소들 가운데 상당수가 기독교의 본질
과 무관하다고 여겼습니다. 그들의 생각에 따르면, 헬라 철학, 이
교적 미신, 정치적 권력욕, 그리고 다양한 외부 요인들의 영향으로
인해 교회는 본래의 기독교와는 관련 없는 많은 교리와 의식들을
도입하게 되었다는 것입니다. 따라서 그들은 이러한 이질적인 요
소들을 제거하고 기독교를 그 본래의 순수한 모습으로 다시 파악

하는 일이 필요하다고 본 것입니다.

결국 기독교의 본질에 대한 탐구는, 원래 공적인 교회가 신앙고백을 통해 제시해 온 다양한 기독교 해석들이 잘못되었거나 거짓되었다고 여겨진 것과, 이에 대한 항의에서 비롯되었습니다. 이러한 탐구의 목적은 교회의 그릇된 기독교 이해에 맞서, 기독교에 대한 더욱 순수하고 참된 이해를 제시함으로써 기독교의 본래 모습을 회복하는 데 있었습니다. 따라서 기독교의 본질에 대한 물음은 더 단순해지고 명확해집니다. 왜냐하면, 그 물음은 실제로 다음과 같은 다른 질문으로 귀결되기 때문입니다. 곧 참되고, 진실하며, 순수하게 보존된 기독교란 무엇인가? 다시 말해, 본래의 기독교란 무엇인가?

복음에 대한 서로 다른 해석들

기독교의 본질에 대한 탐구의 목적이 올바르게 이해된다면, 그 결과 또한 처음부터 어떤 독특한 조명을 받을 수 있게 될 것입니다. 모든 교회와 신앙고백은 기독교에 대한 일정한 해석을 담고 있습니다. 뇌스겐이 적절히 지적했듯이, "신앙고백들을 특징짓는 것은 각 교파가 가지고 있는 고유한 기독교에 대한 이해 방식입니다." 그렇기에, 교회의 기존 기독교 이해에 동의하지 못하고 자신만의 새로운 해석을 제시하려는 사람들이 있다면, 그들은 그렇게 할 권리를 충분히 갖고 있으며, 이론적으로는 그들이 옳고 모든 교

회가 오랜 세월 동안 오류를 범해 왔을 가능성도 완전히 배제할 수
는 없다는 주장도 할 수 있을 것입니다.

그러나 이러한 연구자들이 자신들만의 해석을 내세우면서 교
회보다 자신들을 더 높은 위치에 두고, 교회의 신앙고백은 모두 왜
곡된 것이며, 오직 자신들의 해석만이 유일하게 참된 것이라고 주
장하는 태도는 결코 정당화될 수 없습니다. 실제로 우리는 이러한
고압적이고 독선적인 태도를 종종 보게 되는데, 그 대표적인 예가
기독교의 본질에 대한 브루흐*의 저작입니다. 불신앙이 반복해서
학문과 동일시되는 것이 비판받아 마땅한 일인 것처럼, 그리스도
의 복음을 교회와 다르게 해석하는 이들이 자신의 해석을 곧바로
'진정한 복음'이라 주장하며, 이에 반대되는 교회의 신앙고백을 교
리적이고 편협하며 왜곡된 것으로 매도하는 태도 역시 실로 오만
하다고 하지 않을 수 없습니다.

좀 더 명확히 말하자면, 신앙고백에 담긴 복음에 대한 교의적
설명과 하르낙이 제시하는 역사적 해석은 서로 대립하는 것이 아
닙니다. 더 나아가, 후자가 전자보다 더 우월하다고 말할 수도 없
습니다. 이들은 단지 복음에 대한 서로 다른 해석으로 나란히 존재
할 뿐입니다. 교회 또한 자신의 신앙고백과 예전, 예배, 제도 안에

———

* 역자 주: 요한 프리드리히 브루흐(Johann Friedrich Bruch, 1792-
1874): 브루흐는 19세기 스트라스부르(당시 프랑스령 알자스)의 저명
한 루터파 신학자로서 합리주의자였다. 그는 "과학적 성과와 이성적 원
리에 충실한 기독교"를 강조하는 합리주의 신학을 추구했으며, 성경과
교리에 대해 역사 비평적 시각과 철학적 합리주의를 지향했다.

서 가능한 한 순수한 복음의 이해를 진지하고 성실하게 제시하고자 했습니다.

하르낙과 같은 인물들은 이러한 교회의 해석을 거부하고 자신만의 해석을 제시하지만, 결국 그들 역시 복음에 대한 하나의 해석을 제안하는 것에 불과합니다. 다만 그들은 자신의 해석이 다른 모든 해석보다 더 타당하다고 믿고 있을 뿐입니다. 그들이 하는 일은 교회의 교의를 대신하여 그 자리에 복음을 세우는 것이 아니라, 교회가 오랫동안 받아들이고 존중해 온 복음에 대한 이해 옆에 또 다른 하나의 다른 복음에 대한 견해를 추가하는 것에 불과합니다. 이를 매우 긍정적으로 평가한다손 치더라도, 그들의 작업은 '기껏해야' 원래의 복음에 대해 시대를 거치며 제시되어 온 수많은 설명들 가운데 또 다른 하나의 설명을 추가하는 것일 뿐입니다.

'기껏해야' 그런 정도입니다. 인간 정신은 과거에서 완전히 벗어나 아무도 가보지 않은 전혀 새로운 길로 나아갈 만큼 그렇게 독창적이고 수완이 뛰어나지 못합니다. 심지어 가장 독립적인 사상가조차도 자신보다 앞서간 선구자들과 길을 예비한 사상적 개척자들이 있었습니다. 재세례파와 소시니안주의, 이성주의와 경건주의, 칸트와 슐라이어마허, 헤겔과 셸링, 그리고 슈트라우스와 포이어바흐, 울만과 브루흐와 하르낙 같은 인물들이 제시한 기독교의 본질에 대한 개인적인 해석들을 살펴보면, 이 모든 해석들이 결코 완전히 새롭거나 전례가 없는 것이 아님을 알 수 있습니다. 이들 가운데 많은 해석들은 이미 초대 교회 시기부터 제기되었으며,

교회는 이를 충분한 연구와 정당한 근거에 따라 의식적으로 거부하고 비판해 왔던 것입니다. 따라서, 교회가 기독교의 본질에 대한 질문에 관심을 가져본 적이 없으며, 오히려 기독교와는 무관한 부차적인 문제들에만 몰두해 왔다는 주장은 사실이 아닙니다.

물론 교회는 이후 자주 제기된 '기독교에 있어서 본질적인 것과 우연적인 것' 사이의 이분법적 구분에 대해서 언제나 경계해 왔던 것이 사실입니다. 그럼에도 불구하고, 모든 교회는 자신의 신앙고백과 예배 속에서 참되고, 본래적이고, 동시에 전체적이고 충만한 기독교를 구현하기 위해 진지하게 노력해 왔습니다. 물론 그러한 기독교 이해가 실제로 얼마만큼 성공했는지는 또 다른 문제일 수 있습니다. 그러나 종교개혁은 로마 교회가 본래의 기독교를 여러 이질적인 요소들과 혼합시켰다고 비판하면서, 단지 기독교의 추상적인 '본질'을 회복하려고 한 것이 아니라, 전체적이고 풍요로운 기독교를 이전의 영광으로 다시 회복하고자 시도했던 것입니다.

만일 누군가 복음 자체와 그것에 대한 우리의 해석으로서의 교의를 적절히 구분한다면, 문제는 매우 단순하게 정리될 수 있습니다. 즉, 하르낙과 그와 같은 입장에 선 이들은 복음을 교회의 교의에 정면으로 대립시키는 것이 아니라, 교회의 교의 옆에 자신들만의 복음에 대한 또 하나의 교의를 제시하는 것일 뿐입니다. 그렇다면 다음과 같은 핵심적인 질문이 제기됩니다. 과연 누가 옳은 것인가? 누가 본래적이고 참되며 충만한 복음을 더 잘 드러내고 있는가? 교회의 교의인가, 아니면 슐라이어마허 혹은 칸트, 또는 리츨 혹은 하르낙과 같은 이들이 제시한 개인적인 견해(해석), 곧 그들의 교의인가?

교의적 해석과 역사적 해석

기독교의 본질에 대한 탐구가 실제로는 "진정한 본래적 기독교란 무엇인가?"라는 질문으로 귀결된다는 사실은, 이 탐구에서 채택된 방법론을 통해서도 거듭 확인됩니다. 우리가 기독교의 본질이라는 표현을 듣게 되면, 기독교가 매우 넓은 의미로 이해되어, 곧 기독교 국가들 사이에서 신앙과 도덕, 예배와 교회 제도 안에서 고백 되어 온 특정한 종교 전체를 가리키는 것이라고 생각할 수도 있습니다. 만약 그런 의미에서라면, 기독교의 본질을 탐구한다는 것은 모든 기독교 교파, 신앙고백, 예전(예배 형식) 등을 철저히 연구한 뒤, 귀납적인 방법을 통해 모든 교파에 공통되며 그 토대가 되는 기독교의 본래 핵심에 이르는 과정이어야 할 것입니다.

그러나 실제로 기독교의 본질에 대한 탐구에서는 이러한 방법이 취해지지 않았습니다. 물론 하르낙도 가톨릭과 개신교에 대해 논의하기는 했습니다. 하지만 그는 이미 다른 방식으로 기독교의 본질을 먼저 규정해 놓고, 그 기준에 비추어서 교회들 안에 나타난 복음에 대한 다양한 이해들을 평가하는 방법을 취했던 것입니다.

덧붙이자면, 앞서 제안된 귀납적 방법은 결국 매우 빈약한 결론에 이를 가능성이 큽니다. 마치 비교종교사를 통해 종교의 본질을 밝히려는 시도가 결국에는 실질적인 효용이 거의 없는 모호한 일반론만을 제시하게 되는 것처럼, 다양한 기독교 교회들과 신앙고백들을 비교 연구하여 기독교의 본질에 도달하려는 시도 역시, 결국 생명의 풍요로움과 충만함이 결여된 하나의 추상적인 공식만을 결과로 낳게 될 것입니다. 그리고 만일 누군가가 그러한 추상적 공식을 근거로 각 교회의 구체적인 신앙고백들을 평가하려 한다면, 그 결과 모든 신앙고백은 거의 무의미한 것으로 전락할 것이며, 결국 이러한 전체 연구는 역사적 기독교 자체를 지워버리는 결과로 귀결되고 말 것입니다.

이러한 위험은 결코 단순한 상상 속의 우려가 아닙니다. 실제로 헤겔의 사상 체계는 바로 이러한 암초에 부딪혀 좌초하고 말았습니다. 그는 역사적 기독교로부터 '신적인 것과 인간적인 것의 통일성'이라는 개념을 추출하였고, 이 개념을 바탕으로 기독교 신앙 전체를 단지 상징적 표상들로 환원시켜 버렸습니다. 레이든의 스홀튼 역시 동일한 방법을 개혁교회의 신앙고백에 적용했습니다. 그는 개혁주의 신앙고백의 핵심 원리를 하나님의 절대적 주권으로 간주하였고, 그 원리를 기준 삼아 개혁교회의 신앙 전체를 비판적으로 해체해 버렸습니다.

그러나 이들은 모두 기독교가 철학적 체계가 아니라 하나의 [살아 있는] 종교라는 사실을 간과하고 있었습니다. 기독교는 어떤 추상적이고 형식적인 원리에서 논리적으로 연역하거나 구성해 낼 수 있는 것이 아닙니다. 기독교는 하나의 역사적 사실이며, 실증적인 종교입니다. 하나님의 은혜와 자비, 그리스도의 성육신, 화해, 믿음과 칭의, 그리고 그 외의 모든 교의들은 인간의 논리적 사유, 예컨대 '신적인 것과 인간적인 것의 통일성'이나 하나님의 절대 주권과 같은 추상적 개념들에서 이끌어낼 수 있는 성질의 것이 아닙니다. 그것들은 역사 속에서, 혹은 교회의 신앙고백에 따르면 하나님의 계시를 통해 우리에게 주어진 것입니다. 기독교 신앙과 신학의 '인식 원리'는 철학적 원리가 아니라, 바로 하나님의 계시입니다. 그리고 누군가 이 사실을 믿음으로 받아들이지 않는다면, 그가 설령 칸트나 헤겔과 같은 뛰어난 지성을 지녔다 하더라도, 결코 이러한 진리를 발견할 수 없을 것입니다.

실제로 슈트라우스 이후로 거의 모든 사람이 기독교의 본질에 대한 지식을 얻기 위해 역사적 접근 방식을 채택하게 되었으며, 그 결과 기독교의 본질에 대한 물음은 곧 "예수와 사도들이 신약성경에서 선포한 본래적이고 참된 기독교란 무엇인가?"라는 질문으로 귀결된다는 점이 널리 인정되었습니다. 의심할 여지 없이, 이러한 탐구에 있어서 역사적 방법은 정당한 위치를 차지합니다. 왜냐하면, 기독교는 역사적 종교이기 때문입니다. 그것은 역사 속에서 준비되고 기원하였으며, 발전해 온 것입니다. 그런 의미에서 기독교는 역사적 탐구의 대상이 되는 것입니다. 따라서 이러한 탐구에서 역사적 방법의 정당성 자체에 대해서는 본질적인 이견이 없습니다.

더욱이, 교회의 교의 역시 기발하고 독창적인 철학적 구성물이 아니라, 복음에 대한 역사적 인식을 바탕으로 형성된 본래적 기독교에 대한 해석이라는 점에서 역사성을 가지고 있습니다. 물론 누군가는 교회가 본래적 기독교에 대해 매우 불완전한 지식을 가지고 있었으며, 그로 인하여 교회의 이해가 여러 면에서 왜곡되고 부정확했다고 주장할 수 있을 것입니다. 그러나 교회들은 자신들이 믿고 고백한 교의 속에, 본래적 기독교의 핵심적인 사실들을 담고자 했던 것입니다. 예컨대 교회들이 그리스도를 '신인'(神人)이라 고백했다면, 그들이 사도들과 마찬가지로 그리스도 안에서 말씀이 육신이 되어 오셨다는 사실을 진심으로 믿었기 때문입니다.

이러한 점에서 볼 때, 하르낙처럼 기독교에 대한 역사적 해석을 교회의 교의적 해석과 대립적인 것으로 제시할 근거는 없습니다. 왜냐하면, 교회든, 하르낙이든, 양자 모두 "역사적으로 정통하며, 본래적 의미에 부합하는 복음의 이해"를 제시하고자 한다는 점에서 동일하기 때문입니다. 그러나 양자 간의 차이는 '사실'에 대한 해석에서 갈라지게 되는 것입니다. 하르낙에게 예수는 지극히 고귀한 인물이기는 하지만, 어디까지나 한 사람의 인간일 뿐입니다. 반면에 기독교 교회들에게 예수는 육신 안에서 계시된 하나님이십니다. 그리고 교회는 수 세기 동안 줄곧, 자신들의 그리스도에 대한 신앙고백이 하르낙의 이른바 '역사적 해석'보다 사실에 더 부합된다고 주장해 왔습니다.

실증주의적 역사 연구의 불충분성

그렇다면 본래적 기독교가 무엇인지에 대해 이처럼 큰 의견 차이가 나타나는 이 안타까운 현상은 도대체 어디에서 비롯된 것일까요? 이 현상은 -여기서 다루지 않은 수많은 다른 이유들 외에도- 역사적 방법의 본질과 목적에 대한 견해가 매우 다양하게 갈라져 있다는 사실에서 그 원인을 찾을 수 있습니다. 근대 세계관의 영향으로 인해, 역사적 방법은 연구 주체에게 이른바 '전제 없음'을 요구하고, 연구 대상에 대해서는 철저히 자연법칙의 지배 아래 놓여 있다는 전제를 따르게 합니다. 만약 역사적 방법에 대한 이러한 관점이 옳은 것이라면, 기독교는 선험적으로 판단되어야만 합니다. 왜냐하면, 기독교는 단지 역사 속에 나타난 사건일 뿐만 아니라, 하나님의 은혜와 자비라는 위대한 기적으로 등장하며, 그것을 인식하고 받아들이려는 이들에게는 어린아이 같은 마음과 겸손히 수용하는 태도를 요구하기 때문입니다. "너희가 어린아이들과 같이 되지 않으면 결코 천국에 들어가지 못하리라"(마 18:3).

그러나 앞서 언급한 실증주의적 의미로 이해되고 적용되는 역사적 방법은, 역사학 전체의 영역에서 현상에 폭력을 가하는 방식이기 때문에, 어디에서나 일관되게 적용될 수 없다는 점이 충분히 입증될 수 있습니다. 왜냐하면, 역사 속에는 자연과는 전혀 다른 요인들이 작용하기 때문입니다. 우리는 역사에서 기계적이거나 화학적인 힘이 아니라 인격의 정신적 힘과 마주하게 됩니다. 결국,

우리는 이러한 정신적 힘을 역사적 유물론처럼 맹목적으로 작용하는 자연의 힘으로 환원시킬 것인지, 아니면 그것의 신비로운 특성을 있는 그대로 존중하고 받아들일 것인지를 선택해야 합니다.

더 나아가 우리는 역사 속에서 다양한 종교적, 윤리적, 미학적 현상들과 마주하게 됩니다. 이러한 현상들은 우리 안에 어떤 영적 친화력이 없다면 제대로 인식조차 될 수 없을 뿐 아니라, 단순한 인식에 그치지 않고 우리에게 그 가치에 대한 평가를 요구합니다. 그리고 이러한 평가는, 우리 내면에 이미 그 가치를 가늠할 수 있는 일정한 기준이 존재하고 있음을 전제합니다. 기독교에 대해서는 여기에 한 가지 중요한 점이 더해집니다. 만일 기독교가 실제로, 그리고 본질적으로 구원의 종교라면 -곧 인간을 죄로부터, 그리고 그 죄 안에 포함된 오류와 거짓으로부터 구원하는 종교라면- 반드시 인간의 죄악 된 사고와 욕망에 맞서야만 하기 때문입니다. 복음이 인간을 위한 것이며, 곧 인간 전체를 위한 것이라면, 그것은 인간의 기호나 취향에 맞춰진 것이어서는 안 되며, 결코 타락한 인간의 마음과 타협하거나 조화를 이루는 것이 되어서는 안 됩니다.

이에 대한 증거는 하르낙 자신에 의해 제시됩니다. 그는 "기독교란 무엇인가"라는 질문이 본질적으로 역사적 성격을 지닌 문제이며, 역사적 연구의 방법을 통해 답변되어야 한다고 말하며 강연을 시작합니다. 그러나 그가 적용하고자 하는 역사적 방법에는 이미 선험적인 전제가 깔려있습니다. 한편으로 그는 이 방법을 모든 본래적 의미의 기적들을 처음부터 배제하는 방식으로 이해하는 데, 이는 기적이 자연법칙의 파괴를 의미한다고 보기 때문입니다.

그러나 다른 한편으로 그는, 역사는 그 자체로 절대적인 판단을 제시하지 않기 때문에, 기독교의 본질에 대한 질문은 결국 "체험된 역사 속에서 얻어진 삶의 경험"을 통해서도 답변되어야 한다는 점을 인정합니다. 하르낙이 기독교를 절대적인 종교로 평가하고 옹호할 수 있었던 것은, 실증주의적 의미에서의 역사 연구 덕분이 아니라, 그 연구에 수반된 자신의 도덕적이고 개인적인 경험에 근거한 것이었습니다. 다시 말해, 하르낙 역시 역사적 방법을 자신만의 방식으로 적용한 셈이며, 그의 역사적 접근은 결국 그의 인격에 종속되어 있었던 것입니다. 그리고 이는 불가피한 일이며, 모든 사람에게 보편적으로 해당되는 일이기도 합니다.

따라서 기독교에 내한 교리적·교회적 관점과 역사적·학문적 관점 사이에 날카로운 대립을 세울 필요는 없습니다. 왜냐하면, 양쪽 모두 자신들의 입장이 복음에 대한 "역사적이고 진정성 있는 이해"라고 주장하고 있기 때문입니다. 또한 예수의 가르침을 신적 진리로 받아들이고자 하는 이가 아버지의 뜻을 실천하려는 마음가짐을 가져야 한다는 복음의 요청에 대해서도, 원칙적으로 반대할 이유는 없습니다. "마음이 청결한 자는 [복이 있나니 저희가] 하나님을 볼 것이다"(마 5:8)라는 말씀은 단지 아름답고 경건한 종교적 언명이 아니라, 동시에 매우 엄정한 학문적 언명이기도 한 것입니다.

다양한 해석 간의 공통점

기독교에 대한 이해가 다양한 관점으로 분열되어 있다는 것은 부인할 수 없는 사실입니다. 그러나 그렇다고 해서 이러한 분열이 기독교에 관한 모든 논의를 무의미하게 만들거나, 더 이상의 논증을 불가능하게 만드는 것은 아닙니다. 실제로 기독교의 본질에 대한 이해는 매우 다양합니다. 예를 들어, 그리스 정교회의 이해, 로마 가톨릭교회의 이해, 루터교회의 이해, 개혁교회의 이해, 재세례파의 이해, 소시니안주의자들의 이해, 합리주의자들의 이해, 경건주의자들의 이해 등이 있으며, 여기에 칸트, 슐라이어마허, 헤겔, 셸링, 하르낙 등 수많은 사상가들이 제시한 이해 방식들도 더해질 수 있습니다.

기독교의 본질에 대한 초기의 역사적 이해들과 이후 시대의 다양한 해석들을 조금만 살펴보면, 후대의 이해 방식들이 초기의 입장들 중 하나로 쉽게 환원될 수 있으며, 겉보기에 새로워 보이는 해석들조차 실제로는 오래된 주장 중 하나인 경우가 많다는 사실을 알 수 있습니다. 물론 각각의 해석이 지닌 독창성과 자율성은 정당하게 인정되어야 하며, 이러한 다양한 해석의 존재 자체가 문제 되는 것은 아닙니다. 중요한 점은, 이러한 다양성 속에서도 몇 가지 핵심적인 측면에서는 의미 있는 공통점이 존재한다는 사실이며, 바로 그 공통점이 기독교의 본질에 대한 탐구를 가능하게 만드는 토대가 된다는 것입니다.

　첫째로, 어떤 교회나 공동체, 당파나 교파도 자신들의 기독교 이해를 본래의 기독교와 완전히 동일시하지는 않습니다. 각자 자신만의 해석을 진리라고 여기며, 그와 다른 견해들에 맞서 이를 방어하려고 합니다. 그럼에도 불구하고, 모든 이들과 모든 교회는 그리스도 안에 나타난 진리와 우리가 그 진리에 대해 이해하고 있는 내용 사이에는 분명한 차이가 존재한다는 사실을 인정합니다. 로마 가톨릭교회는 이 점에서 다소 예외적인 입장을 취합니다. 교회에 무류성(무오류성)을 부여하고, 교회의 교리를 복음의 유일하며 절대적으로 올바른 해석으로 제시하기 때문입니다. 그러나 로마 교회 또한 그리스도와 그분의 대리자인 교황 사이에, 그리고 사도들과 선지자들이 받은 영감과 교회의 수장(교황)이 누리는 성령의 도움 사이에 일정한 구별을 두고 있습니다.

　이러한 구별이 앞으로도 로마 교회 내에서 변함없이 유지될 수 있을지는 아직 알 수 없습니다. 개혁 가톨릭주의의 중요성과 영향력을 과대평가하지 않는 사람일지라도, 역사 비평과 진화론에 대한 양보, 그리고 루아지와 같은 인물이 역사적 예수의 탐구에서 근대학문과 세계관을 무비판적으로 수용하고 있는 점을 고려할 때, 성경에 기록된 하나님의 말씀이 점점 더 교회의 권위 아래 종속되고, 결국 희생될 수 있다는 우려를 떨치기 어렵습니다. 그럼에도 불구하고, 성경의 진리와 교회의 교의 사이의 차이를 원칙적으로 부정하는 사람은 거의 없습니다.

　둘째로, 다음과 같은 점에서도 공통된 인식이 존재합니다. 즉,

기독교의 본질에 대한 질문은 곧 본래적이고 참된 기독교가 무엇인가에 대한 질문과 동일한 것이며, 이를 알기 위해서는 성경, 특히 신약성경으로 되돌아가야만 한다는 것입니다. 물론 이에 대해서도 다양한 견해 차이가 있습니다. 어떤 이들은 오직 신약성경만을 고려하고, 또 어떤 이들은 구약성경까지 포함합니다. 어떤 이들은 공관복음서만을 신뢰하고, 또 어떤 이들은 신약성경의 모든 책을 본래적 기독교를 알 수 있는 자료로 인정합니다. 또한, 어떤 이들은 이 자료들에 단지 역사적 권위만을 부여하는 반면, 다른 이들은 교리적 권위까지도 인정합니다.

그러나 이러한 차이에도 불구하고, 다음과 같은 중요한 공감대가 존재합니다. 곧, 본래적 기독교를 알기 위해서는 일정한 근원과 기준이 필요하며, 그 누구도 자신의 자의적인 판단으로 본래적 기독교가 무엇인지를 결정할 수 없다는 것입니다. 기독교의 본질은 우리 각자의 판단이 아니라, 실제 역사 속에서 드러난 본래적 기독교의 전개 과정에 의해 규명되어야만 합니다. 한마디로 말해서, 기독교가 무엇인지는 그리스도인들이 아니라 그리스도께서 결정하시는 것입니다.

셋째로, 다음과 같은 점에서도 여전히 공동된 인식이 존재합니다. 즉, 대부분의 경우 그리스도에게 단순한 역사적 권위만이 아니라 일정한 교리적 권위도 함께 부여된다는 사실입니다. 물론 기독교와 완전히 결별한 이들도 존재합니다. 이들은 '그리스도인'이라는 이름에 아무런 가치를 두지 않으며, 그리스도의 말씀에도 전혀 관심을 기울이지 않습니다. 그러나 이러한 급진적인 경우를 제외한다면, 대부분의 신학적 사조들과 교파들은 여전히 '그리스도인'이라는 명칭을 소중히 여기며, 그리스도의 권위를 진지하게 받아들입니다.

이들이 역사적 예수를 자기 입맛에 맞게 재구성하려 애쓰는 모습은, 그들 역시 기독교의 본질에 대한 탐구에 여전히 깊은 관심을 갖고 있다는 사실을 보여줍니다. 누구나 자신이 진정한 기독교를 가장 잘 이해하고 있으며, 자신의 신앙이야말로 본래의 기독교에 가장 부합한다고 여기고 싶어합니다. 따라서 우리와 견해를 달리하는 이들이 여전히 '그리스도인'이라는 이름을 소중하게 여긴다면, 굳이 그 명칭을 그들에게서 빼앗거나, 일관성을 내세워 그들을 부정의 길로 몰아갈 이유는 없습니다. 오히려 그들이 그리스도인의 이름을 지킬 수 있도록 도우며, 그 이름 속에 담긴 진리와 생명의 충만함으로 인도하는 것이 우리가 해야 할 마땅한 일일 것입니다.

"그리스도는 누구인가?" – 초대 교회의 그리스도론

기독교의 본질에 대한 질문은 결국 모든 이의 동의하에 자연스럽게 다음의 질문으로 연결됩니다. 그것은 곧 "그리스도는 누구였으며, 그가 무엇을 가르쳤고 무엇을 행하셨는가?"라는 물음입니다. "그리스도에 대해 너희는 어떻게 생각하느냐?"는 질문은 여전히, 그리고 항상 종교와 신학에 있어 가장 근본적인 질문으로 자

　헤르만 바빙크의 기독교와 믿음의 본질

리합니다. 교회는 모든 시대를 통해 이 그리스도를 '말씀이 육신이 되신 분', 곧 '하나님과 사람 사이의 중보자'로 고백해 왔습니다. 그러나 이에 반해, 과거와 현재를 막론하고 여러 방식으로 이러한 신앙고백은 초대 교회에 고유한 것이 아니며, 2세기에 이르러 철학적 사상의 영향을 받아 비로소 형성된 것이라는 주장이 제기되어 왔습니다. 그리고 이러한 주장과 함께, 신약성경의 많은 문서들은 1세기가 아닌 2세기의 산물로 간주 되어야만 한다는 주장도 뒤따랐습니다.

하지만 바울의 네 개의 주요 서신서(에베소서, 빌립보서, 골로새서, 빌레몬서)와 같은 일부 문서들은 이러한 [기록] 연대 이동에 완강히 저항해 왔습니다. 그 결과, 교회의 그리스도론이 본질적으로 이미 1세기에 형성되었다는 인식이 점차 확산되었습니다. 그렇게 되자, 신약성경의 여러 문서들을 굳이 후대의 저작으로 주장할 이유가 사라졌고, 이 문서들 대부분은 다시 1세기의 저작으로 되돌아가게 되었습니다. 하르낙은 1897년에 이렇게 말했습니다. "한때는 가장 오래된 기독교 문헌들을 기만과 위조의 집합으로 본 적이 있었습니다. 그러나 그 시대는 지나갔습니다. 우리는 다시 전통으로 되돌아가고 있습니다." 바울서신에서 이레니우스에 이르기까지 교회의 전통에 따른 성경 문서들의 연대 목록은 그 핵심적인 부분에서 타당하다고 할 수 있습니다. 만약 기독교가 외래적 영향에 의해 형성된 것이라면, 그러한 영향은 사람들이 이전에 생각했던 것보다 훨씬 더 이른 시기부터 교회 안에서 작용했어야만 합니다.

그래서 바울이야말로 교회적 기독교의 실질적인 창시자였다
는 견해가 등장하게 되었습니다. 팔레스타인에 있었던 초기 교회
공동체는 아직 '성육신하신 말씀으로서의 그리스도'에 대한 신앙
고백을 가지고 있지 않았다는 것입니다. 예수에게 있어서 종교는
여전히 "순수한 내면성"의 문제였으나, 바울은 그리스도를 종교의
내용이자 대상으로 만들어 버렸다는 것입니다. 특히 바울이 예수
의 종교를 왜곡시킨 지점은 다음의 네 가지로 요약되었습니다.

첫째, 바울은 "인간 예수의 신격화"를 도입하여, 역사적 예수를
천상의 존재로 바꾸어 버렸다는 것입니다. 그는 예수를 선재하는
존재, 곧 이 세상에 오기 전부터 존재했으며, 죽음 이후에는 부활
하여 하늘로 승천한 존재로 만들었다는 것입니다.

둘째, 바울은 "초자연적인 구원"의 개념을 도입했다는 것입니
다. 이러한 초자연적 구원은 인간 내부의 자발적 변화가 아니라,
인간 외부에서 인간과 무관하게 객관적으로 이루어지는 구원을
의미하는 것입니다.

셋째, 바울은 "그리스도의 희생적 죽음의 속죄적 의미"를 기독
교에 도입했다는 것입니다. 그리고 이것은 훗날 로마 교회 성만찬
의 희생 제사 개념을 예비했다는 것입니다.

넷째, 여기에 더해서 바울은 성례전에 대하여 객관적인 효력을
발휘하는 신비로 이해하는 교리를 도입했다는 것입니다.

　이와 같은 주장은 이미 수년 전 독일 루터교 신학자였던 라가르데에 의해 제기된 바 있습니다. 하르낙 역시 이와 유사한 시각을 갖고 있었지만, 그처럼 극단적인 입장으로까지 나아가지는 않았습니다. 하르낙은 여전히 바울을 예수를 잘 이해한 인물로 평가하고자 노력했습니다. 그러나 결정적인 순간에 하르낙도 결국 바울이 예수의 본래 복음, 곧 '원복음'을 "왜곡했다"고 주장합니다. 예수에게 있어서 복음은 하나님과 인간 영혼 사이의 문제였고, 구원은 주관적인 '경험'의 문제였지만, 바울에게 있어서 구원은 그리스도가 하나님과 인간 사이에 개입하여, 인간 외부에서 객관적으로 성취하는 사건을 의미하는 것입니다. 이와 같은 시각을 가진 사람 중 일부는 훨씬 더 과격하게 주장하여, 바울에 대하여 복음을 변질시키고 타락시킨 자라고 규정하였으며, 공공연히 혹은 암묵적으로 다음과 같이 외쳤던 것입니다. "바울을 떠나, 예수께로 돌아가자!"

　그러나 이러한 방식으로 이방인의 사도 바울을 기독교의 실제 창시자로 격상시키는 것은 문제를 단순하게 푸는 것이 아니라 오히려 더욱 복잡하게 만들었습니다. 왜냐하면, 이는 우리를 다음과 같은 질문에 직면하도록 만들었기 때문입니다. 곧, 랍비 가말리엘의 제자였으며, 자부심 강한 바리새인이자, 조상들의 율법에 열정적으로 헌신했던 바울이 어떻게 메시아의 선재(先在), 그의 대속, 부활, 승천과 같은 사상들을 자신의 가르침(교리)에 포함시킬 수 있었으며, 더 나아가 자신이 피 흘리기까지 박해했던 나사렛 예수의 공동체에 그것을 적용할 수 있었는가 하는 점입니다.

이러한 질문이 설명 가능하다고 가정하더라도 -실제로는 전혀 설명될 수 없는 것이지만- 여전히 다음과 같은 수수께끼에 직면하게 됩니다. 만약 바울이 이처럼 "왜곡된 기독교"를 가지고 등장했다면, 이미 존재하던 초기 기독교 공동체나 예루살렘의 사도들로부터 분명한 반박과 저항을 받았어야만 했을 것입니다. 물론 바울과 유대인 출신의 몇몇 형제들 사이에 의견의 차이가 없었던 것은 아닙니다. 그러나 그 차이는 복음이 구약 율법에 대해 어떤 의미를 지니는지에 국한된 것이었습니다. 반면, 그리스도의 인격과 그의 죽음, 그리고 부활에 관해서는 아무런 이견도 존재하지 않았습니다. 모든 사도들은 이 점에 있어서 완전히 의견이 일치하고 있었으며, 초기 교회 내에서 그리스도론을 둘러싼 논쟁이 있었다는 흔적 또한 전혀 발견되지 않습니다. 그러므로 우리가 내릴 수 있는 유일한 결론은 이것입니다. 곧, 초대 교회는 이미 그리스도론을 지니고 있었으며, 그것은 결코 바울에 의해 처음으로 형성된 것이 아니라는 사실입니다.

그리스도 없이는 기독교를 설명할 수 없다

만일 최초의 교회가 그 존재의 첫 순간부터 이미 그리스도를 약속된 메시아로, 하나님의 아들로, 교회의 주님으로, 살아 있는 자와 죽은 자의 심판자로 고백하였다면, 두 가지 방식의 설명 가능성만이 남게 되는바, 그것은 바로 그리스도가 교회의 산물일 가능성, 아니면 교회가 그리스도의 산물일 가능성입니다.

첫 번째 경우, 즉 그리스도가 교회의 산물이라면, 어떤 사건이나 사회적 상황의 결과로 하나의 집단이 형성되었고, 이 집단은 유대적, 인도적, 바빌로니아적, 이집트적 자료 등에서 다양한 그리스도상의 특징들을 모아, 실존했을 수도 있고 그렇지 않았을 수도 있는 한 사람의 인물 예수에게 이를 적용한 것으로 보아야 합니다. 그러나 이러한 설명은 지나치게 인위적이어서, 오래 유지되기 어렵다고 예측해도 무방합니다. 왜냐하면, 이러한 설명은 다음과 같은 핵심적인 질문들에 대해 전혀 답하지 못하기 때문입니다. 그 집단을 하나로 묶고 결속시킨 동력은 무엇이었는가? 평범한 사람들이었던 그들이 어떻게 그리스도상의 특징들을 수집할 수 있었는가? 그 다양한 특징들을 어떻게 하나의 조화로운 인물상으로 통합할 수 있었는가? 왜 그들은 이러한 특징들이 특정한 인간 예수 안에서 실현되었다고 믿게 되었는가? 무엇이 그들로 하여금 예수라는 인물의 실존을 확신하게 만들었는가? 이처럼 풀리지 않는 수수께끼들이 너무 많기 때문에, 잠시 해결책처럼 보였던 설명은 곧 막다른 길로 판명되었습니다. 결국, 남는 결론은 단 하나입니다. 그리스도 없이는 기독교를 설명할 수 없다!

대부분의 신학자들은 예수께서 실제로 존재했고 역사 속에서 삶을 살았다는 사실을 인정합니다. 그러나 이와 관련하여 하나의 특이한 현상이 나타납니다. 곧, 교회가 그리스도에게 부여한 여러 속성들 가운데 예수에게는 해당되지 않는다고 여겨지는 속성이 많아질수록, 그 속성들은 결국 다양한 외적 영향 아래 형성된 교회의 상상력에 의해서 비롯된 것으로 설명되어야 합니다. 반대로, 이러한 설명이 설득력을 잃게 될수록 우리는 다시 그 속성들, 나아가 더 많은 속성들을 역사적 예수에게 귀속시킬 수밖에 없습니다. 바로 이 점이, 그리스도상(그리스도의 모습과 인격)에 대한 묘사에 있어서 심각한 차이를 만들어내는 근본적인 이유입니다.

실제로 칼트호프의 지적에 따르면, 그리스도상은 대학마다 제각기 다르게 묘사됩니다. 어떤 학자는 예수의 실존을 인정하지만, 또 다른 학자는 예수가 실제로 존재했는지조차 부정합니다. 어떤 이는 예수가 자신을 메시아로 자처하며 그렇게 선포했다고 믿는 반면, 또 다른 어떤 이는 이를 강하게 부인합니다. 어떤 학자는 예수의 무죄성, 즉 죄 없음을 주장하지만, 또 다른 학자는 그것을 부정합니다. 예수가 하신 말씀들, 그가 행한 일들, 그의 생애 속 사건들에 관해서도 모두 이런 식의 상반된 견해들이 존재합니다. 역사 비평은 언제나 특정한 견해를 그럴듯하게 만들기 위한 도구로 동원되며, 변화무쌍한 해석의 물결 속에서 끊임없이 출렁입니다. 그러나 그 안에는 안정된 발전이나 일관된 진전의 모습은 좀처럼 찾아보기가 어렵습니다. 오히려 매번 나아가던 길을 다시 돌아와야만 합니다. 왜냐하면, 그 길이 결국 막다른 길이었다는 사실이 곧 드러날 것이기 때문입니다.

기독교를 그리스도의 인격이 아닌 다른 방식으로 설명하려고 하는 모든 역사 비평적 시도는 결국 그리스도 자신의 자기 증언이라는 바위에 부딪혀 좌절되고 말 것입니다. 역사 비평이 역사적 예수에 대해 사실로 인정하는 바가 아무리 적다 하더라도, 그 얼마 안 되는 사실조차도 자연법칙의 절대적 지배를 믿고, 그 어떤 예외도 허용하지 않으려는 입장에서는 여전히 지나치게 많은 것입니다. 요한복음이나 사도들의 서신들뿐 아니라 공관복음서에서도 예수께서 철저히 독특한 존재로 우리 앞에 등장하십니다. 예수께서는 자신이 하나님의 아들이며 동시에 사람의 아들임을 분명히 인식하고 계셨고, 아버지를 전적으로 독특한 방식으로 알고 계시며, 이스라엘의 메시아 곧 조상들에게 약속된 분으로서 아버지께로부터 보내심을 받았음을 알고 계셨습니다. 그는 언제나 아버지와 끊임없는 교제 가운데 거하시며, 아버지의 뜻을 이루는 삶을 사셨습니다. 또한, 자신의 죽음을 죄의 용서와 영원한 구원과 결부시키셨고, 자신의 부활과 승천을 미리 예고하셨으며, 살아 있는 자와 죽은 자의 심판자로 다시 오실 것을 선포하셨습니다.

하르낙은 모든 기적을 철저히 부정했지만, 예수께서 전적으로 독특한 방식으로 하나님 아버지를 알았고, 아버지와 끊임없는 교제 가운데 살았으며, 자신을 메시아로 여기셨다는 단 하나의 윤리적 기적은 인정했습니다. 그러나 하르낙은 이러한 윤리적 기적을 설명하려는 시도는 전혀 하지 않았고, 단지 '인격의 신비'에 호소할 뿐이었습니다. 그러나 이러한 것은 말장난에 불과합니다. 그런 방식이라면 하르낙은 모든 기적을 정당화할 수도 있었을 것입니다. 바울 역시 신비에 대해 말하면서 그것을 '경건의 신비'라 불렀습니다. 그는 이 신비의 깊이를 다 헤아리지는 못했지만, 그 내용이 무엇인지는 분명히 알고 있었습니다. 곧 하나님이신 그분께서 육신으로 나타나셨고, 성령 안에서 의롭다 하심을 받으셨으며, 천사들에게 나타나셨고, 이방인들 가운데 복음이 전파되었으며, 세상에서 믿음을 받으셨고, 마침내 영광 가운데 올려지셨다는 것입니다(딤전 3:16).

그리스도이신 예수: 기독교 신앙의 기초

객관적인 역사적 연구는 결국 다음과 같은 확신에 이르게 합니다. 곧 예수께서는 자신의 증언에 비추어 볼 때, 또 초대 교회의 믿음에 따르면, 처음부터 그리스도이셨다는 것입니다. 그러니 여기서 길이 갈라집니다. 그것은 로마 교회와 개신교회, 정통주의와 자유주의, 혹은 다른 어떤 교파나 당파 간의 차이가 아니라, 예수의 증언을 어린아이처럼 순전하게 받아들이는 이들과, 비록 말로는 그렇지 않더라도 마음으로는 그 증언을 거부하는 이들 사이의 차이입니다. 오늘날에는 중간 길을 찾으려는 사람들이 많습니다. 그들은 여전히 예수에 대해 알고 싶어 하지만, 그들이 예수에 대해서 알고자 하는 것은 어디까지나 하나님의 아버지 되심을 가장 먼저, 가장 분명하게 선포한 예수에 한정됩니다. 이들은 '예수의 기독교'를 진정한 기독교라고 말하면서, 예수를 그리스도로 믿기보다는 그분을 첫 번째이자 가장 뛰어난 '기독교인'으로 여깁니다. 그들은 예수와 같은 믿음, 혹은 예수를 통해 가능해진 믿음, 즉 예수의 인격이 우리에게 주는 감동으로 인해 생겨나고 강화되는 믿음에는 동참하고 싶어하지만, 예수를 믿는 믿음, 곧 그리스도이신 예수와 그분 안에 계신 아버지를 향한 믿음에는 별다른 관심을 두고 있지 않습니다.

이러한 사람들은 모순된 상태에 놓여 있습니다. 겉으로는 예수를 언급하지만, 실제로는 그분을 부인하고 있는 셈입니다. 왜냐하면, 예수께서 만일 아버지께서 보내신 그리스도, 곧 하나님과 인간 사이의 중보자가 아니라면, 그분은 우리에게 아무런 특별한 의미가 없기 때문입니다. 그렇게 되면 예수는 단지 다른 모든 종교 창시자들이나 도덕 교사들과 동일한 위치에 서게 되며, 기독교 신앙은 레프시우스가 말했듯이 단지 좀 더 '고상한 형태의 율법주의'에 불과하게 되고 말 것입니다. 그것은 여전히 유대교적인 복음 이해를 벗어나지 못한 상태라고 할 수 있습니다. 하르낙의 책에 찬사를 보낸 유대 학자들은 이 점을 정확히 이해하고 있었습니다.

만일 로고스 사상, 삼위일체, 원죄, 예정 등의 교리들이 모두 외부에서 유입된 것이며, 초기 기독교가 담고 있던 사상이 단지 하나님의 아버지 되심과 인간 영혼의 가치뿐이었다면, 유대교와 기독교는 결국 하나의 종교인 셈이 되고 맙니다. 실제로 9월 제네바에서 열린 자유주의자들의 국제회의에서는 랍비 레비 박사가 누구보다도 큰 환호와 찬사를 받았습니다. 랍비 레비는, 유대교가 탈무드주의를 포기하고, 기독교가 그리스도론과 관련된 모든 교리들을 내려놓는다면, 양 종교 간의 차이는 완전히 사라질 것이라고 주장했습니다. 그러나 기독교는 그리스도와 더불어 서고 넘어집니다. 기독교회가 언제나 이 사실을 인식하고 고백해 왔다면, 그것은 항상 예수 자신의 증언과 그분의 모든 선지자들과 사도들의 증언이 교회 편에 서 있었기 때문입니다. 그리고 역사 비평을 연구하는 이들이 자신들의 연구 결과에 점점 더 무관심해질수록, 그들은 오히려 이 진실을 더 쉽게 인정하게 되었습니다.

기독교에 대한 교회의 이해는 줄곧 반복적으로 비판을 받아 왔지만, 동시에 성경에 대한 깊은 연구를 통해 언제나 다시금 정당성을 인정받아 왔습니다. 결국에는 언제나, 복음에 대한 시대의 변화무쌍하고 다양한 견해들이 내세운 이른바 '역사적으로 진정성 있는 이해'보다, 오히려 복음에 대한 교회의 이해가 원래에 있어서 더욱더 순수하고 역사적인 이해로 드러났습니다.

그리스도에서 발견하는 교리의 본질

그러나 만일 그리스도께서 참으로 교회가 그분에 대해 고백하는 바 그대로의 그리스도이시라면, 그분은 단지 복음을 선포한 분이실 뿐 아니라 그 복음의 내용이자 대상이시고, 나아가 그분이 자신의 인격과 사역 안에서 복음 그 자체이시라면, 기독교의 본질에 대한 탐구는 거기서 끝나는 것이 아닙니다. 그리스도 안에서 우리는 분명 기독교의 출발점이자 중심점을 발견하지만, 그렇다고 해서 기독교 자체가 그 모든 내용을 다 드러내고 있는 것은 아닙니다. 우리는 그리스도에서 멈춰 설 수 없습니다. 왜냐하면, 그리스도께서 곧 복음의 내용이자 대상이시며, 핵심이자 중심이시기에, 그분은 복음의 기원도 마침도 아니기 때문입니다. 그리스도께서는 하나님과 인간 사이의 중보자이시므로, [우리에게] 자신으로부터 아버지를 향하게 하실 뿐만 아니라, 장차 하나님께서 모든 것 안에서 모든 것이 되실 미래를 가리키십니다.

이러한 생각들을 더 깊이 확장할 여지는 [지면 관계상] 여기에서 허락되지 않습니다. 다만 마지막으로 한 가지 덧붙일 것이 있다면, 그리스도론에서 출발한 교리 형성은 앞서 언급했듯이 [그리스도론이라는] 그 지점에만 머물러 있을 수 없으며, 오히려 하나님께서 자신의 말씀을 통해 교회에 주신 그 풍성한 진리를 점진적으로 펼쳐 가는 방향으로 나아갈 수밖에 없다는 점입니다. 비록 교리 형성은 기독교 전체 역사 속의 한 부분에 지나지 않지만, 교리의 본질은 그리스도께서 자신의 증언에 따라 마땅히 차지하셔야 할 자리를 규정하고 그것을 지켜나가는 데 있습니다. 즉, 그리스도께서 하나님의 존재, 창조와 세계, 인류와 교회, 문화와 만물 전체와의 관계 속에서 가지셔야 할 위치를 확립하고 유지하는 것이야말로 교리의 정신이고 본질입니다.

이 과정에서 교회는 단지 도구에 불과할 뿐입니다. 실제로 그 위치를 획득하시고, 모든 반대와 저항에도 불구하고 그 자리를 지켜내시는 분은 그리스도 자신이십니다. 우리가 이 사실을 깊이 생각하고 성찰하며 더욱 풍성하게 전개해 나간다면, 마침내 기독교는 그 모든 아름다움과 영광 가운데 우리 영혼의 눈앞에 드러나게 될 것입니다. 왜냐하면, 기독교는 성부 하나님께서 자신이 창조하셨으나 타락한 세상을 성자의 죽음을 통해 화해시키시고, 성령을 통해 다시 창조하셔서 하나님의 나라로 세우시는 삼위일체 하나님의 위대한 사역이기 때문입니다.

3. 기독교

『기독교』(*Het Christendom*, 1912)는 네덜란드 바른(Baarn)에 소재한 홀란디아 출판사에서 『위대한 종교들』(*Groote Godsdiensten*) 시리즈 제Ⅱ권, 제7호(Serie II, No. 7)로 출간되었다. *Groote Godsdiensten*, Serie II, No. 7. Het Christendom door Dr. Herman Bavinck, Hoogleeraar aan de Vrije Universiteit te Amsterdam (Baarn: Hollandia-Drukkerlij, 1912). 『위대한 종교들』 시리즈는 유대교, 기독교, 불교, 이슬람교 등 주요 세계종교와 세계 각지의 소수종교들을 소개하기 위해 홀란디아 출판사가 기획한 교양 총서이다. 바빙크는 이 시리즈의 필진 중 한 사람으로서, 기독교를 소개하기 위해 본서를 집필하였다. 네덜란드어로 62쪽 분량의 짧은 이 책은 기독교가 어떤 종교인지를 알고자 하는 독자들에게 기독교를 소개하는 매우 탁월한 입문서이다.

분화된 기독교

기독교를 짧은 분량으로 설명하면서도 일정한 수준의 깊이를 유지하려는 시도는, 애초부터 대단히 모험적인 작업이 아닐 수 없습니다. 그 이유는 제한된 지면 속에서 이 주제의 풍성함과 깊이를 충분히 담아내기가 어렵기 때문입니다. 사실 기독교는 -이스라엘을 통한 준비 과정을 차치하더라도- 이미 1800년이 넘는 역사 속에서 존재해 왔고, 그동안 수많은 중요한 역사적 과정을 겪었으며, 여러 민족과 지역에 깊이 뿌리내렸고, 오늘날에는 인류의 3분의 1 이상에게 전파된 종교입니다. 따라서 기독교의 역사를 간략하게 개관하는 일은, 기독교 전체를 설명하는 데 있어 지극히 일부분에 불과하며, 불완전하고 제한적인 작업이 될 수밖에 없습니다.

기독교는 교리와 교회, 예배와 교회 정치라는 객관적인 측면을 지닐 뿐 아니라, 인간의 이성과 마음, 양심 깊숙한 곳까지 스며들어 새로운 세계관과 감정, 태도를 불러일으키는 주관적인 차원도 함께 지니고 있습니다. 그러나 이러한 내면의 세계는 이해하기도 어렵고, 묘사하기도 쉽지 않습니다. 더 나아가 기독교 신앙은 인간의 내면으로부터 삶의 모든 영역으로 확장되어서, 인간 존재의 모든 분야에 영향을 미치며, 문화의 모든 구성 요소들에 그 자취를 남깁니다. 따라서 우리가 기독교를 어느 정도라도 만족스럽게 설명하고자 한다면, 이러한 내면적인 힘을 반드시 고려해야 하며, 그 숨겨진 영적 작용에 대해서도 정당한 관심을 기울여야만 할 것입니다.

　기독교의 기원과 본질에 대해 어느 정도의 합의가 존재한다면, 제한된 지면 안에서 기독교를 간략하게 요약하는 작업도 여전히 가능할지 모릅니다. 그러나 실제 상황은 그와 정반대입니다. 기독교가 시작된 이래로 그 본질과 성격에 대해 서로 다른 이해들이 형성되어 왔습니다. 보편 교회(공교회) 내부는 물론 외부에서도, 다양한 분파와 교파들이 등장하여, 다수의 견해와는 다른 방식으로 기독교를 이해하고 신앙을 고백해 왔습니다.

　이러한 분화의 과정은 중세에도 계속되었고, 종교개혁 시기와 그 이후에는 더욱 확대되었으며, 오늘날에는 일종의 해체적 방식으로 심화되어, 수백 개의 교파와 분파가 서로 나란히 존재할 뿐 아니라, 거의 모든 진지한 개인들이 기독교 신앙에 대해 각기 고유한 견해를 가지게 된 상황입니다. 과거에는 확고하고 분명해 보이던 많은 사안들이 오늘날에는 의심의 대상이 되고 있으며, 그 의심은 점점 더 널리 퍼져 가고 있습니다. 신약성경이 전하는 말씀과 사건 가운데 어떤 것도 온전히 수용되지 않고 의문이 제기되고 있으며, 최근 몇 년 사이에는 심지어 기독교라는 이름의 기원이 된 인물, 곧 예수 그리스도의 역사적 실존마저 부정하고 논박하는 일까지 벌어지고 있습니다.

　이러한 상황에서 기독교에 대해 간략하게 설명하는 글이 앞서 언급한 모든 요구를 충족시키거나, 존재하는 모든 관점을 다 다루고 평가하는 것이 불가능하다는 것은 자명합니다. 그러므로 우리는 여기서 기독교 신앙의 기원과 발전에 관해서 간략하고 명확한 개요를 제공하는 것으로 만족할 수밖에 없습니다.

어떤 이들은 [출판사가 기획한] 『위대한 종교들』(Groote Godsdiensten) 시리즈에서 기독교를 다루는 글을 [필자와 같이] 기독교 안에서 태어나고 자라난 사람이 집필한다는 점을 문제 삼을 수도 있을 것입니다. 왜냐하면, 이러한 저자는 기독교에 대해 특정한 입장을 견지하고 있으며, 기독교가 가장 옳거나 적어도 옳다고 여기고 있을 것이라는 이유 때문입니다. 그러나 기독교를 소개하는 사람이 로마 가톨릭교회든, 루터교회든, 개혁교회든, 혹은 다른 어떤 기독교 전통에 속해 있든 간에, 기독교는 그에게 단순한 연구 대상이 아니라, 개인적으로 자신의 신앙과 깊이 관련되어 있습니다. 그는 기독교를 냉정하게 외부에서 관찰하는 사람이 아니라, 그 중심에 서서 기독교를 사유하며, 기독교를 자기 삶의 방식으로 간주하고 살아가는 사람입니다.

결국, 이러한 사실은 '그리스도인'이라는 이름을 지닌 모든 이들에게 해당합니다. 누구나 자신이 이해하고 고백하는 기독교의 진리와 더불어, 마음의 평안, 양심의 위로, 영혼의 안식을 어느 정도 누리고 있기 마련입니다. 심지어 "우리는 여전히 그리스도인인가?"라는 질문에 부정적으로 답변하는 이들조차도, 결코 이러한 개인적 관심사로부터 완전히 자유로울 수는 없습니다. 다만 그러한 개인적 관심사가 다른 방향으로 작용하여, 기독교를 반대하고 비판하는 방향으로 나아가는 경우가 있을 뿐입니다. 기독교를 반대하는 이들 가운데에도 열정적인 반대자들이 존재하기 마련입니다. 그래도 다행스러운 것은, 공정함이 곧 무관심을 의미하지는 않는다는 점입니다. 미움은 눈을 멀게 하지만, 사랑은 오히려 사물을 더 맑게 보게 합니다.

기독교 이해의 공통된 합의

기독교를 개괄적으로 소개하는 데 따르는 이러한 모든 어려움 가운데에서도, 우리에게 위로가 되는 한 가지 사실이 있습니다. 그것은 기독교에 대한 이해에 있어서 분열의 폭이 크기는 하지만, 그렇다고 해서 모든 논의가 무의미하거나 불필요한 것은 아니라는 점입니다. 실제로 기독교의 본질에 대한 표현은 매우 다양하게 존재합니다. 그리스 정교회, 로마 가톨릭교회, 루터교회, 개혁교회 등 [기독교의 본질에 대한] 각각의 전통적인 이해가 있습니다. 그리고 여기에 칸트와 헤겔, 슐라이어마허와 리츨, 하르낙과 오이켄, 그린과 케어드*를 비롯한 수많은 사상가들의 견해들도 더해질 수 있습니다. 그럼에도 불구하고, 다행히 몇몇 중요한 지점들에서는 여전히 감사할 만큼 공통된 합의가 존재합니다.

---

* 역자 주: 케어드(Caird): 통상적으로 19세기 후반의 영국 관념론을 대표하는 두 형제 철학자, 형 존 케어드(John Caird, 1880-1898)와 동생 에드워드 케어드 (Edward Caird, 1835-1908)를 가리킨다. 본문에서 바빙크가 두 형제 중 누구를 지칭하고 있는지는 확실치 않지만, 케어드 형제의 사상은 서로 궤를 같이한다.

성경의 진리와 교회의 교리 간의 차이

우선 첫째로, 어떤 교회나 신학 노선도 자신들의 기독교 이해를 초기 기독교와 완전히 동일시하지는 않습니다. 물론 각 교파는 저마다의 해석이 옳다고 주장하며 다른 해석들에 맞서 자신의 해석을 옹호합니다. 그렇지만 모든 교회와 신학 노선은 '그리스도 안에서 계시 된 진리'와 자신들이 그 진리 안에서 얻게 된 이해 사이를 구별합니다. 이는 그들이 자신의 이해를 결핍되고 오류 가능성이 있는 방식으로 신앙고백 안에서 표현하고 있다는 사실을 인정하기 때문입니다. 여기서 로마 교회만이 예외적인 태도를 보입니다. 이는 로마 교회가 교황에게 무류성(無謬性)을 부여하고, 로마 교회의 교리를 복음의 유일하며 절대적으로 올바른 해석으로 간주하기 때문입니다. 그러나 이런 로마 교회조차도 그리스도와 그 대리자인 교황, 그리고 사도들에게 임했던 성령의 영감과 교황이 받는 성령의 도우심 사이에는 여전히 구별을 둡니다. 그러기에 원칙적으로 성경의 진리와 교회의 교리 사이에 아무런 차이가 없다고 주장하는 자는 없습니다.

이 점은, 자신의 개인적인 복음 해석을 '역사적'이라고 간주하며, 교회가 제시해 온 [복음에 대한] 교의적 해석과 구분 지으려는 사람들에 대하여도 중요한 의미를 가집니다. 사실 교회들 또한 자신들의 신앙고백 안에서 복음을 가능한 한 순수하게 이해하고자 진지하고 성실한 노력을 기울여 왔습니다. 예를 들면, 하르낙과 같은 인물들도 [복음에 대한] 교회의 해석을 거부하고, [복음에 대한] 자신만의 해석을 제시했지만, 이들이 하는 작업 역시 결국 자신이 가장 타당하다고 여기는 본래의 복음, 곧 '원복음'에 대한 또 다른 하나의 해석을 제시하는 데 지나지 않습니다. 따라서, 그들은 복음 자체를 교회의 교리에 정면으로 대립시키려는 것이 아니라, 교회 안에서 수용되어 온 해석에 대해 자신들의 해석을 나란히 제시하려는 것입니다. 따라서 복음의 본질에 관한 이러한 논쟁은 단순히 '역사적 해석이냐, 교의적(교리적) 해석이냐'를 묻는 수준의 논쟁이 아니라, '원복음이 실제로 무엇이었는가'에 대한 논쟁입니다.

신약 성경으로 돌아가야 한다

둘째로, 기독교의 본질에 대한 질문은 본래적이고 진정으로 참된 기독교가 무엇인가를 묻는 질문과 본질에 있어서 일치하며, 우리가 이를 알기 위해서는 성경, 특히 신약성경으로 돌아가야 한다는 점에서 여전히 폭넓은 합의가 이루어져 있습니다. 사실 성경 외에 우리가 의지할 수 있는 다른 자료는 존재하지 않습니다. 요세푸스가 예수에 대해 남긴 증언을 비판적으로 검토해 보면 신뢰하기 어려울 뿐 아니라, 새로운 정보를 제공하지도 않습니다. 유대인들이 2세기 중엽부터 기독교를 반박하기 위해 만들어 낸 비방들은 첼수스, 포르피리우스, 그리고 근대의 헤켈 같은 인물들에게 영향을 주긴 했지만, 초기 기독교에 관한 진지한 연구에서는 고려할 만한 자료로 평가되지 않습니다. 타키투스, 수에토니우스, 플리니우스 등이 그리스도와 그리스도인들에 대해 짧막하게 남긴 진술들은 역사적으로 의미 있고, 예수의 실존을 의심의 여지 없이 합리적으로 뒷받침해 주지만, 초기 기독교에 대한 우리의 이해를 실질적으로 확장하여 주지는 못합니다.

에비온주의자들이나 영지주의자들에 의해 형성된 수많은 외경 복음서들은, 정경 복음서에 기록된 예수의 생애에 어떤 내용을 더 보태고자 하는 욕망과 자신들의 독특한 신학적 관점을 정당화하려는 의도가 너무도 명백하게 드러나기 때문에, 예수의 생애에 관한 신뢰할 수 있는 자료로 사용되기가 어렵습니다. 다만, 최근 발견된 일부 예수의 금언들 가운데 몇 개의 말씀만이 실제로 예수의 입에서 나온 말씀이며, 순수하게 전승을 통해 보존되었을 가능성이 있을 뿐입니다. 그러나 이러한 극히 제한된 가능성을 제외한다면, 우리는 예수의 생애에 대한 지식을 얻기 위해 신약성경의 문서들, 그 가운데서도 특히 사복음서 외에는 의지할 수 있는 자료가 없다는 사실을 분명히 기억해야만 할 것입니다. 신약의 다른 문서들에 나오는 예수의 생애에 대한 언급은 상대적으로 적고, 그마저도 거의 대부분 복음서에 포함된 내용들이기 때문입니다.

정경 복음서들의 '진정성'과 '완전성'과 '신뢰성'을 둘러싼 치열한 논쟁은 이미 150년이 넘도록 지속되어 왔으며, 가까운 시일 내에 또는 예측 가능한 미래에 모든 사람이 인정할 만한 결론에 도달할 것이라고 기대하기는 어렵습니다. 그럼에도 불구하고, 이와 관련하여 주목할 만한 세 가지 사실이 있습니다.

첫째, 기독교, 특히 초대 교회가 이해하였고, 그 중심을 그리스도론에 두어 표현해 온 형태의 기독교를, 헬레니즘이나 그 밖의 외래 사상의 영향에서 기원한 것으로, 곧 2세기의 산물로 보려는 시도는 실패한 것으로 평가되어야 합니다. 신약성경의 문서들, 특히 바울의 네 개의 주요 서신들(에베소서, 빌립보서, 골로새서, 빌레몬서)은 이러한 시도에 강하게 저항하며, 이 문서들이 2세기 이후에 작성되었다고 볼만한 근거는 전혀 존재하지 않습니다. 그 결과 오늘날에는 교회의 그리스도론이 이미 1세기 안에 형성되었다는 견해가 널리 받아들여지고 있습니다.

이로 인해 신약성경의 여러 문서들을 2세기 이후로 늦추려던 시도는 설득력을 잃었고, 실제로 신약의 거의 대부분의 문서들은 기록 연대가 다시 1세기로 소급되어 배치되고 있습니다. 하르낙은 1897년에, 한때 고대 기독교 문헌 전체를 기만과 위조로 짜진 직물로 간주하던 시기가 있었다고 회고하면서, 그러나 그러한 시기는 이미 지나갔으며, 학계는 다시 전통으로 되돌아가고 있다고 덧붙였습니다. 바울서신에서부터 이레니우스의 저술에 이르기까지, 전통이 제시해 온 연대기적 배열은 전체적으로 보아 대체로 정확하며, 베를린의 저명한 학자(하르낙)가 내린 이러한 평가는 이후 더욱 광범위하게 수용되었고, 그 타당성 역시 점점 더 확고히 인정받게 되었습니다.

둘째, 신약성경 본문을 철저히 해체하여 그 밑바닥에 놓여 있는 '역사적 사실'의 층위(層位)들에까지 도달하려는 시도 역시 성공을 거두지 못했습니다. "바울로부터 다시 예수에게로, 곧 공관복음서의 예수에게로 돌아가자"라는 구호는 결국 헛된 것으로 드러났습니다. 왜냐하면, 신약성경의 모든 문서에 나타나는 그리스도에 대한 묘사는 본질에 있어서 서로 다르지 않기 때문입니다. 바울이 어떻게 그리스도에 대한 자신의 가르침에 도달할 수 있었겠습니까? 만일 그가 본래의 복음을 왜곡한 인물이었다면, 어떻게 교회 공동체 안에 받아들여질 수 있었겠습니까? 예루살렘에서 바울이 사도들에게 자신이 전한 복음을 설명했을 때, 만약 그가 설명한 복음이 그 핵심적 진리에 있어서 사도들과 전혀 다른 견해였다면, 어떻게 그 사도들이 그에게 교제의 악수를 건넬 수 있었겠습니까(갈 2:2, 9)? 물론 바울과 몇몇 유대인 형제들 사이에는 견해의 차이가 있었지만, 그것은 복음이 구약 율법에 대해 어떤 함의를 가지는가에 관한 문제로 제한된 것이었을 뿐입니다. 그러나 그리스도의 인격, 그의 생애와 죽음, 그리고 부활과 재림에 관해서는 어떤 견해의 차이도 존재하지 않았습니다.

모든 사도들이 이 점에 있어서 완전히 일치했으며, 사도들 사이에도, 초기 교회들 안에서도 그리스도론을 둘러싼 논쟁은 없었습니다. 역으로 처음 세 개의 복음서(마태, 마가, 누가) 또한 요한복음이나 바울서신과 마찬가지로 예수의 제자들에게서 유래된 것이며, 이미 여러 교회 공동체가 존재하던 시기에, 그리스도의 인격에 대해 사도들에게서 가르침을 받은 신자들을 위해 기록된 것입니다. 이 복음서들 또한 바울이나 다른 사도들이 전한 것과 동일한 예수 그리스도를 증언하고 있으며, 당시의 모든 신자들이 함께 고백했던 동일한 그리스도를 전하고 있습니다.

그리스도 없이 기독교는 결코 설명될 수 없다

우리가 역사적 자료들을 따라 [시간을] 거슬러 올라갈 수 있는 한에 있어서, 가장 초기의 교회가 예수를 그리스도로 고백해 왔다면, 이제 남은 설명의 가능성은 두 가지뿐입니다. 하나는 그리스도가 교회의 산물일 가능성이고, 또 다른 하나는 교회가 그리스도의 산물일 가능성입니다. 만일 전자의 경우, 곧 그리스도가 교회의 산물이라면, 우리는 대략 다음과 같은 가정을 받아들여야 합니다. 오랜 세월 동안 어떤 종교적 인물들로 구성된 공동체가 존재해 왔거나, 혹은 당대의 사회적 상황 속에서 그러한 공동체가 새롭게 형성되었고, 이들이 신약성경에 묘사된 그리스도의 여러 특성들을 헬레니즘이나 유대교, 인도, 바빌론, 이집트 등 다양한 전통에서 끌어와 조합한 뒤, 그것들을 실존했거나 실존하지 않았을 수도 있는 예수라는 인물에게 투사했다는 것입니다.

이러한 설명 방식은 최근 들어 많은 지지자들을 얻고 있지만, 그 전망은 밝아 보이지 않습니다. 왜냐하면, 이 이론은 상상력을 마음껏 펼칠 수 있는 여지를 제공하긴 하지만, 실제에 근거를 두고 있다고 보기가 어렵기 때문입니다. 이러한 설명은 다음과 같은 근본적인 질문들에 답하지 못합니다. 도대체 무엇이 그 종교적 공동체를 결속시키고 하나로 묶었단 말인가? 단순하고 평범한 사람들에 불과했던 초기 그리스도인들이 어떻게 그리스도의 특성들을 그러한 다양한 문화로부터 끌어올 수 있었단 말인가? 그들은 어떻게 신약성경이 보여주는 것처럼, 그렇게 조화롭고 일관된 인물상을 만들어낼 수 있었단 말인가? 그리고 무엇보다, 왜 그리고 어떤 이유로 그 모든 특징들이 바로 예수라는 한 인물 안에서 실현된 것으로 믿게 되었단 말인가? 이처럼 해결되지 않은 수수께끼들이 너무나 많기에, 다음과 같은 결론 외에 다른 결론이 있을 수 없습니다. "그리스도 없이 기독교는 결코 설명될 수 없다."

그리스도에 대한 관심

셋째로, 기독교의 본질에 관한 세 번째 핵심은 비교적 널리 받아들여지는 사실인데, 그것은 오늘날 많은 사람들이 기독교와 완전히 결별하고 더 이상 그리스도의 인격에 관심을 두지 않는다는 점입니다. 그러나 이러한 무관심조차도 중요한 시사점을 지닙니다. 왜냐하면, 그러한 태도 속에는, 교회가 믿고 고백해 온 그리스도가 곧 성경이 증언하는 그리스도와 본질적으로 동일하다는 암묵적 인식이 전제되어 있기 때문입니다. 다시 말해서, 복음서의 내용을 축소하거나 그 본문을 비판적으로 해석해도, 여전히 사람들의 마음을 사로잡을 만한 새로운 예수상을 끌어내는 데는 실패할 수밖에 없다는 사실을 그들 스스로 인정하고 있는 셈입니다. 더 나아가, 신약성경의 그리스도를 이교적(異敎的) 요소들의 영향을 받아 형성된 산물로 설명하려는 오늘날의 수많은 시도조차 이와 같은 전제를 공유하고 있으며, 오히려 교회의 신앙고백이 타당하다는 점을 웅변적으로 뒷받침해 주고 있을 뿐입니다.

그러나 바울과 요한의 그리스도론을 거부하는 사람들 모두가 무관심으로 기울어지는 것은 아니라는 사실은 실로 다행한 일이라 하겠습니다. 그들 중 상당수는 여전히 '그리스도인'이라는 이름을 소중히 여기며, 예수의 인격에 대해 깊은 유대감을 느끼고 있습니다. 그들은 예수께서 하나님의 나라 안에서 특별하고 예외적인 위치를 차지하고 있다는 사실을 믿으며, 예수 안에서 하나님의 특별한 계시가 나타났다고 고백합니다. 또한, 그들은 예수의 인격과 사역이 인류의 종교적·도덕적 발전에 지속적인 의미를 지닌다고 확신합니다. 비록 이러한 신앙이 [과거]보다 약화된 형태로 표현된다 할지라도, 그것은 여전히 기독교의 기원과 본질에 대한 물음이 곧 예수 그리스도의 인격과 사역에 대한 물음과 동일하다는 사실을 명백히 증언해 주고 있습니다. "당신은 그리스도에 대하여 어떻게 생각하십니까?"라는 물음은 지금도, 그리고 앞으로도 종교와 신학에 있어서 본질적이고 중요한 질문이 아닐 수 없습니다.

세례자 요한의 선포

티베리우스 황제 통치 15년(로마 건국 779년, 기독교 연대로는 A.D. 26년 또는 27년), 갈릴리와 페레아 지역의 분봉 왕은 헤로데 안티파스였고, 유대의 총독은 본디오 빌라도였습니다. 이 시기 유대 사회에는 주목할 만한 종교적 각성이 일어났습니다. 바로 그때, 유대 광야에서 한 남자가 홀연히 등장했습니다. 그의 얼굴에는 금욕적인 삶의 흔적이 역력했고, 그는 낙타 털로 만든 거친 옷을 입고 허리에 가죽 띠를 두른 채, 그의 말을 듣고자 하는 모든 이들에게 외쳐 말했습니다. "회개하라, 하늘나라가 가까이 와 있다!" 이와 같은 선포와 함께, 후에 '세례자 요한'으로 불리게 된 요한은, 구약의 옛 선지자들처럼 회개를 촉구하는 전통을 계승한 모습으로 역사 속에 등장했습니다. 그러나 그는 단순히 회개를 촉구한 것이 아니라, [이스라엘이] 오랫동안 기다려 왔던 '하늘나라'의 도래가 이제 임박해 있다고 예언하며 종말론적 메시지를 덧붙여 선포하였습니다.

물론 구약성경은 이미 하나님께서 온 세상의 왕이시며(시 24, 29; 렘 10:7), 시내산에서 [이스라엘과] 언약을 맺으신 이후로는 이스라엘의 특별한 왕이심을 증언합니다(사 33:22). 그러나 이스라엘 백성은 역사 속에서 점차 하나님의 왕 되심을 인정하지 않거나, 오히려 이를 심각할 정도로 거부해 왔습니다. 따라서 하나님의 나라가 이 땅에 임한다는 것은 단순한 점진적 발전의 결과가 아니라, 위로부터 임하는 하나님의 특별한 구원의 능력, 곧 하늘로부터 [하나님의] 갑작스러운 개입을 통해서만 가능하다고 여겨졌습니다. 이 때문에 이스라엘의 경건한 자들은 하나님의 나라가 임하기를 간구하며, 하나님께서 하늘을 가르고 친히 강림하시어 자신의 의와 구원을 나타내실 것을 기대하게 되었던 것입니다(사 64:1).

특히 다니엘은 이러한 사상을 더욱더 체계적으로 전개했습니다. 그는 여러 세상의 제국들이 지나간 후에 하나님의 나라가 위로부터 임할 것이라고 말합니다. 먼저 바다, 곧 민족들의 세상에서 네 마리 짐승 같은 제국들이 등장하지만, 그다음에는 "사람의 손을 거치지 않고 산에서 뜨인 돌"처럼, 위로부터 임하는 하나님의 나라가 나타난다는 것입니다. 이 나라는 점차 자라나 큰 산이 될 것이며(단 2:34-35, 44-45), 하늘에 계신 하나님께서 세우신 왕국으로서 결코 무너지지 않을 것입니다. 이 나라는 "거룩한 백성"에게 주어질 것이며(단 7:18, 27), 하늘의 구름을 타고 오시는 이, 곧 인자의 모습으로 오시는 이의 중재를 통해 세상에 임하게 될 것입니다(단 7:13). 이러한 이유로 유대인들은 이 나라를 '하늘나라'라고 불렀습니다. 왜냐하면, 그 나라는 위로부터, 곧 하늘에서 땅으로 내려오는 나라이기 때문입니다(참조. 요 18:36).

세례자 요한은 하늘나라가 가까이 왔음을 선포하면서, 이 나라에 들어가기 위해서는 아브라함의 혈통이나 할례, 율법에 따른 의로움이 아니라 오직 회심만이, 곧 마음의 변화와 종교적·윤리적 갱신만이 유일한 길임을 강조했습니다. 요한은 하나님께서 자신에게 명하신 세례를 통해 이 사실을 확증해 주었는데, 이 세례는 죄를 고백하며 나아오는 이들에게 회개의 표징이자 인침으로 주어졌으며, 동시에 하늘나라에 들어가기 위한 전제이며 그 본질인 '죄 용서'라는 크나큰 은혜를 상징하는 것이었습니다.

세례 받으신 예수

요한의 이와 같은 설교는 대중에게 강력한 반향을 불러일으켰습니다. 바리새인들과 사두개인들은 그에게 비판적인 태도를 취했고, 요한은 엄격한 언사로 그들을 꾸짖으며 하나님의 심판을 경고했습니다(마 3:7-12). 그러나 일반 백성들은 예루살렘과 온 유대, 요단강 주변의 모든 지역에서 몰려들어 요한에게 나아왔고, 자신들의 죄를 고백하며 그가 베푸는 세례를 받았습니다(마 3:5-6; 21:32). 갈릴리에서도 많은 사람들이 요한을 찾아왔으며(마 11:7-9), 그들 가운데는 요셉과 마리아의 아들로서 베들레헴에서 태어나 나사렛에서 자란 예수도 있었습니다(막 1:9). 예수께서는 세례를 받기 위해 요한에게로 나아오셨습니다(마 3:13).

이 세례는 예수에게만이 아니라 요한에게도 깊은 의미를 지니고 있었습니다. 요한은 지금까지 자신이 메시아가 아님을 분명히 밝혀 왔으며, 자신보다 더 능력이 크신 분이 뒤에 오실 것이고, 자신은 그분의 신발 끈을 매는 일조차 감당할 수 없다고 하였습니다. 그는 자신은 물로 세례를 주지만, 그분은 성령과 불로 세례를 베푸실 것이라고 선포해 왔습니다(마 3:11). 그리고 예수께서 세례를 받으시는 그 순간, 요한은 하늘로부터의 계시를 통해 예수께서 바로 그 메시아이심을 확신하게 되었습니다. 이전까지 요한이 전해 온 그리스도에 대한 증언은 공관복음서(마태, 마가, 누가)에 공통적으로 기록되어 있지만, 예수의 세례 사건을 통해 이 증언은 한층 더 구체적이고 분명한 형태를 띠게 되었습니다. 세례자 요한은 이제 예수를 가리켜 "하나님의 아들이시며, 세상의 죄를 지고 가는 하나님의 어린양"으로 지목하고 선포하게 되었습니다. 이러한 증언은 특별히 네 번째 복음서인 요한복음에 선명하게 나타나고 있습니다.

이러한 세례는 예수의 생애에서도 하나의 전환점을 이루는 사건이었습니다. 예수의 어린 시절과 청년 시절에 대해서는 우리에게 알려진 바가 거의 없습니다. 다만 다음과 같은 사실들만 전해집니다. 곧, 예수께서 성령으로 잉태되어 동정녀 마리아에게서 태어나셨고, 생후 8일째 되는 날에 할례를 받으셨으며, 몇 주 후에는 성전에 나아가 하나님께 봉헌되셨다는 것입니다. 그리고 그 이후 해마다 부모님을 따라 절기를 지키기 위해 예루살렘에 올라가셨다는 것, 그리고 열두 살이 되었을 때, 이미 자신은 "아버지의 집에(서)" 있어야만(일해야만) 한다고 증언하셨던 것입니다. 또한 세례 이후에는 곧바로 하나님의 아들로서의 신분이 확증되었고, 성령의 기름 부으심을 통해 직무를 감당할 권능을 부여받으셨으며, 그 직무를 수행하기 위한 준비가 완료되었다는 점입니다. 그러므로 그분의 세례 받으심은 그분의 사역의 결정적인 분기점이었다고 할 수 있습니다.

예수의 가르침: 하나님의 나라

그 후 예수께서는 곧바로 공적으로 이스라엘 백성 앞에 모습을 드러내셨습니다. 예수께서 선포하신 말씀은 세례자 요한의 것과 유사했습니다. "때가 찼고, 하나님의 나라가 가까이 왔으니, 회개하고 복음을 믿으라"(막 1:15). 이러한 선포는 예수의 가르침의 핵심적인 주제였으며, 예수께서는 세례자 요한이나 그 이전의 선지자들이 할 수 없었던 방식으로 이 주제를 훨씬 더 깊고 넓게 전개하셨습니다. 하나님의 나라는 무엇보다도 위로부터 임하는 하나님의 선물이며, 이 나라는 세상이 창조되기 이전부터 하나님께서 예정하신 자들에게 하나님의 기쁘신 뜻에 따라 주어지는 나라이기에, 오직 어린아이와 같은 믿음으로만 받을 수 있습니다.

그러나 하나님 나라는 동시에 인간이 추구해야만 하는 나라이며, 값비싼 보물이나 진주처럼 그 어떤 것과도 비교할 수 없이 소중히 여겨야 할 대상입니다. 하나님의 나라는 이 땅에서 이미 부분적으로 실현될 수 있으며, 진리, 의, 죄 용서, 평화, 생명과 같은 그 나라의 복된 유익들은 현재에도 신자들이 누릴 수 있습니다. 사탄의 권세가 무너지는 만큼, 하나님의 나라는 이 세상 가운데서 실현되는 것입니다. 이 점에서 하나님의 나라는 씨앗과 누룩에 비유됩니다. 즉, 그것은 점진적으로 자라고 퍼져나가게 되는 것입니다. 그러나 하나님의 나라는 궁극적으로는 미래에 온전히 실현될 것입니다. 그때 하나님의 상속자들은 하늘에서 영원한 생명을 누리게 될 것이며, 그들의 수고와 고난에 대한 보상을 받게 될 것이며, 마침내 아버지께서 마련하신 잔치 자리에 모두 함께 앉게 될 것이고, 그때야 비로소 그 나라는 완성될 것입니다.

하나님의 나라에 들어가고, 그 나라의 유익을 지속해서 누리기 위한 유일한 길은 믿음과 회심, 중생과 자기 부인, 그리고 십자가를 지고 예수를 따르는 길입니다. 하나님의 나라를 위해서는 집이나 밭, 부모나 자녀까지도 포기할 수 있어야 하며, 심지어 눈이나 손이나 발이라도 방해가 된다면 잘라내야만 할 것입니다. 하나님의 나라는 마음이 청결한 자, 온유한 자, 긍휼히 여기는 자에게만 주어지는 것입니다. 그리고 하나님 나라의 시민은 곧 하나님의 자녀이며, 하늘에 계신 아버지의 자녀로서, 서로가 서로에게 형제입니다. 그들은 하나님의 뜻을 실천함으로써 새로운 가족, 곧 세상과 구별된 하나의 공동체를 이룹니다. 이 공동체는 오직 유일한 스승이신 그리스도를 섬기며, 사도들을 통하여 그분의 이름으로 인도되고 그분의 통치를 받는 공동체, 곧 교회입니다.

예수의 권위

예수의 가르침에서 가장 놀라운 점은, 하나님의 나라에서 자신에게 부여하신 위치입니다. 예수께서는 완전하고 참된 인간으로서, 자신을 온유하고 겸손한 자로 묘사하셨으며, 모든 일에 있어서 아버지 하나님께 의존하고 순종하는 모습을 보이셨습니다. 그분은 자주 홀로 조용한 곳으로 물러가서 기도하는 가운데 자신의 사역을 위한 능력을 구하셨습니다. 하나님의 나라가 언제 임할지, 그 날과 그 시간에 대해서 자신도 알지 못하며, 그 나라에서 누가 어느 자리를 차지할 것인가도 자신의 권한이 아니라 아버지의 권세에 속한 것이라고 말씀하셨습니다.

예수께서는 오직 하나님만이 선하시며, 자신은 이 땅에 섬기기 위해 오셨고 고난받기 위해 오셨다고 말씀하셨습니다. 그러나 동시에, 예수의 모든 모습과 행위, 말씀과 행동 속에는 지극히 고귀하고 강력한 자의식이 깊이 자리하고 있었으며, 누구든지 그분이 모든 사람을 훨씬 능가하는 존재임을 자연스럽게 느낄 수 있었습니다. 이러한 자의식은 자주 예수 자신의 증언으로 나타났고, 만약 다른 사람이 이러한 말을 했다면 그것은 오만함으로 여겨졌을 것입니다. 그럼에도 예수께서 자신을 "온유하고 겸손한 자"라고 말씀하셨을 때, 누구도 이를 불쾌하게 여기거나 의심하지 않았습니다.

예수께서는 모든 면에서 참된 인간이셨지만, 동시에 언제나 자신이 인간을 넘어서신 분임을 분명히 인식하고 계셨습니다. 열두 살 때 이미 예수께서는 자신이 하나님 아버지와 깊은 교제를 나누고 있다는 사실을 의식하고 계셨으며, "나는 내 아버지의 집에 있어야 한다"고 말씀하셨습니다. 그리고 예수와 아버지 사이의 이 교제는 단 한 순간도 방해받거나 끊어진 적이 없었습니다. 예수께서는 실족하거나 죄에 빠진 일이 없었고, 그 어떤 기도 속에서도 죄를 고백하거나 용서를 구하는 내용을 전혀 찾아볼 수 없습니다.

예수께서는 요나보다 크시고, 솔로몬보다 위대하시며, 천사들보다, 성전보다 더 높으신 분이십니다. 예수의 제자들이 보고 듣는 것은 참으로 복된 것이며, 천국에서는 가장 작은 자라도, 여자가 낳은 자 중 가장 큰 자였던 세례 요한보다 더 큰 자라 불릴 것입니다. 예수께서는 안식일의 주인이시며, 어떤 외적인 권위에 의존하지 않으시고, 오직 자신의 권위로 "내가 너희에게 말한다"라고 선언하시며 자신의 가르침을 선포하심으로써 모든 율법학자들의 권위를 뛰어넘으신 분이십니다. 예수께서는 하나님 나라의 모든 은혜를 친히 나누어 주셨으며, 유대인들이 하나님만 가지고 계신다고 여겼던 죄 사함의 권세를 실제로 가지신 분이셨습니다. 그분은 백성들 가운데 모든 병과 고통을 치유하셨으며, 오직 자신의 말씀 한마디로 죽은 자들을 일으키셨습니다. 예수께서는 모든 하나님의 종들과 구별되는 하나님의 독생자이시며, 하나님의 나라를 이루는 데 필요한 모든 것을 아버지로부터 위임받으신 분이십니다.

오직 예수만이 사람들을 아버지께로 인도하시며, 그분 안에서 하나님과의 교제 가운데로 들어가게 하실 수 있습니다. 예수께서는 단순히 하나님의 나라를 선포하는 선지자가 아니라, 그 나라를 실현하시는 왕이십니다. 예수께서는 성령 안에서 행하신 일들을 통해 하나님의 나라를 이 땅에 실현하셨고, 아버지로부터 받은 권세에 따라 그 나라를 다른 이들에게도 임하게 하십니다.

그러므로 사람이 예수와 맺는 관계는 멸망과 구원을 좌우하는 결정적인 열쇠가 됩니다. 사람들 앞에서 예수를 시인하는 자는, 예수께서도 하나님 아버지 앞에서 그를 시인하실 것입니다. 그러나 예수를 부끄러워하고, 예수와 복음을 위해 모든 것을 버리지 않는 자는 그분의 제자가 될 수 없으며, 그분께 합당한 자가 아닙니다. 예수께서는 자신을 받아들이지 않은 가버나움과 벳새다와 예루살렘을 향하여 화가 있을 것이라 선포하셨습니다. 그리고 지상에서의 사역을 마치신 후에는 하나님의 보좌 우편에 앉으셨고, 장차 다시 오실 것입니다. 그때에는 하늘의 구름을 타고 영광 중에 오셔서 온 세상을 심판하시며, 각 사람의 행위에 따라 보응하실 것입니다.

메시아 되심

예수의 이러한 강력한 자의식은, 그분이 아버지와 완전하고 독특한 관계를 맺고 있으며, 특별한 의미에서 하나님의 아들이라는 사실을 의미합니다. 그리고 이러한 사실이야말로 예수의 '메시아 되심'을 뒷받침하는 근본적인 근거입니다.

최근에는 예수께서 스스로 메시아라고 주장하지 않으셨고, 교회가 그분의 부활에 대한 믿음으로 인하여 비로소 메시아 칭호를 예수께 부여하게 되었다는 주장이 대두되었습니다. 그러나 이러한 견해는 사실에 부합하지 않습니다. 예를 들어, 예수의 예루살렘 입성, 산헤드린 공회 앞에서의 예수의 시인, 본디오 빌라도 앞에서의 예수의 진술, 예수에 대한 군인들의 조롱, 예수께서 달리신 십자가 위에 붙여진 팻말 등의 사건들은 어떤 풍문으로 치부하기 어려운 역사적 사실들입니다. 예수의 메시아 의식은 그분의 생의 마지막 시기 또는 [가이사랴 빌립보에서] 베드로의 신앙고백 이후에서뿐만 아니라, 이미 열두 살 무렵 성전에서 하신 그분의 말씀으로부터 확인되는 것입니다. 예수께서는 세례를 통해 하늘로부터 메시아임을 상징하는 표징과 인침을 받으셨고, 광야의 시험에서도 악을 물리치셨으며, 나사렛 회당에서는 '여호와의 종'에 대한 예언을 자신과 자신의 사역에 적용하셨습니다. 공적 사역의 초기부터 예수께서는 자신을 '인자'라고 부르셨습니다. 예수께서는 다니엘서 7장 13절의 예언으로부터 '인자' 호칭을 취하셨는데, 이는 예수께서 자신을 구약이 약속한 메시아로 여기고 계셨음을 분명히 보여줍니다.

예수께서는 '메시아'나 '왕'이라는 호칭 대신 '인자'라는 호칭을 택하셨는데, 이는 당시 유대인들이 기대했던 군사적·정치적 메시아와는 다른 의미의 메시아로서 자신을 드러내시기 위함이었습니다. 예수께서는 세상의 왕이 되어 모든 적을 정복하고 이스라엘을 모든 민족 가운데 가장 위대한 민족으로 세우시고자 오신 것이 아니라, 그와는 반대로 섬기기 위해 오셨고, 많은 이들의 구원을 위해 자신의 목숨을 대속물로 내어주기 위해 오셨으며, 잃어버린 자를 찾아 구원하기 위해 오셨습니다. 예수께서는 자신의 십자가의 고난을 통해 하나님과 인간 사이에 새 언약을 세우기 위해 오셨습니다. 그래서 예수께서는 자신을 자주 '인자'라고 부르셨습니다. 그분의 고난은 단순한 사건이 아니라, 아버지께서 그분에게 맡기신

'신적 사명'이며, 그분이 영광으로 들어가는 길이었습니다.

예수의 고난과 죽음과 부활

복음서의 본래 메시지에서 예수 그리스도의 고난과 죽음에 담긴 신적인 필연성과 그분의 죽음의 대제사장적·속죄적 성격을 제거하려는 많은 시도가 있었습니다. 그러나 이러한 시도들은 결국 성공하지 못했습니다. 왜냐하면, 예수께서 자신이 당할 고난과 죽음에 대해 여러 차례 직접 말씀하셨을 뿐 아니라, 특히 생의 마지막 시기와 최후의 만찬에서도 분명하게 그것을 언급하셨기 때문입니다. 그러나 사실 가장 강력한 증거는 따로 있습니다. 바로 예수께서 자신을 하나님의 아들이며 이스라엘의 메시아라고 주장하셨기 때문에, 산헤드린 공회와 백성들, 그리고 빌라도에게 유죄 판결을 받고 십자가에 못 박히셨다는 사실입니다.

사복음서의 기록에 따르면, 예수의 전 생애와 사역은 십자가의 고난과 죽음을 향해 일관되게 나아갔던 것입니다. 그리고 그분의 십자가의 죽음은 단순한 비극이 아니라, 하나님의 뜻에 대한 예수의 완전한 순종이자, 철저한 실천을 의미하는 것이었습니다. 십자가의 죽음은 예수께서 자신의 피로 세우신 새 언약의 기초였으며, 죄 많은 세상을 향한 그분과 하나님 사랑의 가장 강력하고 결정적인 표현이었습니다. [곧 십자가에서 이 세상을 향하신 하나님의 사랑이 가장 극적으로 계시된 것입니다]. 예수께서는 이러한 사랑을 통해 세상을 하나님과 화해시키셨고, 세상에 대한 구원을 이루셨습니다.

그러므로 죽음이 그분을 붙잡아 둘 수 없었습니다. 예수께서는 사흘 만에 죽음에서 부활하시어 하나님의 영광 가운데로 들어가셨습니다. 예수께서는 미래의 영광에 대해 말씀하실 때마다, 자신을 종종 '인자'라고 부르셨습니다. 그분은 하나님의 아들이시며, 아버지와 완전한 사귐(교제)을 이루셨고, 십자가에서 죽기까지 아버지의 뜻에 온전히 순종하셨기에, 고난을 통해서 하나님의 영광 가운데로 들어가신 메시아이시며 '인자'가 되실 수 있었습니다.

의도적으로 세 권의 공관복음서(마태, 마가, 누가)에 근거하여 전개된 그리스도의 인격과 사역에 관한 교리 속에는, 훗날 사도들이 선포하고 기록하게 될 모든 내용이 이미 씨앗처럼 담겨 있었습니다. 물론 제자들은 예수 그리스도의 부활 이전까지는 그분의 존재와 사역에 대해 온전히 이해하지 못했습니다. 복음서들도 이러한 사실을 여러 차례 분명하게 언급하고 있습니다. 예수께서는 제자들을 가르치실 때 그들의 이해 능력을 고려하시며, 그들이 점진적으로 하나님의 아들이며 메시아이신 자신을 인식해 갈 수 있도록 인도하셨고, 많은 부분은 성령의 가르침에 맡기셨습니다.

그리스도의 부활은 제자들의 영적인 눈을 열어주는 놀라운 빛이 되었습니다. 그리고 승천하신 그리스도께서 오순절에 약속하신 성령을 보내셨을 때, 제자들은 단지 일시적인 방언이나 기적의 은사만을 받은 것이 아니라, 그리스도의 영이신 성령을 통해 믿음이 강하고 굳건해졌으며, 이전에는 경험하지 못했던 위로와 기쁨을 누리게 되었습니다. 또한, 성령 안에서 서로를 형제자매로 묶는 사랑의 교제를 이루게 되었고, 하나님의 말씀을 담대히 선포할 수 있는 특별한 용기를 얻게 되었습니다.

복음의 핵심

그리고 사도들이 전한 말씀의 핵심은 오직 그리스도였습니다. 그들이 선포한 복음은 하나님의 종, 나사렛 예수에 관한 것이었습니다. 그분은 하나님으로부터 성령과 능력으로 기름 부음을 받으셨으며, 유대인들 가운데에서 여러 기사와 이적을 통해 그 사실이 확증되었습니다. 예수께서는 두루 다니시며 선을 행하시고, 귀신에 사로잡힌 모든 이들을 고쳐 주셨습니다. 유대인들은 이처럼 거룩하고 의로우신 분을 멸시하고 죽였습니다. 그러나 이는 하나님의 작정에 따른 일이었습니다. 하나님께서는 이 예수를 다시 살리시고 높이셔서, 그분을 주와 그리스도, 곧 왕이자 구세주가 되게 하셨습니다. 그리고 이 예수께서 장차 살아 있는 자와 죽은 자를 심판하시기 위해 [영광 중에] 다시 오실 것입니다. 그러므로 그분의 이름으로 회심과 죄 사함이 선포되어야 합니다. 왜냐하면, 그분 외에는 구원을 얻을 다른 길이 없기 때문입니다.

사도행전의 기록에 따르면, 이것이 바로 오순절 이후 사도들이 선포한 복음의 핵심 내용이었습니다. 특히 이 복음은 베드로 사도의 입을 통해 강력하게 전파되었으며, 다른 모든 사도들의 설교 또한 본질에 있어서 이에 일치합니다. 예수께서 직접 선포하신 '하나님 나라의 복음'과, 사도들이 증언한 '그리스도에 관한 복음' 사이에 깊은 간극이나 뚜렷한 대조가 있다고 주장하려는 시도가 여러 차례 있었습니다. 그리고 일부의 사람들은 이러한 주장을 한층 더 극단적으로 밀어붙여, 바울을 제도화된 기독교의 실질적인 창시자이자, 원래의 복음을 왜곡한 자이며, 심지어 최초의 적그리스도라고까지 불렀던 것입니다. 그러나 최근 수년간의 연구는 분명한 사실을 밝혀냈습니다. 곧, 성경이 증언하는 그리스도를 넘어서서 주장되었던 역사적 예수에 관한 주장, 즉 자기 자신을 메시아로 여기지 않았고, 기적을 행하지 않았으며, 죽은 자 가운데서 살아나지 않았던 예수를 '역사적 예수'로 찾아내려는 시도는 결국 실패로 드러났다는 사실입니다.

이른바 '역사적 예수'와 '사도들이 선포한 [신앙의] 그리스도'는 서로 분리될 수 없습니다. 역사적 예수와 사도들이 선포한 신앙의 그리스도는 한 분의 인격 안에 통일되어 있으며, 동일한 실재입니다. 곧, 구약성경이 예언하고 하나님께서 자신의 백성에게 약속하신 바로 그 메시아가, 바로 역사 속의 실존 인물로서의 예수라는 사실, 이것이야말로 기독교 신앙의 핵심이며, 기독교가 유대교와 이방 종교들로부터 구별되는 근거입니다. 따라서 여러 사도들이 묘사한 그리스도상에는 여전히 일정한 차이점이 존재합니다. 이는 단순히 언어나 문체, 묘사 방식과 표현 방식의 차이에 그치지 않고, 신학적 발전과 내용의 확장까지도 포함합니다. 예를 들어, 그리스도의 선재, 그분의 우주적 의미, 그분의 신성, 그분 사역의 내용과 열매, 그리고 그리스도와 교회 사이의 신비로운 연합과 같은 주제들은 공관복음서보다 바울서신과 요한문서에서 훨씬 더 분명하게 드러납니다.

그러나 이러한 차이점들은 결코 '모순'이나 '대립'을 의미하지 않습니다. 마태, 마가, 누가복음으로 대표되는 공관복음서 또한 신앙의 증언으로서, 신약성경의 다른 책들과 동등한 권위와 중요성을 지닙니다. 일반적으로 가장 오래된 복음서로 여겨지는 마가복음은 이렇게 복음을 시작합니다. "하나님의 아들 예수 그리스도의 복음의 시작이라." 이 세 개의 복음서가 모두, 사도 바울이 이미 자신의 복음을 널리 전파하고 수많은 교회를 세운 이후의 시기에 기록된 것입니다. 그리고 초기 교회 시대에 그리스도의 인격과 사역을 둘러싼 논쟁이 있었다는 어떠한 기록도 없습니다.

이 점에서 바울은 다른 모든 사도들과 완전히 일치된 신앙을 공유하고 있었습니다. 모든 사도적 교회들은 한 마음으로 동일한 신앙을 고백했습니다. 곧, 예수는 그리스도이시며, 하나님의 아들이시며, 세상의 구세주이시며, 교회의 주님이시며, 살아 있는 자와 죽은 자를 심판하실 심판자이시라는 고백입니다. 그들은 모두 한 주님, 한 믿음, 한 세례를 고백했고, 만유 위에 계시고, 만유 가운데 계시며, 만유 안에 계시는 한 하나님 아버지를 믿었습니다. 그리고 모두 한 성령을 통해 사도들과 선지자들의 터 위에 함께 세워져,

하나님이 거하시는 거룩한 처소로 지어져 가고 있었습니다.

예수께서 그리스도이심을 고백하는 이러한 신앙고백으로부터 기독교 교리의 역사, 즉 교리사의 여정이 시작되었습니다. 안디옥에서 예수의 제자들이 처음으로 '그리스도인'이라 불리게 되었고, 그들은 외부 사람들에게 예수 그리스도를 신으로 섬기는 이들이라는 인상을 주었습니다(플리니우스, Plinius). 그리고 실제로 그들 자신도 예수 그리스도를 하나님으로, 산 자와 죽은 자를 심판하실 분으로 생각하고 있었으며, 이 사실을 충분히 자각하고 있었습니다(클레멘스, Clemens).

신학의 탄생

그러나 이러한 신앙고백을 공식화하는 과정에서 여러 가지 어려움이 뒤따랐습니다. 한편으로는 에비온주의라 불리는 유대주의의 암초를, 다른 한편으로는 영지주의라 불리는 이교주의의 암초를 피해야만 했습니다. 에비온주의에 따르면, 예수는 단지 탁월한 은사를 부여받은 사람으로서 영화롭게 되고 신격화된 인간에 불과하며, 반대로 영지주의에 따르면, 예수는 단지 잠시 인간의 형상을 띠고 나타난 하늘에 속한 신적인 존재일 뿐입니다. 이러한 도전 속에서 교회는 이레니우스, 터툴리아누스, 오리게네스와 같은 교부들의 지도 아래에서 이 두 극단의 사상 사이를 뚫고 무사히 항해할 수 있었고, 마침내 예수 그리스도의 '두 본성 교리'에 도달할 수 있었습니다.

이 교리에 따르면, 그리스도는 성부 하나님의 영원하신 독생자로서, 때가 찼을 때 동정녀 마리아에게서 참된 인간의 본성을 취하셨으며, 신성과 인성이 [그리스도의] 한 인격 안에 연합되었다는 것입니다. 이러한 신앙고백은 325년 니케아 공의회에서 공식적으로 선포되었고, 이후 여러 논쟁 끝에 451년 칼케돈 공의회에서 더욱 정교하고 확정적인 형태로 정식화되었습니다. 이 고백은 이후 전체 기독교, 즉 보편 교회의 공통된 신앙고백이 되었습니다.

이 교리는 단순한 이론이나 추상적인 공식이 아니라, 기독교 그 자체의 본질을 다루는 것이었습니다. 즉, 기독교의 절대적 성격, 유대교 및 이방 종교와의 본질적 구별, 그리스도 안에서 주어진 하나님 계시의 실재성과 궁극성, 그리고 교회의 자율적인 존립과 생명력을 다루는 교리였습니다. 이른바 '두 본성 교리'는 그리스도의 인성에 내재하는 한계와 연약함을 부정하지 않으면서도, 그리스도의 존재를 단순히 '육신에 따른' 그리스도와 '영에 따른' 그리스도, '아래로부터의' 그리스도와 '위로부터의' 그리스도에 대한 양면적인 관점으로 나누는 것만으로는 충분치 않음을 강조했습니다. 성육신은 본질에 있어서 단순한 성령의 영감 및 내주와 구별되며, 그것보다 훨씬 더 우월한 사건입니다. 그리스도께서는 조상들로부터 육신을 취하신 분이시지만, 동시에 만물 위에 계셔서 영원토록 찬양받으시는 하나님이신 것입니다.

이러한 그리스도의 두 본성 교리를 중심으로 전 세계의 교회가 하나의 통일된 신앙고백을 구성할 수 있었습니다. 그리스도는 성부의 독생자로서 세상의 창조자이시며, 하나님의 형상을 따라 지음을 받은 인간을 포함한 창조된 세계의 중보자이십니다. 그리고 그리스도는 구원의 중보자로서 타락한 세상을 그의 인격과 사역 안에서 하나님과 화해시키셨습니다. 승천하신 후에는 성령을 부으셔서, 그의 말씀과 성례를 통해 교회를 모으시고 세우시며, 인류와 세상을 새롭게 하고 거룩하게 하시어 하나님 나라에 이르게 하십니다.

이처럼 기독교는 '신학'이라는 학문을 탄생시켰습니다. 이 신학은 마태복음 28장 19절의 세례 명령과 2세기 초에 이미 형성된 것으로 보이는 사도신경에 기초하고 있으며, 본질에 있어서 삼위일체적 성격을 지니고 있습니다. 그러므로 주관적인 관점에서 볼 때 기독교는 하나의 종교, 곧 인간의 신앙고백이라는 사실을 간과해서는 안 됩니다. 그러나 그 신앙고백은 하나님께서 성부와 성자와 성령으로서 세상과 인류 안에서 위대한 사역을 이루신다는 진리를 담고 있습니다. 그리고 기독교가 참으로 진리와 영광 가운데서 우리 영혼의 눈앞에 드러날 때, 우리는 비로소 그것을 객관적이며 신학적인 관점에서 바라볼 수 있게 될 것입니다. 그리하여 우리는 성부께서 그분이 창조하셨으나 타락한 세상을 아들의 죽음을 통해 화해시키시고, 성령을 통해 이 세상을 하나님의 나라로 재창조하신다는 거룩한 하나님의 사역에 대한 신앙의 찬송을 듣게 되는 것입니다.

유일한 참된 종교

다음과 같은 점에서 기독교와 이른바 이방 종교들 사이에 차이점은 뚜렷합니다. 하위 수준의 종교들(애니미즘, 주술신앙, 물신숭배 등)에는 보통 최고의 존재에 대한 인식이 어느 정도 남아 있습니다. 이 최고의 존재는 '위대한 영', '높으신 아버지', '지극히 강한 힘을 가진 주' 등으로 불리기도 하지만, 적어도 낮은 계층에 속한 민중들에게는 이러한 신앙이 죽은 신앙에 불과합니다. 실제로 그들의 종교는 미신과 마술로 귀결되고 맙니다. 보다 고등한 종교들 가운데는 고귀한 요소들도 적지 않게 있어서, 이러한 고등종교들이 기독교와 완전히 대립적인 것만은 아니며, 선교를 위한 다양한 접점들을 제공하기도 합니다.

그럼에도 불구하고, 이들 종교는 기독교와는 근본적으로 다른 성격을 지니고 있습니다. 그 차이가 가장 뚜렷하게 드러나는 지점은, 이들 종교의 창시자에게 부여되는 위치와 중요성에 있습니다. 예를 들어, 중국 종교(유교)의 공자, 불교의 고타마, 이슬람의 무함마드는 모두 고매한 인품을 가진 인물들이었고 구원에 이르는 하나의 길을 제시한 사람들이었습니다. 그러나 그들이 제시한 구원의 길은 각 사람이 스스로 걸어야만 하는 길이며, 결국에는 각자가 자기 자신의 구원자가 되어야만 하는 길입니다. 따라서 이들의 종교는 예외 없이 '자력 구원적'입니다.

하지만 기독교에서 그리스도는 그저 한때 지상에서 살았던 인물이거나 단순히 규범과 모범만을 남긴 분이 아닙니다. 그분은 살아 계신 주님으로서 지금도 하나님 우편에 앉아 계시며, 친히 재창조의 사역을 계속 수행하고 완성해 가시는 분입니다. 이와 관련하여, 위에서 언급한 종교들의 신조 항목들은 하나님과 세계, 인간과 죄, 갱생과 인간의 궁극적 목적에 대해 전혀 다른 내용을 담고 있습니다. 예를 들어, 중국 종교는 이신론적이고, 불교는 무신론적이며, 이슬람은 운명론적입니다. 이 세 종교 가운데 그 어느 것도 하나님의 거룩하심, 죄의 본질, 구속의 사역, 그리고 하나님 나라의 승리에 대하여 바르게 이해하고 있지 못합니다. 그들에게는 성부의 사랑, 성자의 은혜, 성령의 교제가 알려져 있지 않습니다. 그리고 우리가 이러한 종교들을 더 높은 관점에서 판단하고, 그 안에 있는 좋은 점을 인정하는 한편, 거짓되거나 결핍된 점들을 분별해 낼 수 있는 것은 전적으로 기독교 덕분입니다. 그러기에 기독교는 참된 종교이며, 다른 종교들을 평가할 수 있는 기준임을 스스로 증명하고 있습니다.

거룩한 삶으로의 변화

기독교는 결코 신앙고백이나 교리, 신학, 세계관과 삶의 이해에만 머무르지 않습니다. 물론 이러한 요소들 역시 매우 중요한 가치를 지니지만, 기독교는 그 이상으로 새롭고 거룩한 삶의 원천이 되었습니다. 이 사실은 초기 그리스도인들과 그들의 교회 공동체 안에서 여러 부족함이 있었음에도 불구하고 매우 뚜렷하게 나타났습니다. 그들에게는 영적인 갱신이 일어났고, 이 갱신은 그들의 언행과 삶 전반에서 외적으로 드러났습니다. 그리고 세례는 이러한 새로운 삶의 표지요 규범이 되었습니다. 세례는 마치 요단강과 같아서, 그것을 통해 신자들은 악한 세상에서 하나님의 나라로 건너갔습니다. 또한, 세례는 노아의 방주와 같아서, 죄로 인해 멸망하는 인류 가운데서 구분되어 영원한 생명으로 인도되는 구원의 통로가 되었으며, 옛사람의 죽음과 새사람의 부활을 상징하는 것이었습니다.

모든 회심이 바울처럼 놀랍고 급작스럽게 일어난 것은 아니었지만, 유대인들은 회심의 과정을 통해 민족 중심의 편협한 율법주의적 관점에서 벗어나, 자신들의 메시아를 온 세상의 구세주로 고백하며 더 넓고 자유로운 공동체 안으로 들어가게 되었습니다. 이방인들 가운데서도 기독교로 개종한 이들은, 바울이 고린도 교인들에 대하여 증언한 것처럼, 한때는 음행하는 자요, 우상을 숭배하는 자이며, 술 취한 자이고, 중상하는 자들이었지만, 이제는 주 예수의 이름 안에서 하나님의 성령으로 말미암아 씻음을 받고, 거룩하게 되며, 의롭게 된 자들이 되었습니다. 그들은 우상과 형상 숭배, 미신적이고 부도덕한 행위들, 헛된 삶의 방식에서 돌이켜, 살아 계신 하나님께로 돌아왔고, 그 회심은 어둠에서 빛으로, 두려움과 염려에서 믿음의 확신과 기쁨으로 나아가는 전환으로 체험되었습니다.

　　기독교인들은 유대인들과 이방인들의 세계 한가운데서 전혀 다른, 새로운 인류로 등장했습니다. 그들은 자신들이 하나님의 자녀임을 자각하고 있었으며, 죄 사함의 은혜와 장차 올 영광에 대한 소망을 기쁨으로 자랑했습니다. 그들은 진실함, 고상함, 사랑, 긍휼, 자기 부인, 인내, 믿음의 용기와 같은 미덕들로 돋보였고, 그들의 신실한 신앙고백과 거룩한 삶은 교회 밖에 있는 이들에게도 깊은 인상을 남겼습니다. 이러한 갱신의 능력은 기독교에 고유한 것이었으며, 수 세기를 거쳐 지속되어 왔습니다.

　　물론 기독교 교회의 역사에는 어둡고 비극적인 시기들도 존재합니다. 이러한 사실을 감히 무시하거나 부인할 수는 없습니다. 예컨대, 지나치게 격렬했던 교리 논쟁들, 사랑 없는 비방과 정죄, 종교 재판과 이단 심문, 종교 전쟁과 마녀사냥, 성직자들의 세속 권력 장악과 자연을 거스르는 세계 혐오 등은 그 대표적인 예들입니다. 그러나 이 모든 부정적인 사실들에도 불구하고, 우리는 기독교가 인류의 마음속에 깊은 위로를 전해 주었고, 섬세하고 진실한 경건을 일깨웠으며, 거룩한 삶을 가능하게 했다는 사실을 결코 잊어서는 안 됩니다. 교회와 수도원, 고통받는 이들을 위한 자선기관들, 복음 전도와 선교, 가정과 사회, 건축과 회화, 시와 예술 등, 우리가 누리는 풍성한 문화의 모든 선한 유산들은 기독교가 지닌 이와 같은 능력을 웅변적으로 증언하고 있습니다. 기독교는 우리에게 하나님의 마음뿐만 아니라, 인간의 마음까지도 함께 드러내 보여준 종교입니다.

기독교의 분화

기독교는 그 역사 속에서 점점 더 다양하게 분화되어 왔습니다. 이러한 다양성과 구분에 주목하면서, 우리는 이러한 다양성 속에서도 여전히 일치의 요소들이 존재하고 있음을 잊어서는 안 됩니다. 신앙의 분열 아래에서도 여전히 하나의 기독교가 존재한다고 말할 수 있으며, 세례 공식과 사도신경은 모든 교회의 신조들에 공통된 기초로 자리하고 있습니다.

하지만 초기 교회 공동체에서 신자들의 사귐은 오래 지속되지 못했습니다. 이미 사도 시대부터 율법주의적이거나 금욕주의적 성격의 이단들, 그리고 영지주의적이고, 신비주의적인 성향의 다양한 이단 사상들이 등장하였습니다. 기독교가 점차 사람들의 삶 안으로 더욱더 깊이 들어가고, 전 세계로 확장되어 가면서, 당시의 문화와도 더 긴밀하게 접촉하게 되었으며, 이로 말미암아 기독교는 본래의 순수성을 잃고, 다양한 이질적 요소들을 받아들여야만 하는 위험성에 직면하게 되었던 것입니다.

이와 관련하여 우리는 다음과 같은 점들을 염두에 둘 필요가 있습니다. 당시 사용되었던 구약성경의 헬라어 번역본인 『칠십인 경』(*Septuaginta*)에는 여러 외경 문서들이 포함되어 있었고, 이러한 외경들을 통해 기독교는 다양한 유대적, 그리스적 문헌들과의 연결이 가능해졌습니다. 또한, 복음서들과 사도들의 서신들이 아직 정식으로 하나의 정경으로 수집되지 않은 상태였고, 모든 교회가 이러한 문서들을 다 알고 있었던 것도 아니며, 공중예배에서 그것들을 항상 낭독한 것도 아니었습니다. 때로는 「바나바서」나 「헤르마스의 목자서」와 같은 문서들도 교회들에 의해 존중을 받으면서 읽히어 졌고, 심지어 성경과 유사한 권위를 지닌 것으로 간주 되기도 하였습니다. 그리고 그 시대에는 여전히 사도들로부터 유래한 전통들이 중요한 신앙의 원천이었는데, 이러한 전통들은 시간이 지남에 따라 자연스럽게 혼탁해지고, 왜곡되는 일이 발생하였습니다.

초기 그리스도인들은 사도들이 전한 복음의 풍성한 내용을 곧바로 자신의 영적인 소유로 삼을 수 있는 상태가 아니었습니다. 사도 시대의 문헌과 비교해 볼 때, 사도 이후 시대의 문헌에서 사상적·영적 수준의 현저한 하락이 뚜렷하게 발견되는 것이 바로 그 증거입니다. 그들은 자신들의 출신과 교육 배경을 그대로 지니고 있었고, 종종 자신들이 맞서야 했던 사람들의 영향도 함께 받았습니다. 유대교나 이교의 사상들이 사도 시대 이후의 초기 교회 공동체 안으로 종종 침투해 들어왔으며, 율법주의적이거나 금욕주의적인 성향이 그들 사이에서 널리 수용되었고, 철학적 영지주의 사상은 일부 교회 공동체에서 강력한 공감을 불러일으켰습니다.

이러한 영향들 아래에서 수많은 이단과 분파들이 생겨났을 뿐만 아니라, 기독교의 다양한 유형들도 등장하게 되었는데, 그 가운데서도 동방(그리스) 기독교와 서방(라틴) 기독교가 초기에 형성되었던 교회의 가장 유력한 두 가지 유형이었습니다. 이 두 가지 유형을 자세히 살펴보면, 이 두 개의 기독교가 마치 철학 체계인 것처럼 하나의 원리에서 파생되거나 파생되어야만 한다고 가정해서는 안 됩니다. 오히려 동방 기독교와 서방 기독교는 다양한 상황과 영향 아래에서 점진적으로 형성된 역사적 산물로 이해해야 합니다. 이들은 여러 가지 재료들을 흡수하면서 유기적으로 성장한 존재들이며, 서로 다른 측면에서 모은 다양한 재료들이 서로 조화롭게 조합되어 하나의 고유한 성격과 통일된 양식을 보여주고 있는 건축물과 같습니다.

동방 기독교: 정통과 신비, 교리와 삶

예루살렘의 함락은 유대인과 그리스도인 사이의 최종적인 분리를 가져왔습니다. 그때부터 그리스도교는 사실상 이방인들 가운데서만 전파되기 시작했습니다. 비록 바울이 그의 선교 여행을 통해 서방으로 점점 더 깊이 나아갔지만, 교회의 중심은 여전히 오랫동안 동방에 머물러 있었습니다. 주요 이단들이 동방에서 나타났고, 변증 교부들이 등장한 것도 동방이었으며, 이후 본격적인 신학자들도 동방에서 활동하기 시작했습니다. 삼위일체론과 그리스도론이 형성된 곳도 바로 동방이었고, 신약성경이 증언하는 독립적이고 자유로운 개별 교회들이 전체를 포괄하는 하나의 교회, 곧 전체가 부분에 우선하는 위계질서를 갖춘 보편적인 교회로 이행한 것도 동방이었습니다. 동방 교회는 사도들의 계승자로서의 주교들을 중심으로 형성되었으며, 주교들은 전통의 수호자, 백성의 교사, 희생 제사를 집전하는 사제, 신비의 분배자로서 그 역할을 감당하게 되었습니다.

이곳 동방에서 형성된 기독교의 유형은 일반적으로 동방 또는 그리스적 기독교라 불리며, 이를 다음과 같이 간략하게 설명할 수 있습니다. 로고스(말씀)는 성육신 이전에도 이미 세상을 밝히는 일을 하고 있었지만, 무엇보다도 성육신과 부활을 통해 지식과 생명을 계시하였습니다. 인간 타락의 결과는 무엇보다도 인간이 감각적 욕망에 사로잡히게 되는 것이었고, 그로 인해 인간이 부패와 죽음으로 넘겨졌습니다. 그리하여 인간에게는 무엇보다도 두 가지 은혜가 필요하게 되었습니다. 그것은 곧 영적이고 영원한 것들에 대한 지식과 부패하지 않는 복된 생명입니다. 인간은 믿음을 통해 이러한 지식을 얻게 됩니다. 인간은 죄로 인하여 약해졌지만 상실되지는 않은 의지의 자유로 인하여 이러한 지식을 얻을 수 있으며, 이러한 믿음은 교회가 순수하게 보존해 온 정통 진리, 특히 삼위일체 교리와 성육신 교리에 담긴 진리를 지적으로 수용할 때에만 가능합니다.

그리스 교회는 정통 교회, 즉 정교회로서, 다메섹의 요한에 이르기까지의 교부들의 신학적 전통에 머물고자 하는 확고한 의지를 가진 교회입니다. 그리고 842년 2월 19일, 황후 테오도라가 콘스탄티노플의 교회들에 성상(聖像)들을 복원한 날을 기념하여, 정교회는 오늘날까지도 매년 이날을 '정통신앙 축일'로 지킵니다. 이처럼 옛 전통에 대한 철저한 고수는 동방 기독교의 핵심적인 특징으로,

러시아 정교회는 오늘날까지도 '율리우스력'을 따르고 있으며, 한 주간의 시작을 월요일로, 하루의 시작을 오전 6시로 간주합니다. 심지어 국가마저도 정통신앙을 수호하는 일에 봉사하는 도구로 여깁니다. 동방 교회는 초기부터 콘스탄티누스 황제에 의해서 비잔티움에 세워진 국가권력과 긴밀하게 결합되어 있었으며, 러시아에서는 오늘날까지도 이 전통이 충실히 유지되고 있습니다.

정교회는 로마 교회처럼 전 세계 그리스도인들을 포괄하는 하나의 '보편 교회'의 이상을 추구하지 않습니다. 오히려 로마 교회 옆에 나란히 서 있는 두 번째 교회가 되는 것에 만족합니다. 현재 동방 정교회는 열여섯 개의 자치 교회로 구성되어 있고, 약 1억 명의 신자를 보유하고 있습니다. 이 가운데 러시아 정교회는 약 8,500만 명의 신자를 보유한 정교회 가운데 최대 교회로서 그 중심적인 위치를 차지하고 있습니다. 러시아 정교회는 황제를 정통신앙의 수호자이자 신앙의 보호자로 존경해 왔습니다. 황제는 [유사시에] 모든 강제적인 수단을 통해 국민들 가운데 신앙의 통일성을 유지하고, 다양한 종파들과 유대인들을 억압하고 추방하는 임무를 수행해야만 하는 존재로 여겨졌습니다.

그러나 동방 교회가 자랑하는 정통 교리는 결코 종교적 삶의 원천이라 할 수 없습니다. 삼위일체와 성육신의 신비는 신학적 사색의 적절한 대상이 될 수 있으며, 예배와 관련된 모든 것들과 더불어 깊은 경배의 대상이 되기도 합니다. 그러나 이러한 신비들은 대중 위에 높이 자리 잡고 있을 뿐, 실제적인 종교적 삶과는 거리가 멉니다. 동방 교회의 종교적 삶은 교리보다는 다른 원천에서 자양분을 얻고 있기 때문입니다. 그리스 신학자들은 자신들 교회에서의 종교 생활이 이성보다는 감성에 더 깊이 뿌리내리고 있다는 점을 하나의 특권으로 여깁니다. 평신도들은 교리를 받아들이고, 성경 봉독과 설교를 듣기도 하지만, 실제로 그들은 다른 것, 즉 모든 교회와 가정 예배의 기반이 되는 '신비로운 경배'에 의존해서 살아갑니다.

교회 어디에서나 동일한 양식의 성상이 전시되는데, 성화를 그린 벽, 즉 성화 벽은 사제를 위한 제단 구역(관련 방을 포함)과 평신도를 위한 공간을 구분하는 중요한 의미를 지닙니다. 가정에서는 성상과 그 앞에 켜 놓은 촛불이 집안의 중앙을 이룹니다. 경건한 신자들, 특히 성직자들과 수사들과 수녀들에게 종교 생활은 성인 숭배, 성상과 유물 숭배, 금식과 기도 등을 중심으로 이루어집니다. 교회와 예배에 관련된 모든 것은 깊은 존경의 대상이 되며, 성례는 '은혜의 수단'이라기보다 고귀하고 거룩한 신비로 간주됩니다.

이처럼 정통과 신비, 교리와 삶은 일정한 이원성을 띠며 병존하고 있습니다. 이러한 이원론은 '필리오케'에 대한 거부라는 신학적 표현으로 나타납니다. 즉, 신적 본질 안에서 성령은 성부와 '성자로부터' 나오시는(발출하시는) 것이 아니라, '오직 성부로부터만' 나오신다는 것입니다. 성자와 성령은 위계적으로 앞뒤에 놓여 있는 것이 아니라 나란히 서 계시며, 성자가 성령보다 우월하지 않고, 성령이 성자보다 열등하지도 않습니다. 이 둘은 나란히 병존하

며, 양자 모두 오직 성부로부터 그 기원과 근거를 가집니다. 성부
는 신성의 원천이십니다. [그리고 성자는 성부로부터 영원히 나신
(출생하신) 분이십니다]. 성자는 성부를 알게 해주시고, 성령은 성
부를 누리게 해주십니다.

동방과 서방의 근본적 차이

서방에서는 기독교가 여러 면에서 전혀 다른 방향으로 발전하
였습니다. 그러나 이에 대해 과도하게 일반화하거나, [서방과 동방
사이에] 존재하지도 않은 대립을 억지로 만들어서도 안 됩니다. 서
방 교회와 동방 교회는 과거나 현재나 여전히 많은 공통점을 가지고
있습니다. 동방의 '삼위일체론'과 '그리스도론'은 서방에서도 일반적
으로 받아들여졌습니다. 아우구스티누스와 펠라기우스 사이의 논
쟁은 동방에 큰 영향을 미치지 않았습니다. 그러나 동방 교회도 펠
라기우스를 반대하고 아우구스티누스의 입장을 지지했습니다.

중세에 서방 교회는 '칠성사(七聖事) 교리'와 일반적으로 성만
찬에 있어서 '화체설'(化體說, 내지는 실체 변화 교리)도 동방으로부터
받아들였습니다. 로마 교회는 동방 교회를 이단이 아니라 서방 교
회로부터 분열된 교회(분파된 교회)로 간주하였으며, 기꺼이 그들
과 다시 연합하고 일치하기를 원합니다. 그러나 양 교회 사이의 연
합과 일치가 조만간 이루어질지는 의문입니다. 양 교회 사이의 차
이는 단지 몇 가지 크고 작은 교리 문제들, 예를 들면, 필리오케, 성

수, 성찬에서 누룩 없는 빵의 사용, 성만찬에 참여하기 전 금욕하는 문제, 사제 독신제, 연옥 교리, 면벌부(면죄부), 마리아 무염시태 교리, 교황 무류성의 교리 등에만 국한되어 있는 것이 아니라, 기독교에 대한 근본적인 이해 방식에서 차이를 보입니다.

이러한 신학적 문제들에 관하여 제대로 된 이해를 하려면, 오리게네스와 터툴리아누스를, 그리고 아타나시우스와 아우구스티누스를 서로 비교해 보아야만 합니다. 동방 교회가 그리스 철학의 전통을 따라 지식과 진리를 추구하는 철학적 정신에 영향을 받았다면, 서방 교회는 로마법의 전통을 따라 구분과 규율을 중시하는 법 정신에 영향을 받았습니다. 동방 교회가 수 세기 동안 삼위일체론과 그리스도론을 신학의 중심에 놓고 있었다면, 서방 교회는 이미 아우구스티누스 이전부터, 그리고 아우구스티누스 시대와 그 이후 모든 세기에 걸쳐서 인간론과 구원론을 신학의 중심점에 놓고 있었습니다.

동방 교회는 죄를 무엇보다 하나님과의 관계의 단절로 보며, 그리스도의 인격에서는 성육신과 부활, 두 본성의 연합에 초점을 맞추었으며, 구원의 가장 큰 유익을 하나님과 교제하는 삶에서 찾았다면, 서방 교회는 죄를 주로 죄책과 형벌로 이해하였으며, 그리스도의 인격과 관련해서는 그리스도의 한 인격 속에 있는 두 본성, 곧 신성과 인성의 구별을 명확히 하려 했고, 그리스도 사역의 가치를 무엇보다도 그분의 자발적인 고난과 죽음에 있다고 보았으며, 구원의 가장 큰 유익을 죄 용서와 죄책 및 형벌로부터의 해방이라고 보았습니다. 이러한 특징들은 서방 기독교 전체에 고유한 것으로, 로마 교회와 종교개혁 진영에 속한 교회들을 오늘날까지도 함께 결속시키는 요소입니다. 로마 교회와 종교개혁 진영에 속한 교회들이 많은 면에서 서로 다른 신학적 견해를 가지고 있었다고 할지라도, 로마 교회는 어떤 의미에서 종교개혁을 스스로 준비한 셈입니다. 그러나 동방 교회 내에서는 종교개혁이 들어설 자리가 없었습니다.

로마 교회의 입장에 따르면, 하나님께서 처음 인간을 창조하실 때, 비록 즉시 하나님의 '형상'대로 창조하셨지만, 곧바로 하나님의 '모양'대로 창조하신 것은 아니었습니다. 형상만으로 인간은 아직 단지 '자연적 인간'에 불과하며, 이 땅에 속하고 이 땅을 위해 존재하는 존재일 뿐입니다. 만일 인간이 그 상태에 머물렀다면, 자연적인 선행을 통해 이 세상에서의 복락과 영광은 얻을 수 있었겠지만, 결코 하늘로 들려 올라가거나 하나님의 임재 앞으로 직접 나아갈 수는 없었을 것입니다. 그러나 하나님께서는 자신의 선하신 뜻에 따라 인간을 초자연적인 하늘의 영광으로 들어올리기를 원하셨기에, 인간에게 단지 형상뿐 아니라 모양도 부여하실 필요가 있었습니다.

여기서 말하는 '모양'은 자연적 인간에게 '덧붙여진 은사'로서, 이는 하나님 형상이 먼저 부여된 후에 논리적으로나 시간적으로 뒤따라 부여된 것입니다. 이 은사를 통해 인간은 초자연적인 선행을 할 수 있게 되었고, 그 결과로 '하나님의 본질을 통하여 그분을 바라보고 즐거워하는 경지'에 이르게 되는 것입니다. 그러나 인간은 타락함으로써 이 '모양', 곧 덧붙여진 은사를 상실하였고, 그의 자연적 능력 또한 상당 부분 약화 되었습니다. 그럼에도 불구하고 인간은 자연적으로 선을 행할 수 있는 능력을 완전히 잃어버린 것은 아닙니다. 그렇지만 설령 그가 모든 선한 행위를 완전하게 수행한다손 치더라도, 그것을 통해 얻을 수 있는 것은 본질적으로 이 세상에 속한 복락일 뿐이며, 결코 하늘의 복락을 얻을 수 있는 것은 아닙니다. 따라서 인간은 무엇보다도 우선적이고 절대적인 의미에서 '은혜'를 필요로 합니다. 첫째로, 초자연적 은사를 상실한 자연적 인간을 다시 초자연적인 상태로 들어 올리기 위해서 '상승(고양)시키는 은혜'가 인간에게 필요하며, 둘째로는 죄로 인해 손상된 본성을 회복시키기 위해 '치료하는 은혜' 또한 인간에게 필수적입니다.

이 은혜는 이제 그리스도께서 자신의 충만함 안에서 획득하신 것입니다. 특히 이 은혜는 그리스도의 성육신과 전 생애, 무엇보다도 그분의 고난과 죽음을 통해, 곧 자신을 온전히 내어주신 깊은 비하, 다시 말해 철저한 겸손을 통해 성취되었습니다. 이러한 비하, 즉 그분의 낮아지심은 그리스도께서 하나님으로서도, 인간으로서도 본래 의무적으로 행해야 할 일은 아니었습니다. 그분의 비하는 전적으로 자발적인 행위였으며, 어떤 명령에 따른 것이 아니라, 하나님의 영원하신 작정에 따른 것이었고, 단순한 의무를 넘어선 '초과적인 선행'이었습니다. 이는 그리스도의 자기비하가 신인, 곧 신성과 인성을 지닌 분의 사역이었으며, 절대적인 자기 부정과 하나님의 뜻에 대한 온전한 헌신으로 이루어진 것이었기 때문입니다. 그리스도는 참으로 극심한 고난을 당하신 분이며, 신적 순교자라 할 수 있습니다. 그분의 수동적 순종은 무한한 공로를 지니고 있었으며. 신적인 본성과의 연합 속에서 이루어진 것이었기에, 그분의 단 한 방울의 피조차도 온 인류를 구속하시기에 충분한 것이었습니다.

서방 기독교의 교회

이 모든 넘치는 은혜와 진리는 이제 그리스도께서 교회에 맡기셔서 분배되도록 하셨습니다. 그리스도께서는 교회를 통해 여전히 이 땅에 살아 계시며, 교회는 곧 그리스도의 성육신의 연속내지는 연장입니다. 미사 가운데 그리스도께서는 십자가 위에서 드린 희생을 피 흘림 없이 반복하시고, 사제를 통해 성사(성례) 안에서 자신의 은혜를 신자들에게 나누어 주십니다. 또한, 교황의 무류한 입을 통해 교회를 진리로 이끌어 가십니다.

그러므로 교회는 무엇보다 '구원의 기관'이지, 단순히 신자들의 모임이나 성도들의 공동체가 아닙니다. 교회는 본질에 있어서 하나님께서 이 땅에 은혜와 진리로 말미암는 구원의 선물을 보존하고 분배하시기 위해서 세우신 초자연적인 기관입니다. 교리나 신자들의 삶에 아무리 많은 부족함이 있다 하더라도, 교회는 본질적으로 변함없이 동일합니다. 왜냐하면, 교회의 중심은 사제직과 성사에 있으며, 바로 그 안에서 교회는 언제나 '통일성', '거룩성', '보편성', '사도성'이라는 [고유한] 속성들을 계속해서 지니고 있기 때문입니다.

그러므로 전체로서의 교회에는 성직자와 평신도의 구분이 필수적이며, 본질적이고 고유한 요소입니다. 교회에는 '가르치는 교회'가 있습니다. 이 교회는 구원의 은혜를 소유하고 그것을 나누어 주는 역할을 합니다. 이에 상응하여 '듣는 교회'가 있습니다. 이 교회는 가르침을 받아들이고 그 열매를 누립니다. 이러한 구분은 교회 건축 양식에서도 드러나는데, 성가대석과 회중석의 공간적 분리로 표현되며, 이로 인해 신자들의 식탁은 점차 사제의 제단으로 변화하게 되었습니다.

이 성직자 집단의 중심에는 주교가 있습니다. 주교는 사도들로부터 단절 없는 계승을 통해 직무를 이어받았으며, 교회의 전통을 보존하고 있을 뿐 아니라, 특히 '사제직을 낳는 능력', 곧 신품성사를 통해 사제직과 교회 자체를 세대에서 세대로 지속시키는 권한을 지니고 있습니다. 주교 아래에는 낮은 직무들이 있으며, 여기에는 시종 또는 복사, 구마사(퇴마사), 성경 봉독자(독서자), 문지기 또는 성당 관리인이 포함됩니다. 또한, 주교를 보좌하는 장로와 집사(부제)도 있습니다. 그리고 그 위로는 주교직이 대주교, 대교구장 주교, 총대주교 등의 서열을 거쳐, 마침내 그 직제(직분)의 완성과 통일은 교황에게 이르게 됩니다. 교황은 단순히 로마의 주교가 아니라, 베드로의 후계자로서 전체 교회의 '수장'이자 '그리스도의 대리자'입니다.

오직 교황에게 의존하고 교황과 연결되어 있을 때만, 사제(신부)들은 자신들의 권한을 소유하고 행사할 수 있습니다. 이 권한은 두 가지로 나뉘는데, 하나는 '사제직 권한'으로서, 이는 종교적 행위를 수행하고 은혜의 수단을 나눠줄 수 있는 권한입니다. 또 다른 하나는 '관할권'으로서, 이 권한은 교황의 직무 자체에 포함되어 있고, 특정한 위임을 통해서 [추기경, 주교, 사제들에게] 부여되며, 교회를 다스리는데 사용되는 권한입니다. 이 모든 권한은 단순한 봉사의 차원이 아니라, 통치에 사용하는 권력으로서, 입법권, 사법권, 행정권을 포함하는 실제적인 통치권입니다. 교황이 '엑스 카테드라'(*ex cathedra*), 즉 '교황 좌(座)로부터' 선포하는 교리는 국가의 법률과 동일한 성격을 지닙니다. 그리고 사제가 성사 안에서 베푸는 은혜는 신자들에게 신성한 힘을 주입하는 것으로, 자연적인 인간을 더 높은 차원으로 끌어 올리고, 초자연적인 선을 행할 수 있게 해줍니다. 말씀과 믿음은 종속적이고 예비적인 의미만을 지닙니다.

서방 기독교의 성사

성사는 사제(신부)에 의해서 '수행된 사역으로부터' 성사에 참여하는 신자들에게 은혜(은총)를 주입하고 전달합니다. 그러므로 성사는 사효성(事效性)을 가집니다. 사효성이란 성사를 집전하는 사제의 자격이나 신자의 자격과 관계없이 성사 자체가 지닌 [객관적인] 효력으로 인하여 -그 성사의 올바른 집행이 방해받지 않는다면- 신자 누구에게나 은총이 [객관적으로] 주어진다는 것입니다. 이러한 사효성의 방식으로 각각의 성사는 신자들에게 그 고유한 은혜를 전달하고 베풉니다.

세례는 죄로 인해 잃어버린 초자연적인 은사를 회복하고, 과거의 죄로 인한 모든 죄책감과 오점을 제거하고, 신자들을 교회 공동체의 질서 안으로 편입시킵니다. 견진성사는 신자들 가운데 강한 자와 약한 자를 다시 구분하며, 그들을 왕이신 그리스도의 군사로 만듭니다. 그리고 신품성사는 이들 가운데 다시 사제들을 평신도로부터 분리시키고, 그들을 대사제이신 그리스도와 일치하도록 높입니다. 이 세 가지 성사(세례, 견진, 신품)는 각기 다른 위계적 지위로 신자들을 편입시키며, 따라서 지워지지 않는 표징 내지는 인호(印號)를 남깁니다. 그 외의 네 가지 성사인 성체성사, 혼배성사, 고해성사, 종부성사는 일반적으로 받은 은혜(은총)를 강화하는 데 목적이 있으며, 특별히 각 성사가 고유하게 지향하는 목표를 추구하고 달성할 수 있도록 돕습니다.

로마 가톨릭교회의 권위적이고 사법적인 성격은 특히 고해성사에서 가장 두드러지게 나타납니다. 비록 신자가 세례를 통해 모든 죄책과 죄의 오점에서 완전히 해방된다고 하더라도, 인간의 본성에 속한 육체적 욕망(정욕)은 여전히 남아 있습니다. 이 욕망은 그 자체로는 죄가 아니지만, 죄를 짓게 하는 계기로 작용하기 쉽습니다. 세례를 받은 신자가 이러한 욕망의 유혹에 넘어가 죄를 범했을 경우, 특히 받은 은혜(은총)를 완전히 상실하게 만드는 대죄를 범했을 때는 반드시 고해소에서 사제 앞에 나아가 죄를 고백해야 합니다. 이때 사제는 재판관의 자리에 앉아, 고해하는 신자의 온전하고 철저한 고백을 듣고, 그가 범한 죄의 수와 성격을 파악합니다. 이를 바탕으로 사제는 죄의 사면, 곧 죄책과 영원한 형벌에 대한 용서를 선포하거나 거부할 권한을 가집니다. 그리고 만일 사제가 죄의 사면을 선포할 경우, 그는 고해하는 신자에게 보속(補贖)을 명할 수 있습니다. 보속이란, 죄를 고백하고 용서받은 사람이, 여전히 남아 있는 죄에 따른 일시적인 형벌(이 땅에서나 연옥에서 받게 될 것)을 갚기 위해 수행하는 속죄 행위를 말합니다. 이러한 보속에는 기도, 금식, 자선 등과 같은 선행들이 포함될 수 있습니다.

신자가 이와 같은 방식으로 사제로부터 성사 안에서 초자연적인 은혜를 받게 되면, 그는 초자연적인 능력에 힘입어 선한 행위를 할 수 있습니다. 그리고 이러한 신자의 선행은 공로가 되어 초자연적인 복락에 이를 수 있게 해줍니다. 이 은혜는 인간에게 다시 선을 행하고 공로를 쌓을 수 있도록 하는 힘이지, 죄인인 인간을 향한 하나님의 자비를 회복시키는 것은 아닙니다. 곧, 은혜는 인간 안에 주어진 신적 능력, 즉 초자연적인 자질로서, 인간에게 선한 행위를 통해 하나님의 자비와 호의를 다시 얻을 수 있게 해주는 것입니다.

결국, 모든 것은 신자가 성사(성례)를 통해 부여받은 이러한 은혜의 능력을 얼마나 잘 활용하느냐에 달려 있습니다. 그러나 이 과정에서 사람마다 노력과 열정, 그리고 헌신의 정도에 있어 차이가 생기기 마련입니다. 하늘의 복락에 이르는 길은 분명 하나이지만, 그 길 위를 모두가 같은 속도로 달려가는 것은 아니며, 누구나 같은 열정을 쏟는 것도 아닙니다. 기독교 윤리는 이러한 현실을 고려하고 있습니다. 그래서 기독교 윤리 안에는 누구나 반드시 지켜야 할 계명들이 있는가 하면, 자발적인 선택에 의해 따를 수도 있고 따르지 않을 수도 있는 권고들도 존재합니다. 누군가가 더 많은 희생을 감수하고 자발적으로 더 많은 고행을 수행하며, 세상과 거리를 두고 특히 순결, 청빈, 순명 서약을 실천할수록, 그는 더 높은 차원의 완전성에 도달하는 것은 아니지만, 모든 신자에게 주어진 완전성에 더 빠르고 더 안전하게, 유혹에 빠질 위험을 덜 감수하면서 도달할 수 있습니다.

로마 교회의 관점에 따르면, 직업이나 사업에 헌신하고 가정과 사회, 국가 안에서 살아가는 삶, 또는 일반적인 문화 활동은 그 자체로 죄는 아닙니다. 그러나 이러한 삶에는 은혜의 길에서 벗어나거나 정체되거나 퇴보할 위험이 많다고 여겨집니다. 왜냐하면, 이 모든 영역이 본질적으로 더 낮은 차원의 것들이며, 인간의 욕망을 자극하고 실질적으로는 마귀와 악한 영들의 지배를 받는 것으로 간주 되기 때문입니다. 오직 교회만이 유혹의 권세를 깨뜨릴 수 있습니다.

교회는 다양한 방식으로 이를 수행합니다. 곧 성사들(세례성사, 견진성사, 성체성사, 고해성사, 혼배성사, 신품성사, 종부성사)과 준성사들(축복, 축성, 구마), 거룩한 행위들, 그리고 거룩한 물건들(메달, 성물, 스카플라)을 통해 그렇게 합니다. 자연적인 것들이 교회를 통하여 성화 되지 않는 한, 그것들은 여전히 속된 것이며 열등한 것으로 간주 됩니다.

서방 기독교의 위계질서

세상에 대한 멸시를 불러일으켰던 바로 그 원리는 동시에 세상을 지배하려는 태도도 낳았으며, 소위 '이중 도덕'의 원인이 되었습니다. 그리고 이러한 이중 도덕은 다시 '공로의 전가'라는 교리로 이어졌습니다. 이는 어떤 이의 부족함을 다른 이의 넘치는 공로로 보충할 수 있다는 가르침입니다. 순교자들, 수사들, 수녀들, 특별한 의미에서 성인이라 불리는 이들, 그리고 전 생애를 하나님께 바치며 헌신의 삶을 살아가는 이들은 단지 자신에게 주어진 의무만을 수행하는 것이 아니라, 잉여적인(넘치는) 선행을 통해 추가적인 공로를 쌓을 수 있다고 여겨집니다. 이렇게 쌓인 공로는 교회의 영적 보화를 더욱더 증대시킨다고 가르쳐집니다.

이러한 보화로부터 교회는 기도와 자선, 미사의 희생 제사, 그리고 특히 면벌부(면죄부)를 통하여, 이 땅이나 연옥에 있는 다른 신자들이 그들의 죄로 인해 여전히 감당해야 할 잠정적인 형벌을 경감하거나 단축할 수 있습니다. 그러나 교회가 이 모든 수단을 통해 자녀들에게 아무리 많은 은혜를 베푼다 하더라도, 그것이 그들에게 구원의 확신을 주는 것은 아닙니다. 그레고리우스 대제의 말처럼, 교회는 언제나 희망과 두려움을 함께 지니고 있습니다. 특별한 계시를 통해 구원의 확신을 받은 이들도 더러 있으며, 또 어떤 이들은 교황에 의해 성인(聖人)이나 복자(福者)로 선포되기도 합니다. 그러나 대부분의 신자들은 -그 기간이 얼마인지는 아무도 단정할 수 없지만- 죽은 후 짧거나 긴 시간 동안 연옥에 머무르게 됩니다. 그곳은 그들이 정화되기 위한 장소가 아니라, 아직 남아 있는 잠정적인 형벌을 속죄하기 위한 장소입니다.

이처럼 이생의 다양성은 내세의 다양성과 상응합니다. 구약의 신자들은 죽은 후 지하세계의 한 장소로 갔으며 -이를 선조 림보(*limbus patrum*)라고 합니다- 그들은 오직 그리스도에 의해서 비로소 그곳에서 해방되었습니다. 세례를 받지 못하고 일찍 죽은 어린 아이들은 '유아 림보'(*limbus infantium*)라 불리는, 그들에게 정해진 장소로 내려갑니다. 그리고 천국에서는 복된 이들 사이에도 위계질서가 존재합니다. 모두가 '황금 면류관'을 받지만, 특별히 거룩한 삶을 살았던 이들 가운데 일부에게는 그 위에 '황금 화환'이 더해집니다. 모두가 천사들처럼 동일한 거룩함과 구원의 복락을 누리기는 하나, 그 정도는 같지 않습니다. 천사들과 마찬가지로, 천국의 복된 자들도 이미 영적인 위계질서를 이루고 있는 것입니다. 가장 높은 자리에 마리아가 있으며, 그 뒤를 이어 성조들(족장들), 예언자들, 사도들, 순교자들이 점점 낮아지는 서열을 따라 위치하게 됩니다. 어떤 사람이 하나님과 더 가까이 있으며, 그의 본성이 하나님의 본성에 더 깊이 참여할수록, 그는 더 높은 지위를 차지하게 되고, 이 땅의 신자들에게는 공경의 대상이 됩니다.

이 점에서도 다양한 차이가 존재합니다. 하나님께만 드려지는 '흠숭지례'(欽崇之禮)가 있으며, 이는 그리스도의 인간적 본성과 그 구성 요소들(예: 예수 성심)에도 적용됩니다. 물론 그것들이 그 자체로 흠숭되는 것은 아니지만, 그리스도 안에 속한 것으로서 흠숭의 대상이 되는 것입니다. 마리아는 일반적인 종교적 공경보다 더 높은 수준의 '지극한 공경' 즉 '상경지례'(上敬之禮)의 대상이며, 성인들은 보통 수준의 종교적 '공경지례'(恭敬之禮)의 대상입니다. 또한, 성인들과 관련된 모든 것들, 예컨대 그들의 옷, 거처, 무덤, 유해 등은 그들의 거룩함의 향기를 공유하기 때문에, 상대적인 종교적 공경의 대상이 됩니다. 이처럼 거룩함에 등급이 존재하는 만큼, 공경의 방식도 그만큼 다양합니다. 이러한 위계적이고 군주론적으로 조직된 서열 질서가 로마 교회의 교리 전체, 곧 천사와 복자(福者)들에 대한 교리, 세계와 교회, 평신도와 성직자, 예배와 예술에 대한 교리를 지배하는 근본 개념입니다.

종교개혁의 시작

로마 기독교 체제가 얼마나 공고하고 강력한지를 깊이 생각하면 할수록, 처음에는 홀로 이 체제에 맞서 싸웠으며, 끝까지 굴하지 않았던 독일의 종교개혁자에 대한 존경은 더욱 깊어질 수밖에 없습니다. 마르틴 루터 이전에도, 그리고 이후에도 로마 교회에 맞서 저항한 이들은 적지 않았지만, 그들 대부분은 폭력적인 탄압을 받거나 끝내 자신의 주장을 철회하고 굴복하고 말았습니다. 그러나 루터는 끝까지 굴복하지 않았습니다. 그가 보름스에서 외쳤다고 전해지는 "나는 여기에 서 있습니다. 나는 달리 어떻게 할 수 없습니다. 하나님 나를 도우소서!"라는 말은, 역사적으로 그가 실제로 한 말인지에 대한 논란은 있을지라도, 그를 사로잡고 투쟁으로 이끌었던 정신을 감동적으로 드러내는 표현임에는 틀림이 없습니다.

로마 교회는 교회와의 결속을 영원한 구원과 직결시켰으며, 교회를 떠나거나 교회의 중재를 거부하는 자들에게는 저주를 선포했습니다. 그러나 루터는 로마 교회에 맞서야만 했고, 실제로 맞섰습니다. 왜냐하면, 그는 그리스도 안에 나타난 하나님의 은혜에 대한 믿음 안에서 구원의 확실성을 발견했으며, 교회가 선포하는 구원의 약속이 더 이상 자신에게 필요하지 않다는 사실을 깨달았기 때문입니다. 종교개혁은 어떤 이성적 논증이나 치밀하게 계산된 의지적 결단에서 비롯된 것이 아닙니다. 그것은 철저히 [루터의] 신앙적·도덕적 체험에서 기원한 것입니다.

루터가 1517년 10월 31일, 비텐베르크 성채 교회의 문에 95개 조항을 게시하여 역사적 사건으로 표면화시키기 훨씬 이전부터, 종교개혁은 이미 그의 내면의 깊은 곳에서 오랜 시간 동안 준비되고 있었습니다. 이와 관련하여 지난 수년간 진행된 연구들, 특히 루터가 1509-10년에 집필한 페트루스 롬바르두스의 『명제집』

(*Sententiae*) 주석, 1513-15년의 시편 강의, 그리고 1515-16년의 로마서 강의 등을 중심으로 한 연구들은 이러한 사실들을 의심의 여지 없이 확증해 주고 있습니다.

루터에게 결정적인 신학적 통찰이 찾아온 시점은 아마도 1512년 무렵으로 보이며, 그는 그때 로마서 1장 17절에서 바울이 말한 '하나님의 의'의 본질에 대해 전혀 새로운 이해에 도달하게 되었습니다. 그는 더 이상 '하나님의 의'를 죄인을 책망하고 심판하시는 하나님의 무서운 의로 보지 않고, 오히려 죄인을 용서하고 은혜를 베푸시는 하나님의 자비로운 의로 이해하게 된 것입니다. 이 새로운 시각은 루터의 사고 전체를 뒤흔드는 전환점이 되었고, 그는 점차 이 통찰을 더욱 깊게 발전시켜 나갔습니다.

루터는 공개적인 논쟁에 뛰어들기 전부터 이미 설교단과 강의실에서 교회 안에 만연한 여러 남용과 오용들을 신랄하게 비판해 왔습니다. 1517년 9월 4일에 작성한 95개 조항 초안에서도 그는 신학 교육 자체의 근본적인 개혁을 촉구한 바 있습니다. 하지만 결정적인 충돌은 도미니크 수도회의 수사인 요한 테첼이 비텐베르크 인근에서 면벌부(면죄부)를 판매하면서 벌어지게 되었습니다. 이 면벌부는 이 세상과 연옥에서의 일시적인 형벌을 돈으로 면제해 준다는 것이었으며, 그 수익은 교황청의 금고로 들어갔습니다. 루터가 이 상황을 알게 되자, 그의 양심은 격렬한 분노로 불타올랐으며, 마침내 1517년 10월 31일, 비텐베르크 성채 교회 문에 95개 조항을 게시하기에 이르렀던 것입니다.

그러나 이때까지만 해도 루터는 면벌부의 전면적인 폐지를 요구했던 것은 아니었습니다. 그는 다만 그 남용을 제한하고 정화할 것을 주장했을 뿐이며, 본질적으로 어떤 교리 자체를 정면으로 부정하거나 공격했던 것은 아니었습니다. 다시 말해, 그는 교회의 명예를 지키기 위한 충정에서 교회 안에 스머들어 온 실제적인 오용들에 대항했던 것입니다.

그럼에도 불구하고, 로마 교회는 이 사태를 중대하게 받아들였고, 곧바로 루터에 대한 재판이 시작되었습니다. 이 재판은 장장 3년에 걸쳐 계속되었고, 마침내 1520년 6월 15일, 교황은 루터에 대한 파문 교서에 서명하였습니다. 이에 대해 루터는 같은 해 12월 10일, 비텐베르크에서 교황의 파문 교서와 함께 그의 여러 다른 칙령들을 공개적으로 불태워 버렸습니다. 이 사건은 로마 교회와의 교제의 단절을 의미하는 것이었으며, 이제부터 개신교회(프로테스탄트 교회)는 자신의 독자적인 길을 가야만 했고, 스스로 자신의 자유로운 영역을 개척해 나가야 할 운명에 직면하게 되었던 것입니다.

프로테스탄트주의

'프로테스탄트주의(Protestantisme)'라는 명칭은 훗날 종교개혁에서 직접적 혹은 간접적으로 비롯된 모든 교회와 교파들을 통칭하는 용어가 되었습니다. 이 명칭은 역사적인 사건, 곧 1529년 슈파이어 제국의회에서 개신교를 지지한 제후들과 도시들이 제기한

항의에서 유래한 말입니다. 당시 제국의회의 다수파는 각 제후의 영지 안에서 로마 교회의 신앙을 당분간 자유롭게 허용하자는 결정을 내림으로써 종교개혁의 확산을 저지하려 했고, 이에 대해 개신교 신앙을 지지하는 제후들과 도시들이 공식적으로 항의한 것이 그 기원입니다.

이러한 역사적 배경 때문에 '프로테스탄트주의'는 종교개혁의 본질이나 성격을 분명히 밝히기에는 적합하지 않은 용어가 되어 버렸습니다. 더욱이 이 용어는 시간이 지나면서 지나치게 포괄적이고 모호한 의미를 띠게 되었기에, 오늘날 '프로테스탄트주의'의 본질이 무엇인지에 대한 연구는 종종 의미 없는 작업으로 여겨지기까지 합니다. 왜냐하면, 프로테스탄트주의에 대한 이러한 연구는 결국 각 교파나 각 교회의 전통이 자기 진영의 입장에서 [아전인수격으로] 이해하는 추상적 표현에 불과하기 때문입니다.

루터의 종교개혁: 인간의 행위에 앞서는 하나님의 은혜

이와는 대조적으로, 루터의 종교개혁 활동이 출발한 근본 원리는 비교적 명확하게 규명되고 정의될 수 있습니다. 루터 자신은 신적 조명을 통해 회심하게 되었으며, 언제나 그 회심의 순간을 바울이 말한 '하나님의 의'(롬 1:17)의 의미와 목적을 깨달은 시점으로 일관되게 이해했습니다. 그러나 여기서 중요한 것은 루터가 로마서 1장 17절에 나오는 '하나님의 의'라는 표현에 대해 과거에는 전혀 없었던 새로운 해석을 제시한 점에 있지 않습니다. 왜냐하면, 하인리히 데니플레*가 반박할 수 없을 정도로 명백하게 입증했듯이, 루터가 '하나님의 의'에 대해서 이제까지 해오지 않았던 전혀 새로운 해석을 제시한 것이 아니었기 때문입니다.

로마 교회의 경건은 교리와 실천 양면에서 일관되게 다음과 같은 성격을 지니고 있었습니다. 곧, 세례를 통해 주어진 은혜로 인해 인간은 초자연적인 선한 행위를 할 수 있게 되며, 이러한 선한 행위를 통해 하나님과 올바른 교제를 맺게 되고, 마침내 영원한 구원에 참여할 수 있게 된다는 것입니다. 여기서 성화는 칭의에 앞서며, 인간의 행위는 하나님의 은혜보다 앞서고, 공로는 보상보다 앞서며, 윤리는 종교보다 앞선 위치를 차지하게 됩니다.

이에 반하여 루터는 자신의 체험을 통해, 로마 교회가 제시한 이러한 길이 참된 구원에도, 확신에도 이르지 못함을 깨달았습니다. 그리고 신약성경, 특히 바울이 전한 복음은 이와는 전혀 다른 방향을 제시하고 있음을 인식하게 되었습니다. 바울 복음에 따르면, 하나님께서는 무엇보다도 오직 은혜로 자신을 그리스도 안에서 인간에게 내어주심으로써, 인간을 자신과 올바른 교제로 받아들이시며, 아버지의 은총에 참여하게 하십니다. 그리고 인간은 이

---

* 역자 주: 하인리히 데니플레(Heinrich Denifle, 1844-1905): 19세기 후반에서 20세기 초엽에 활동했던 오스트리아 태생의 도미니크 수도회 소속의 수사 신부이고, 중세 교회사가이며, 신학자이다. 특히 마르틴 루터와 종교개혁에 관한 비판적 연구로 잘 알려진 그는 루터의 "하나님의 의"에 대한 해석이 전혀 새로운 해석이 아니라고 주장했다.

에 대해 오직 어린아이와 같은 감사하는 믿음으로 하나님의 은총에 응답할 수 있을 뿐이며, 그러한 믿음을 통해 하나님이 베푸시는 풍성한 선물을 받아들일 수 있을 뿐입니다.

이로써 하나님과 인간 사이의 관계는 원리적으로, 그리고 근본적으로 완전히 뒤바뀌게 되었습니다. 하나님이 다시 인간보다 앞서게 되었고, 하나님의 값없는 은혜가 인간의 행위보다 앞서며, 믿음이 행위보다 우선하게 되었고, 종교가 윤리에 앞서게 된 것입니다.

그리고 인간이 믿음을 통해 하나님과의 관계에서 겪는 변화는 필연적으로 그의 내면적 성향에도 깊은 변화를 일으켰습니다. 루터는 이전에는 하나님을 진노하시는 재판관으로 두려워했지만, 이제는 모든 죄를 값없이 용서하시고, 아무런 공로가 없는 자를 은혜와 교제 안으로 받아들이시는 자비로운 아버지로 알게 되었습니다. 그의 마음은 그전까지는 하나님의 진노 앞에서 죽을 듯한 슬픔과 두려움에 떨었지만, 이제는 값없이 주시는 죄 사함을 기뻐하며 구원의 복락과 기쁨으로 충만하게 되었습니다. 그의 의지도 변화하여, 이전에는 선한 행위를 마치 대가를 얻기 위한 노예적인 노동처럼 여기며 두려워했다면, 이제는 선한 행위를 하늘에 계신 아버지의 뜻이기 때문에 사랑과 감사로 기꺼이 실천하려는 내적인 기쁨과 열망으로 채워지게 된 것입니다.

따라서 종교개혁과 로마 교회 사이의 차이는 단순히 '칭의가 법적인 것이냐, 윤리적인 것이냐'의 문제가 아니었습니다. 이 문제는 후에 공식화된 것입니다. 본질적인 쟁점은 이것이었습니다. 칭의, 곧 하나님과의 관계의 변화와 마음의 내면적 성향의 변화가 하나님의 은혜로 이루어지는 것이냐, 아니면 인간의 행위로 이루어지는 것이냐? 하나님께서 먼저 주시는 선물에 의한 것이냐, 아니면 인간의 선행 뒤에 따르는 보상으로 주어지는 것이냐? 오직 믿음으로 말미암는 것이냐, 아니면 행위도 함께 요구되는 것이냐? 하나님이 인간에게로 내려오시는 방식이냐, 아니면 인간이 하나님께로 올라가려는 방식이냐에 대한 근본적인 물음이었던 것입니다.

루터는 이러한 근본 사상을 바탕으로 자신의 길을 계속 걸어갔으며, 그 과정에서 로마 교회와 점점 더 깊고 다양한 쟁점들로 갈등하게 되었습니다. 그러나 이러한 전개 역시 사전에 계획된 것이 아니었습니다. 종교개혁은 시작부터 그렇듯, 그 진행 과정 또한 이성적 계산에 따른 결과가 아니었습니다. 특히 루터의 경우는 더욱 그러했습니다. 그는 논리적이고 체계적인 사유의 소유자가 아니었고, 조직적인 능력 또한 뛰어나지 않았습니다. 그가 남긴 수백 권의 책들과 소책자들은 거의 모두 특정한 계기나 상황에 대한 응답으로 쓰인 글들이었습니다. 루터는 자신에게 결핍된 재능을 멜란히톤(Carl Philip Melanchthon, 1497-1560)에게서 놀라움과 감탄 속에 발견했습니다. 멜란히톤은 혼돈 속에 있던 종교개혁 사상에 가장 먼저 통일성과 질서를 부여한 인물입니다.

믿음으로 말미암는 의

루터는 산만한 사고의 사람이 아니라, 직관적 발견의 사람이었습니다. 그는 정신과 이성, 강인함과 용기, 의지와 행동의 사람이었습니다. 그는 건설적인 본성보다는 창조적인 본성을 지닌 인물로서, 교회의 스승이라기보다 오히려 아버지와 같은 존재였습니다. 그는 자신의 가르침과 활동에서, 그리고 자신의 인격과 성격에서, 양립할 수 없는 요소들을 하나로 통합했습니다. 그러나 그가 복음의 핵심으로 발견한 '믿음으로 말미암는 의'의 원리는 그에게서 몇 가지 중요한 결론에 이르게 해주었습니다. 그중에서도 세 가지는 특히 주목할 만합니다.

첫째, '믿음으로 말미암는 의'라는 원리는 루터로 하여금 교회와 전통의 권위와는 별개로 성경의 권위를 인식하게 했으며, 성경의 각 부분을 '그리스도를 얼마나 드러내는가'에 따라 평가하게 했습니다. 루터는 자신의 영혼 깊은 곳에서 체험한 바, 곧 '행위로 말미암는 의'와 '믿음으로 말미암는 의' 사이의 근본적인 대조를, 교회와 성경 사이의 객관적인 대립 구조로 인식하게 되었습니다. 교회는 전자를 선포하고 있었고, 성경은 후자를 증언하고 있었던 것입니다.

둘째, 이 원리는 루터로 하여금 교회, 사제직, 성례에 대한 새로운 이해에 이르게 했습니다. 만일 성경만이 유일한 권위를 지닌다면, 교회는 그보다 이차적인 위치에 놓이며, 하나님의 말씀에 종속되어야 합니다. 물론 종교개혁자들은 교회 자체를 부정하거나, 교회 바깥에서 전혀 새로운 질서를 수립하려 했던 것은 아니었습니다. 그들은 여전히 기독교의 울타리 안에 굳건히 서 있었으며, 교회의 연속성을 고수했고, 초대 교회의 네 차례 공의회에서 확립된 신앙고백도 그대로 받아들였습니다. 삼위일체, 성육신, 대속은 그들에게 여전히 기독교 신앙의 근본 교리였습니다. 그러나 그들은 이러한 신학적 경계를 인정하면서도, 하나님의 말씀이라는 규범에 따라 기독교와 교회 안에 스며든 오류와 악습을 정화하고자 했습니다. 교회는 본래 있어야 할 모습, 곧 하나님의 뜻에 합당한 모습으로 다시 회복되어야 했습니다.

이러한 기준에 비추어 볼 때, 교회의 본질은 사제직과 성례에 있는 것이 아니라, 신자들의 공동체 그 자체에 있었습니다. 신자들은 하나님의 백성이며, 그리스도의 몸이며, 성령의 전(殿)입니다. 그들은 모두 선지자요 제사장으로 기름 부음을 받은 존재들이었습니다. 교회가 하나의 조직체가 되기 이전부터, 교회는 이미 그리스도를 머리로 하여 생명을 공급받는 유기체였습니다. 그리고 교회는 자신의 조직과 통치와 예배를 통해 신자들의 신앙고백과 삶 속에 그리스도의 말씀이 온전한 지배를 이루게 하는 것 외에 다른 목적을 가질 수 없습니다.

셋째, 종교개혁의 원리는 종교적·도덕적 삶에 중대한 변화를 가져왔습니다. 루터의 말처럼, "용서가 있는 곳에는 생명과 구원이 있습니다." 그러므로 이제 종교란 더 이상 수많은 의무를 지키거나, 성인과 성상, 성유물에 대한 숭배, 철야와 금식, 자선과 순례를 통해 하나님께 공로를 쌓고 그분의 호의를 얻으려는 행위일 수 없습니다. 참된 종교란 다음과 같습니다. "나는 내 영혼의 구원을 그토록 소중히 여기기에, 모든 우상숭배와 주술, 점술, 미신, 성인이나 다른 피조물에 대한 기도와 간구를 멀리하고 단호히 거절합니다. 오직 유일하신 참 하나님을 올바로 알고, 그분만을 신뢰하며, 모든 겸손과 인내로 나 자신을 그분께 복종시키며, 오직 그분께만 모든 선을 기대하고, 마음 다해 그분을 사랑하고, 경외하고, 존경합니다. 하나님의 뜻에 어긋나는 가장 작은 일이라도 저지르느니, 차라리 모든 피조물과 단절하겠습니다."

이와 같은 절대적인 하나님 신뢰에서 도덕적 삶의 근원과 힘이 흘러나옵니다. 참된 회심은 일생 동안 지속되며, 옛사람의 죽음과 새사람의 삶, 곧 죄에서 벗어나 하나님의 뜻에 따라 살아가는 데 있습니다. 선한 행위는 더 이상 하나님에 대한 두려움이나 보상을 바라는 마음에서 비롯된 노예적 복종이 아니며, 인간의 계율에 따른 금욕이나 자기 고행으로 이뤄지는 것도 아닙니다. 선행은 믿음의 열매이며, 하나님의 뜻을 기준으로 삼고 하나님의 영광을 목적으로 합니다.

이러한 선행은 세상 밖에서 고립되어 이루어지는 것이 아니라, 삶의 한가운데에서 실천됩니다. 그 실천의 장은 가정, 직업, 문화 활동, 형제 사랑과 이웃 사랑 속에 있습니다. 종교개혁은 이전까지 경건한 이들이 세상에 대해 취하던 부정적이고 금욕적인 태도를 긍정적인 자세로 바꾸어 놓았습니다. 종교개혁은 그리스도인의 시선을 자연과 문화로 돌리게 했고, 그 안에서 자신의 사명을 발견하도록 이끌었습니다. 모든 정직한 직업은 하나님의 소명이자 공동체를 위한 봉사였습니다.

루터파와 개혁파의 분열

이러한 근본 사상들에 대해서는 종교개혁자들 사이에 큰 일치가 있었습니다. 그러나 그들 사이의 차이점도 곧 드러나기 시작했습니다. 츠빙글리는 루터에 대해 깊은 존경심을 품고 있었지만, 그의 성만찬 교리에 대해서는 동의할 수 없었습니다. 이 견해 차이는 1529년 마르부르크 회담에서도 해소되지 못했고, 이후 칼뱅의 중재 노력에도 불구하고 상황은 점점 악화되었습니다. 결국, 1560년경, 루터파 내에서 특히 헤수시우스(Tilemann Heshusius)의 주도 아래 돌이킬 수 없는 분열로 이어졌습니다.

성만찬 논쟁은 독일과 스위스 종교개혁 사이에 처음부터 존재해 온 깊은 성격적 차이를 가장 먼저, 그리고 가장 뚜렷하게 드러낸 계기가 되었습니다. 특히 1817년 교회 연합 이후 반복적으로 이루어진 연구들에 따르면, 이러한 차이는 심리적, 역사적, 민족적, 정치적, 지리적, 경제적 특성과 밀접하게 연관되어 있습니다. 그렇기에 이 차이를 하나의 공식이나 추상적 원리로 단순화하여 설명하기는 어렵습니다. 그러나 루터파와 개혁파는 분명히 교회와 신학, 경건과 삶의 양식에 있어 서로 다른 유형을 보여줍니다.

루터파

루터는 죄의식과 하나님의 진노에 대한 깊은 두려움 속에서, 그리스도 안에서 주어지는 하나님의 풍성하고 위로가 가득한 용서의 은혜를 체험했습니다. 그에게 있어 '참회'는 율법이 불러일으키는 두려움과 불안으로, 믿음에 앞서는 경험이었습니다. 물론 루터는 이러한 자신의 체험을 다른 이들에게 보편적인 규범으로 강요하려 하지는 않았습니다. 그러나 율법이 회심하지 않은 자들을 정죄하고 그리스도께로 인도함으로써, 그들에게 가장 중요하고 근본적인 의미를 지닌다는 견해는 루터의 모든 지지자들에게 영향을 미쳤으며, 루터교 신학 전체에 깊이 스며들었습니다. 이에 반해 복음은 자연스럽게 칭의의 유익을 강조합니다. 칭의는 다른 교리들과는 달리 "교회가 서고 넘어지는 조항"으로 간주되며, 모든 교리들 가운데서도 가장 중심적 위치를 차지합니다. 자기의 모든 죄가 하나님의 은혜로 용서받았다는 확신은 그리스도인에게 온전한 위로와 복된 기쁨을 안겨줍니다. 그는 은혜로우신 하나님을 만났다는 사실을 알기에, 자유와 기쁨 속에서 살아갈 수 있습니다.

이러한 체험은 루터교 경건에 특유의 환희와 자유의 색채를 부여했으며, 이는 종종 찬송가들 속에서 강렬하고도 감동적인 언어로 표현되었습니다. 하지만 동시에, 이 경건은 자신의 구원을 하나님의 선택에서 비롯된 것으로 거슬러 올라가 확인하거나, 선행을 통해 그것을 증명하려는 의욕을 불러일으키지 않았습니다. 루터는 초기에는 츠빙글리나 칼뱅에 못지않게 하나님의 예정을 강하게 주장했지만, 점차 그 강조점을 후퇴시켰습니다. 그는 예정론 자체를 철회하지는 않았으나, 점차 그 비중을 줄여나간 것입니다. 멜란히톤은 예정 교리를 더욱 약화시켰고, 이후의 루터파 신학은 예정론을 '항론파'와 유사한 [예지예정론의] 형태로만 유지하게 되었습니다.

이와 비슷하게 윤리적 삶, 특히 사회적이고 정치적인 차원에서의 윤리는 신학적으로 충분히 자리잡지 못했습니다. 루터는 칭의가 단지 하나님과의 법적 관계를 회복하는 데 그치지 않고, 하나님에 대한 인간의 태도 변화를 포함한다고 보았으며, 믿음을 하나님의 은혜를 받아들이는 동시에 인간을 새롭게 하는 능력으로 강조했습니다. 그러나 그는 믿음으로부터 나오는 도덕적 삶을 율법과 느슨하게만 연결지었고, 때로는 율법 자체를 꺼리기까지 했습니다. 루터파 안에 자리 잡은 지배적인 생각은 이러했습니다. 그리스도인은 율법으로부터 해방되었으며, 더 이상 율법과 직접적인 관계를 맺지 않는다. 마치 태양이 빛을 발하고 꽃이 향기를 내뿜는 것처럼, 믿음은 자연스럽게 선한 행위를 산출한다. 이러한 맥락에서 루터교회와 그 신학은 점차 교리의 순수성과 정통성을 가장 귀한 보물로 간주하게 되었고, 교회는 멜란히톤에 의해 '가르치는 자들'과 '듣는 자들'로 구성된 '학문 공동체'로 묘사될 수 있었습니다.

이러한 교회는 복음을 설교할 완전한 자유만 보장된다면, 그 자체로 만족했으며, 정치, 권징, 빈민 구제, 교육 등 다른 모든 사회적 과제들은 국가의 책임으로 넘겨졌습니다. 그 결과, 신앙의 영역과 삶의 영역은 서로 간에 거의 연관되지 않는 두 개의 반구, 곧 두 영역으로 분리되는 현상이 초래되었습니다.

개혁파

츠빙글리와 칼뱅은 실제로 [루터와는] 다른 정신을 지닌 인물들이었으며, [루터와는] 다른 길을 통해 회심하고 개혁의 사역으로 이끌림을 받았습니다. 이 두 사람 중 그 누구도 루터가 경험했던 것처럼, 하나님의 율법이 지닌 정죄하는 능력을 루터와 같은 방식으로, 그토록 깊이 체험하지는 않았습니다.

인문주의의 제자였던 스위스의 자유인 츠빙글리는 로마 교회의 미신과 의식들, 그리고 각종 규례들이 주는 속박과 고통을 뼈저리게 느꼈고, 복음을 알게 되었을 때 큰 해방감과 계몽을 경험하였습니다. 복음 가운데서 예수의 다음과 같은 초청은 그에게 특히 사랑스럽게 다가왔습니다. "수고하고 무거운 짐 진 자들아 다 내게로 오라, 내가 너희를 쉬게 하리라."

오랜 세월 문학과 법학을 공부한 교양 있는 프랑스인이었던 칼뱅은, 자신의 회심을 곧 잘못된 길에서 진리로, 의심에서 확신으로 나아가는 해방으로 경험했습니다. 그에게 있어서 율법은 루터가 이해했던 것처럼 일면적으로 작용하지 않았습니다. 칭의는 복음이 주는 매우 중요한 유익이긴 했지만, 그것이 복음이 주는 유일한 유익은 아니었습니다. 칼뱅은 심지어 율법으로 인하여 야기되는 불안과 두려움으로서의 참회와 믿음에서 흘러나오며 평생 지속되고, 옛사람의 죽음과 새 사람의 부활로 이루어지는 참된 회심을 명확하게 구분하였습니다. 참회는 율법으로 인해 생겨나 영적 삶에 앞서 나타날 수 있지만, 반드시 영적 삶으로 이어지는 것은 아닙니다. 반면 회심은 믿음에서 비롯되어 전 생애에 걸쳐 계속되며, 옛 자아의 죽음과 새 사람으로의 갱신 속에서 구체화됩니다. 이 믿음은 은혜 언약의 약속에서 비롯된 것으로, 칼뱅은 츠빙글리와 마찬가지로 재세례파에 맞서 이 은혜 언약을 강조했습니다. 그는 이 언약이 성인 신자 부모들뿐 아니라 태중에 잉태되고 출생한 그들의 자녀들까지도 포함한다고 보았습니다.

이렇게 하여 칼뱅은 자연과 은혜, 하나님의 섭리와 구속, 성부의 사역과 성자의 사역 사이의 구분을 분명히 하면서도, 그 사이의 깊은 연관성을 통찰할 수 있었습니다. 그리고 이러한 관점에서 볼 때, 믿음의 삶은 미래를 향해 확장되어 나아가며, 그리스도인을 온 세상과 연결 짓는 통로가 되었습니다. 칼뱅에게 있어서 칭의는 결코 그 자체로 고립된 교리가 아니었으며, 한편으로는 예정과 다른 한편으로는 성화와 밀접하게 연결되어 있었습니다. 믿음은 단순히 받기만 하는 손이 아니라, 행동하는 손이기도 합니다. 믿음은 확고하고 흔들릴 수 없는 확신이며, 능동적으로 나타나 행동을 일으키는 힘이고, 경건한 삶의 원천으로서, 하나님을 향한 경외, 자신에 대한 절제, 이웃에 대한 정의로 구체화 됩니다.

이러한 이유로 인하여 칼뱅은 단지 종교적 개혁이나 복음에 대한 순수한 선포의 회복만으로는 만족할 수 없었습니다. 그의 시선은 더 먼 곳을 내다보았고, 더 깊은 곳을 파고들었습니다. 루터보다 중세적 요소가 적었던 그는, 사회적·정치적 문제의 중요성도 깊이 인식하였습니다. 그는 모든 것이 다시 하나님의 법에 따라 질서 지워지고, 하나님의 영광을 향하도록 정돈되어야 한다고 여겼습니다. 교회는 그리스도께서 세우신 기관으로서, 올바른 말씀의 사역을 감시할 뿐 아니라, 그 조직과 통치, 권징에 있어서도 그리스도의 명령에 따라야 했습니다. 그리고 국가권력 앞에서도 교회는 자신의 자율성을 지키고 이를 수호해야만 했습니다. 국가는 교회와 구별되며 고유한 사명을 부여받은 기관이지만, 그 역할과 영역에 있어서 결코 교회보다 덜 하나님의 말씀에 매인 존재는 아니었습니다. 국가는 하나님의 율법의 두 돌판을 모두 지키는 데 있어 교회와 똑같은 의무를 지녔습니다. 가정생활, 시민생활, 사회생활 전반은 하나님 말씀의 훈육 아래 놓여야 하며, 이 말씀은 복음뿐만 아니라 율법에도, 신약뿐 아니라 구약에도 담겨 있습니다. 자연 속에 하나님의 위엄이 반짝이지 않는 곳이 없듯이, 인간 사회 전체 또한 하나님의 영광을 비추는 거울이 되어야 합니다. 만물이 하나님에게서 비롯되었기에, 모든 것은 마땅히 하나님께로 돌아가야 합니다.

이러한 관점에서 칼뱅은 루터의 인간학적·구원론적 입장과는 달리, 신학적이고 하나님 중심적인 입장을 견지하였습니다. 그의 반대는 단지 유대교적인 행위의 의로움에만 국한되지 않았고, 모든 이방적인 우상숭배에 대해서도 똑같이 향해 있었습니다. 금욕주의는 본질에 있어서 로마 교회의 전통에 속하며, 경건주의는 루터에게 그 뿌리를 둘 수 있지만, 청교도주의는 칼뱅의 정신의 산물이라 할 수 있습니다.

소시니안주의와 재세례파, 로마교회

우리는 종교개혁을 단지 루터교회와 개혁교회 안에서 자리 잡은 종교적 운동만으로 생각하는 경향이 있습니다. 그러나 이 개혁 운동은 얼마 지나지 않아 좌우 양측으로부터 제약을 당하고 도전을 받게 되었는데, 그것이 다름 아닌 소시니안주의와 재세례파입니다. 이 두 개의 흐름은 몇 가지 측면에서 비록 종교개혁과 유사한 면모를 보이긴 했지만, 실제로는 여전히 자연과 은혜(은총)의 대립이라는 중세적 사상 속에서 머물러 있었으며, 각각의 고유한 방식을 따라 자연과 은혜의 대립이라는 자신들의 이원론적인 사상을 전개해 나갔습니다.

소시니안주의는 자연과 은혜의 대립을 매우 급진적으로 이해하여, 물질적인 것(육체)이 영원하다고 선언하였고, 인간은 본성상 하나님에 대한 지식을 전혀 갖고 있지 않으며, 인간의 영혼 또한 죽음에 종속되어 있다고 보았습니다. 오직 초자연적 계시를 통해서만 인간은 하나님과 하나님의 뜻, 그리고 하나님의 계명에 대한 지식을 얻을 수 있게 되며, 그렇게 함으로써 비로소 순종을 통해 불멸의 생명에 이르는 길이 열릴 수 있다고 보았습니다. 그리스도 역시 바로 그와 같은 방식으로, 즉 초자연적인 잉태와 반복적인 하늘로부터의 계시 혹은 하늘로부터의 들림 받으심(승천)을 통해 하나님에 대한 지식을 얻게 되었으며, 완전한 순종으로 말미암아 부활함으로써 영원한 생명에 들어가셨고, 이로써 우리에게 모범과 보증이 되셨던 것입니다. 소시니안주의는 결국, 하나님의 뜻에 대한 지식과 실천을 통해 다른 사람들과 구별되어 불멸의 생명에 참여하게 되는 공동체, 즉 보통 사람들 위에 존재하는 귀족적 지식 공동체로서 하나의 엘리트 집단을 형성하였습니다.

재세례파도 자연과 은혜의 대립이라는 동일한 원리에서 출발했지만, 이를 민주적인 방향으로 적용하였습니다. 즉, 의식적인 회심을 경험하고 자유롭고 분명한 선택으로 세례를 받은 신자들은 세상과 세상에 의해 완전히 부패한 교회를 떠나야 했으며, 모든 문화에서 자신을 분리하고, 독립된 공동체를 형성하여 살아가려고 했던 것입니다. 그들은 필요하다면 강제와 폭력을 사용해서라도 하나님의 나라를 자기들 안에서 실현하려 했으며, 혹은 인내로써 그리스도께서 다시 오셔서 친히 이 땅에 그분의 나라를 세우실 날을 기다려야 한다고 여겼습니다.

이러한 두 흐름은 종교개혁에 적지 않은 손해를 끼쳤지만, 종교개혁에 더욱 큰 위협이 된 것은 로마 교회였습니다. 로마 교회는 놀라운 능력과 결단력으로 쇠퇴한 자신들을 다시 회복시켜 나갔습니다. 트리엔트 공의회에서 로마 교회는 모든 중요한 쟁점과 관련하여 종교개혁과 대립하는 입장을 취했으며, 원칙적으로 단 하나도 종교개혁에 양보하지 않았고, 철저히 자신의 모습을 고수하였습니다. 그러나 동시에 로마 교회는 성직자, 수도자, 평신도에 이르기까지 삶의 개혁을 진지하게 추진하였고, 스콜라주의로의 회귀를 통해 자신들의 교리, 제도, 예배가 직면한 모든 공격에 대해 학문적으로 방어할 수 있도록 무장하였습니다. 또한 예수회라는 수도회를 통해 많은 나라에서 종교개혁으로 잃었던 영역을 되찾는 데 성공했으며, 해외 선교를 통해 아메리카, 인도, 일본, 중국 등지로 세력을 확장해 나갔습니다. 초기의 종교개혁자들은 로마의 권세가 점차 약화 되고 사라질 것이라 기대하였으나, 역사는 그 반대로 흘러갔습니다. 로마 교회와 개신교회는 나란히 공존하게 되었고, 종교개혁은 로마 교회에도 자기를 성찰하게 하는 자극제가 되었으며, 그들 스스로 쇄신과 회복을 위해 노력하는 계기가 되었습니다.

근대의 형성

이 모든 종교적 운동은 각각에 있어서도 중요한 의미를 지니고 있지만, 사실 그것들은 십자군 전쟁 이후 등장하여 근대로 이어지는 하나의 거대한 정신적 흐름의 일부일 뿐입니다. 중세 시대의 특징은 교회가 모든 삶의 중심이었으며, 문화 전체에 지대한 영향을 끼쳤다는 점입니다. 하나의 교회, 하나의 기독교 세계, 하나의 교황과 하나의 황제, 하나의 언어와 학문과 예술이 존재했습니다. 그러나 이러한 통일성은 점차 속박하는 멍에로 여겨지게 되었고, 사회 전반에 걸쳐 그러한 속박에서 벗어나려는 움직임이 감지되었습니다. 모든 것이 자유와 독립, 해방과 세속화를 향해 움직이기 시작했습니다.

사회 구조도 중요한 변화를 겪었는데, 봉건 제도가 무너지기 시작했고, 귀족의 권력은 제한되었으며, 자유로운 시민 계급이 형성되었습니다. 정치적으로도 민족들은 점점 더 교회의 보호와 간섭에서 벗어나, 자신들의 민족적 정체성을 자각하고, 의회나 제후 회의를 통해 군주의 자의적인 권력을 제약하기 시작했습니다. 지리적으로도, 남아프리카, 아메리카, 인도 등의 발견을 통해 시야가 넓어졌고, 항해, 무역, 산업이 새로운 발전의 시대로 나아갔습니다.

철학에서도, 사람들은 중세의 스콜라 철학에서 벗어나, 처음에는 플라톤과 아리스토텔레스, 제논과 에피쿠로스에 관한 연구로 되돌아갔다가, 이후에는 베이컨과 데카르트를 통해 그들 자신의 사유의 방법을 추구해 나갔던 것입니다. 예술과 문학 분야에서도 사람들은 고딕 양식에서 벗어나, 고대와의 연결을 시도하였고, 그것을 통해 인간을 야만성에서 해방하여, 독립적이고 자유로운 존재로 교육하고자 하였습니다.

이 모든 요인은 근대의 형성에 기여했으며, 그 영향은 오늘날까지도 일정 부분 계속되고 있습니다. 교회들은 이러한 새로운 세력의 등장을 막지 못했고, 그 흐름을 주도할 역량은 더욱 부족했습니다. 교회는 자신들의 교리 체계 안에 갇혀, 점점 더 실재적인 삶의 현실과 동떨어지게 되었으며, 17세기 중반 이전에 이미 정통주의는 암울한 시기로 들어서게 되었습니다.

물론 자연스럽게 이러한 상황에 대한 반작용도 없는 것은 아니었습니다. 17세기, 특히 그 후반기는, 주체의 각성이 두드러지게 일어났는데, 교회와 신학에 만족하지 못한 개인의 주체는 다른 방식으로 만족을 추구하고자 하였습니다. 심지어 로마 교회 내부에서도 이와 유사한 반작용이 발견됩니다. 예를 들어, [프랑스의 수녀] 마르가리타 마리아 알라코크를 통하여 예수 성심 신심(신앙)을 고양하기 위한 다양한 수도회들이 창설되었습니다. 그뿐만 아니라, 갈리카니즘, 콰이티즘, 얀세니즘 같은 운동들이 각자의 방식으로 로마 교회의 체제에 저항했습니다.

그러나 이러한 반작용은 프로테스탄트 교회 안에서 훨씬 더 강하게 일어났습니다. 그 예로는, 네덜란드의 프레치시즘, 성경주의, 코케이우스주의, 라바디즘, 프랑스의 소뮈르 학파, 영국의 청교도주의, 독립주의, 침례교, 퀘이커주의, 독일의 경건주의, 혼합주의, 헤른후트 운동 등을 들 수 있습니다.

이신론과 합리주의의 등장

교회들이 겪고 있던 심각한 분열과 갈등을 목격하면서, 많은 이들 가운데 서로의 차이를 넘어 모두가 공통으로 고백할 수 있는 신앙의 본질로 돌아가, 그 안에서 깨어진 일치를 회복하려는 열망이 일어났습니다. 어떤 이들은 그 공통의 신앙고백을 초기 공의회들, 사도신경, 혹은 성경에서 찾을 수 있다고 여겼습니다.

그러나 이와 관련하여 영국에서는 이신론이 가장 급진적인 입장을 취했습니다. 이신론은 모든 인간에게 선험적으로 내재되어 있는 도덕성과 자연종교를 출발점으로 삼았으며, 이로부터 철학적인 논리를 따라 초자연적 계시는 불가능하며, 불필요하고, 인식조차 불가능하다고 주장했습니다. 더 나아가, 비판적 논증을 통해 성경이 실제로는 초자연적 계시를 담고 있지 않으며, 오직 자연종교의 내용을 전달하고 있을 뿐이라는 점을 밝히려 했습니다. 자기 만족적인 삶을 살던 18세기의 사람들은 하나님, 미덕, 그리고 영혼의 불멸 외에는 더 이상 어떤 것도 필요하지 않다고 여겼습니다. 하나님께서는 세상을 창조하실 때, 인간에게 자신의 정신과 의지를 부여하셨고, 그로써 인간은 스스로 구원을 이루고, 자신의 완성과 행복을 달성할 수 있는 충분한 능력을 갖추게 되었다는 것입니다.

이러한 사상은 이미 유럽 대륙에서 경건주의와 합리주의에 의해 잘 준비된 비옥한 토양을 만나 빠르게 확산되었습니다. 그리고 이러한 사상은 프랑스에서는 '백과전서파'에 의해서, 그리고 독일에서는 계몽주의 사상가들에 의해 수용되고 해석되었으며, 비록 대중보다는 교양있는 지식층에 더 큰 영향을 미쳤지만, 기독교에 대한 이해 방식에 근본적인 변화를 가져왔습니다.

이 전환은 실로 매우 급진적이어서, 하나의 '새로운 프로테스탄트주의'의 탄생이라고 말하는 것이 결코 과장된 표현이 아니었습니다. 과거 수 세기 동안에도 일부 교리가 비판받은 적은 있었지만, 기독교 신앙의 근본 토대는 항상 온전히 유지되어왔습니다. 그러나 이제는 그 초자연적 기초 자체가 무너졌고, 기독교는 고유한 성격을 철저히 상실하게 되었습니다. 기독교는 그 본질에 있어서 창조만큼이나 오래된 것이며, 역사적이고 구체적인 형태로 나타난 한에 있어서, 인간이 이미 이성적으로 소유하고 있거나 스스로 발견할 수 있었던 영원한 이성적 진리를 단지 포장한 것에 불과하다고 여겨졌습니다.

따라서 이러한 합리주의는 본질에 있어서 종교개혁과는 전혀 다른 원칙에 기반하고 있습니다. 종교개혁은 추상적인 이성에서 출발한 것이 아니라, 성경에 뿌리내린 종교적·윤리적 체험이 종교개혁자들의 내면에서 각성 되면서 시작된 것입니다. 반면, 18세기의 합리주의는 '인문주의'와 '소시니안주의'와 유사한 점이 많았습니다. 단 합리주의는 한 걸음 더 나아가 16세기에는 존재하지 않았던 새로운 무기들, 즉 근대 자연과학과 철학이 제공한 도구들을 사용할 수 있었다는 점에서 인문주의와 소시니안주의를 포함한 과거의 사상들과도 구별되었습니다.

초자연주의에 대한 거부

18세기에 이신론과 합리주의가 기독교에 대해 벌였던 투쟁은 19세기에 이르러 훨씬 더 급진적인 방식으로 이어졌습니다. 19세기의 성격은 하나의 짧은 문장으로 요약하기에는 너무나 복잡합니다. 이 시대의 특징은 역사학과 자연과학의 각성, 교통의 확장, 기술의 발전, 해방에 대한 열망, 민주주의의 부상 등 다양한 측면에서 드러납니다. 그러나 분명한 것은, 이 세기 전반에 걸쳐 초자연주의에 대한 강한 거부감이 나타났으며, 현대 문화 전체가 오직 내재적 힘과 법칙만을 고려하려는 방향으로 나아갔다는 점입니다.

철학, 자연과학, 역사학 모두 이러한 흐름에 기여했습니다. 점차 주류를 이루게 된 귀납적 방법, 모든 현상에서 관찰된 인과율, 그리고 의식적이든 무의식적이든 모든 탐구에서 안내자 역할을 한 진화 개념은 기독교의 초자연주의적 세계관과 삶의 이해를 압박하여, 그것이 설 자리를 잃을 정도로 그 영역을 좁혀 버렸습니다. 기독교를 향한 공격과 비난은 오랫동안 끊이지 않았고, 매우 광범위하게 퍼져나갔습니다.

구약성경과 신약성경은 원본이 아니며, 위조되었고, 신뢰할 수 없기 때문에 이스라엘의 역사나 기독교의 기원 및 초기 본질에 대해 조금도 정확한 그림을 제공하지 못합니다. 예수의 생애 역시 어둠에 가려져 있어 너무나 모호하기 때문에, 그것에 대해 확실하게 말할 수 있는 것은 아무것도 없다는 주장입니다. 예수가 실제로 존재했던 역사적 인물이었을 가능성도 있지만, 이후 공동체에 의해 이상화되고 신격화되었을 수 있으며, 전적으로 종교적 상상력이 빚어낸 허구일 수도 있다는 것입니다. 예수의 이름으로 세워진 교회는 그의 부활을 믿는 신앙이라는 하나의 오류 위에 세워졌으며, 그 교회의 전체 역사 -교리뿐 아니라 제도와 예배까지- 는 하나의 거대한 일탈이었다고 말합니다. 교회는 축복이 되기보다 오히려 분열과 논쟁, 박해와 이단 재판, 자유에 대한 억압, 문화에 대한 저항을 통해 인류에게 저주가 되어 왔다는 비판입니다. 교회의 신앙고백과 교리는 전적으로 무가치하며, 모든 면에서 과학의 성과와 충돌한다는 주장도 제기됩니다. 심지어 기독교의 윤리와 박애 정신조차도 이미 시대에 뒤처졌고, 오늘날의 사회적·정치적 현실에서는 더 이상 적용될 수 없다는 것입니다. 요컨대 기독교는 이미 그 시대적 소명을 다했으며, 우리는 이제 그것을 완전히 극복했다는 주장입니다. 현대 문명사회에 사는 우리는 더 이상 기독교인이 될 수 없다는 것입니다.

'르낭의 시대'의 끝

오늘날 기독교가 현대 문화로 인해 직면하고 있는 위기는 실로 심각합니다. 그러나 편협한 판단을 피하고 우리가 살아가는 이 시대를 공정하게 평가하려면, 이에 못지않게 중요한 다른 요소들에도 주목할 필요가 있습니다. 무엇보다 눈여겨볼 만한 현상은, 문화가 발전하면 할수록 오히려 인간 내면의 불만족이 더 깊어졌다는 사실입니다. 한때 사람들은 문화가 인간에게 필요한 모든 것을 제공해 줄 것이며, 종교는 더 이상 필요 없고 무의미한 것이 될 것이라고 믿었습니다. 그러나 그 시대는 이미 지나갔습니다. 이른바 '르낭의 시대'*는 이제 먼 과거가 되어버렸습니다. 이러한 변화에는 여러 가지 이유가 있습니다.

19세기 중엽, 문화 -보다 정확히 말해 그 문화와 특히 자연과학의 남용- 는 많은 사람들을 저속한 유물론으로 이끌었습니다. 그러나 그러한 유물론은 인간 영혼이 살아갈 수 없는 기반이었고, 인류의 가장 고귀하고 숭고한 가치들에 심각한 위협을 가하기 시작했습니다. 여기에 더해, 과학이 연구를 계속할수록, 초기에 문화적 도취 속에서 과학에 대해 가졌던 과장되고 비이성적인 기대는 충족되지 못한다는 사실이 점차 명확해졌습니다. 과학이 발전할수록 수수께끼는 줄어들기는커녕 오히려 늘어났으며, 과학은 어디에서나 신비에 둘러싸여 있었고 그 한계는 더욱 뚜렷해졌습니다. 사물의 기원과 본질, 종말은 여전히 뚫고 나갈 수 없는 어둠 속에 감춰져 있었습니다.

더불어 점점 더 명백해진 사실은, 문화가 본질에 있어서 언제

나 귀족적 성격을 띤다는 점이었습니다. 소수만이 문화의 혜택을 누리고 그 축복을 향유할 수 있었으며, 대다수는 그러한 특권에서 철저히 배제된 채로 남아 있었습니다. 실제로 과학과 기술은 자본주의에 힘을 실어 주는 수단이 되어, 자본주의가 끊임없이 자기 자신을 강화하고 가난한 계층을 불쌍한 프롤레타리아로 전락시키는데 일조하는 것처럼 보였습니다. 이 모든 일은 19세기 말에 이르러 느리지만 분명하게 하나의 매우 놀라운 전환점을 만들어 내게 되었습니다.

과학은 점점 더 겸손해졌고, 자신의 한계를 인식하게 되었으며, 철학에게 다시 넓은 자리를 내어주었습니다. 철학은 처음에는 칸트, 이어서 헤겔에 이르기까지 근대 과학의 성과를 바탕으로 이상주의적인 세계관과 삶의 관점을 구축하려 했습니다.

유물론의 공기 속에서는 숨 쉴 수 없었던 예술도 다시금 그 고유성과 자율성에 대한 자각을 회복하게 되었습니다. 예술은 현상 너머에 있는 위대하고 신비로운 생명으로 되돌아갔고, 자연주의를 벗어나 상징주의로 나아갔습니다.

종교 역시 다시 한번 그 영광을 회복했습니다. 근대인이 자연으로부터 자신에게로 되돌아왔을 때, 그는 자기 영혼의 깊은 삶 속에 감추어진 신비를 자각하게 되었고, 종교는 더 이상 사라져가는 환상이 아니라 인간 본성에 깊이 뿌리박힌 제거할 수 없는 본질임이 드러났습니다. 종교사의 전개는 이 사실에 대해 확고한 인장을 찍어 주었습니다. 이처럼 많은 부류의 사람들 사이에서 종교적 자각과 종교에 대한 갈망이 일어났습니다. 그리고 이 갈망은 매우 다양한 방식으로 충족을 추구했습니다. 이슬람교, 불교, 보다니즘*뿐아니라 예술, 자연, 인간 자체를 신격화하는 시도들 속에서도 이러한 추구가 나타났습니다. 또한 강신술, 점성학, 마술 같은 초자연적 현상에 관한 관심에서도 그 해답을 찾으려는 움직임이 있었습니다. 심지어 당대 대중의 마음을 사로잡았던 사회주의조차 최근들어 그 대표자들 가운데 많은 이들이 종교에 대해서 보다 우호적인 태도를 보이기 시작했습니다. 그 이유 가운데 하나는 사회주의가 종교의 자리를 대신하며 이 땅에 천국을 약속했기 때문입니다. 물론 이러한 종교적 부흥이 기독교에 직접적인 유익을 끼친 정도는 매우 제한적이었지만, 그 자체로는 매우 중요한 의미를 지닙니다. 이는 곧, 인간이 단지 떡으로만 사는 것이 아니라, 하나님의 입에서 나오는 말씀으로 살아간다는 성경의 진리를 다시금 입증하는 것이기 때문입니다.

여전히 살아있는 기독교

다음으로 주목할 점은, 기독교가 죽은 것이 아니라 살아 있다는 사실입니다. 그러나 기독교와 결별한 집단에 속한 이들은 이 점

---

* 역자 주: 보다니즘(Wodanisme) 또는 오딘 숭배(Odinisme)는 북유럽 신화에서 주신(主神)인 보단(Wodan) 또는 오딘(Odin)을 중심으로 한 고대 게르만족의 다신교 전통을 의미한다.

에 대해 종종 잘못된 인식을 갖고 있습니다. 그들은 자신이 기독교를 '죽었다'고 선언했기 때문에, 기독교가 명예롭게든 아니든 결국 매장될 것이라 상상합니다. 하지만 현실은 전혀 다른 이야기를 들려줍니다.

중세 말엽에도 많은 이들이 『세 명의 사기꾼』*을 입에 올렸지만, 그럼에도 불구하고 로마 교회 안팎에서 기독교 신앙의 부흥이 일어났고, 그와 함께 새로운 시대가 열렸습니다. 18세기에는 합리주의가 자신들의 승리를 확신했으며, 기독교가 정말로 가장 약했던 시기를 꼽으라면 바로 이때일 것입니다. 초자연주의는 어떤 힘도 갖지 못했고, 방어 능력조차 없었습니다. 그러나 세계사적 사건들이 주는 충격 속에서 강력한 레베이(부흥) 운동이 일어났습니다. 이 운동은 가톨릭과 개신교 양 진영 모두에 새로운 활력을 불어넣었습니다. 로마 교회는 단지 몰락에서 벗어난 것에 그치지 않고, 거의 아무도 예상하지 못했던 명성과 권위를 회복했으며, 이에 맞섰던 세속 문화는 이미 여러 차례 패배를 경험해야 했습니다. 또한, 로마 교회 밖의 교회들 안에도 또 다른 영적인 생기가 깃들어, 새로운 생명력과 강력한 신앙의 실천을 이끌어냈습니다.

---

* 역자 주: 『세 명의 사기꾼』(*De tribus impostoribus*)은 중세 말기에서 근세 초기에 걸쳐 존재 여부를 둘러싸고 전설처럼 회자되었던 익명의 저작이다. 이 책은 기독교, 유대교, 이슬람교의 세 종교 창시자인 예수, 모세, 모하멧을 '사기꾼'이라 비난한 반종교적 저작으로 알려져 있다. 저자는 장 록(Jean Rocl), 혹은 요한 마이어(Johann Meyer) 등의 필명을 사용했지만, 정확한 정체는 확인된 적이 없다.

무엇보다도 잊지 말아야 할 것은, 기독교가 마치 조용한 가운데서도 날마다 계속해서 인간의 마음에 강력한 영향을 미치고 있다는 사실입니다. 구약성경과 신약성경에서 모든 본문이 똑같이 높은 수준에 있다고는 할 수 없으며, 모든 본문이 동일한 목적을 위해 기록된 것도 아닙니다. 그러나 시편과 예언서, 복음서와 서신서 가운데에는 결코 소멸되지 않는 생명력을 지닌 구절들이 있으며, 그 구절들은 언제나 사람의 영혼 깊은 곳을 감동시킵니다. 수많은 비평에도 불구하고, 하나님의 말씀은 성경 안에서 우리에게 임합니다. 그 말씀은 영과 생명으로 빛납니다. 그리고 성경을 읽고 연구하든, 설교하고 말하든, 훈계나 위로를 통해서든, 하나님의 말씀이 사람들에게 임할 때, 그 말씀은 그 자체로 참됨을 증명합니다. 그 말씀은 종종 인간의 마음속에 적개심을 불러일으키기도 하지만, 다른 어떤 말보다도 크나큰 유익과 참된 축복을 줄 수 있습니다. 이 말씀은 가장 깊은 감정을 흔들어 깨우고, 영혼의 근간까지 뒤흔듭니다. 죄를 드러내고, 죄책감을 날카롭게 각성시키며, 후회와 슬픔으로 마음을 아프게 하지만, 동시에 용서받았다는 의식을 불어 넣어 주고, 기쁨과 즐거움으로 마음을 가득 채우며, 새로운 삶과 새로운 사명을 수행하기 위한 힘을 부여합니다.

자비와 복음 전파와 선교

이러한 종교적. 도덕적 경험들은 너무나 강력하고 풍부해서,

언제나 이성적 논증을 압도하고, 결국 선지자들과 사도들의 말씀에 따르면 하나님께서 아주 특별한 방식으로 우리에게 다가오시어, 자신과의 교제를 열어주신다는 신앙고백에 이르게 합니다. 기독교는 이러한 축복을 언제나 세상에 전파해 왔으며, 기독교의 공식 대표자들이 이단, 과학, 문화에 맞서는 '전쟁 기계'로 기독교를 남용했을 때에도 마찬가지였습니다. 그리고 기독교가 불어넣는 그 새로운 생명으로부터, 언제나 자비와 복음 전파와 선교라는 강력한 행동이 가장 아름다운 형태로 생겨납니다.

오늘날의 이 시대 역시 이러한 사실을 증명하고 있으며, 점점 더 많은 이들이 기독교적인 사랑의 중요한 사역들에 눈을 뜨게 되었습니다. 특히 선교에 대한 인식은 최근 몇 년 사이에 크게 변화했습니다. 예전에는 선교를 멸시하고, 선교에 대한 연민이나 조롱의 말밖에 하지 않던 이들이, 이제는 그것을 칭찬하고 지지하기 시작했습니다. 게다가 시대가 변했습니다. 동양은 깨어났고, 우리에게 심각한 도전과 위협으로 다가오고 있습니다. 우리의 문화는 많은 이들이 이러한 문화를 피하여 자연으로의 회귀하는 것을 피난처로 삼을 만큼 어두운 그림자를 드리우고 있습니다. 그뿐만 아니라 우리가 이러한 문화를 계속 보존할 수 있을지조차 확신할 수 없으며, 그 문화를 더욱 풍성하게 하고 발전시켜 다음 세대에 전해 줄 수 있을지조차 장담할 수 없는 처지에 놓여 있습니다.

이슬람교와 불교가 세력을 확장하며, 실제로 선교에 박차를 가하게 될 경우, 그들은 단지 기독교만이 아니라 현대 문명 전체를 퇴락과 몰락의 위협 속에 몰아넣을 수 있습니다. 따라서 선교는 오늘날 이 시대가 절실히 요구하는 가장 긴급한 과제 중 하나입니다. 선교는 여전히 자신을 그리스도인이라 부르기를 원하고, 기독교 안에서 영원한 가치를 인정하는 이들 모두에게, 그리고 하나님의 섭리 안에서 기독교를 통해 인류에게 주어진 가장 고귀한 선물들을 소중히 여기는 모든 이들의 지지를 받아 마땅합니다.

물론 오늘날 선교는 여전히 미약하고 그 영향력도 제한적입니다. 물론 지난 세기 동안 수백만 명이 기독교로 개종하였지만, 이러한 숫자는 기독교가 자국 내에서 경험하고 있는 막대한 손실을 보상하기에는 턱없이 부족합니다. 더구나 비기독교 세계가 이미 누리고 있으며 앞으로도 지속적으로 누리게 될 폭발적인 인구 증가에 비하면, 그 수는 비교조차 어렵습니다. 그럼에도 불구하고, 선교는 기독교가 여전히 살아 있는 종교임을 보여주는 가장 강력한 증거이며, 기독교가 그 문명과 더불어 안팎으로 벌이는 치열한 싸움 속에서 사용할 수 있는 가장 확실한 무기 가운데 하나입니다.

기독교와 문화의 종합

이러한 상황 속에서, 오늘날 기독교와 문화가 여러 측면에서 서로 적대적으로 대립하고 있다 하더라도, 그 사이에 하나의 종합이 가능하리라는 희망은 결코 근거 없는 것이 아닙니다. 만일 하나님께서 참으로 그리스도 안에서 우리에게 오셨고, 지금 이 시대에도 만물의 보존자이시며 통치자이시라면, 그러한 종합은 가능할 뿐만 아니라 필연적인 것이며, 때가 되면 반드시 드러나게 될 것입니다.

실제로 몇몇 현상들은 이미 그 방향을 가리키고 있는 것으로 보입니다. 주목할 점은, 칸트와 피히테, 셸링과 헤겔이 이끈 최근 철학이 계몽주의의 합리주의 내지는 이성주의와는 달리, 역사적 기독교와 연결되고자 했으며, 적어도 역사적 기독교를 그들 자신의 사상을 따라 이해하고 평가하려고 노력했다는 것입니다. 유물론의 일탈 이후, 철학은 다시 관념론의 길로 돌아섰는데, 관념론이란 곧 물질보다 정신이 우월하다는 사상입니다. 비록 이것이 아직 기독교는 아닐지라도, 기독교로 가는 길을 열어줄 수는 있습니다.

더욱이 저명한 자연과 역사 연구자들의 생애를 살펴보면, 그들의 깊은 내면의 사유는 후대의 사람들이 우리에게 믿게 하려 했던 것보다도 훨씬 더 기독교에 가까웠다는 사실을 알 수 있습니다. 그들의 입에서는 종종 종교와 기독교 신앙에 대한 감사의 말이 흘러나오곤 했습니다. 더욱이 기독교를 이해하고자 하는 사람들의 숫자는 거의 매일 증가하고 있습니다.

물론 교회, 신앙고백, 교리는 이러한 흐름 속에서 종종 공격의 대상이 됩니다. 개인주의가 지배하는 이 시대에는 모든 사상가들, 아니 스스로 사상가라 여기는 이들조차도, 마치 인간 정신의 독창성이 아무런 한계도 없는 것처럼 기독교를 각자 자율적으로 재구성해야 할 의무가 있다고 생각합니다. 마치 자신들의 새로운 주장들이 과거 어느 시대에도 결코 제기된 적 없었고, 반박된 적도 없었던 것처럼 말입니다. 그리고 아무리 어리석은 견해라 할지라도, 동류의 견해를 가진 사람들의 집단에서는 반드시 공감을 얻고, 환영을 받습니다.

하지만 결론적으로 이 모든 현상은, 사람들이 기독교에 대해 무관심하게 지나칠 수 없다는 사실과, "너희는 그리스도에 대해 어떻게 생각하느냐?"라는 질문이 여전히 오늘날에도 답변해야만 하는 유효한 질문이라는 사실을 입증해 줍니다. 그렇지만 언젠가 모든 사람을 만족시킬 수 있는 어떤 궁극적인 종합(synthese)에 도달할 수 있을 것이라는 헛된 기대만큼은 경계해야만 할 것입니다. 교회와 기독교의 일치는 이제 돌이킬 수 없이 지나간 일이 되어 버렸습니다. 종교를 포함한 모든 영역에서 차별화는 더욱 심화되어 가고 있습니다. 로마 가톨릭과 개신교, 루터교회와 개혁교회가 서로 나란히 공존하는 데 익숙해져야 했던 것처럼, 하나님께서는 오늘날 우리에게도 이와 같은 방향에서 더 깊은 교훈을 주시려는 듯합니다. 지난 세기들 동안 하나님께서 주신 가르침은 우리 마음속의 '사랑의 결핍'에 비추어 볼 때 아직 명확하고 진지하지는 않은 것 같습니다.

인간의 가장 깊은 욕구

격렬한 논쟁이 한창일 때는, 다른 입장들의 존재나 그 존재의 정당성을 인정하는 일이 어렵습니다. 그러나 일단 싸움이 끝나고 화약 연기가 걷히고 나면, 적대감은 종종 현재 상황에 대한 체념으로 바뀌기도 하고, 때로는 우호적인 상호 이해나 공동의 행동으로 이어지기도 합니다. 정치에서는 이러한 실례를 자주 찾아볼 수 있으며, 기독교 신앙의 역사도 이에 못지않게 그런 사례들로 가득합니다. 왜냐하면, 기독교 안에서 교육받은 모든 사람을 하나로 묶고 연결하는 것, 어떤 의미에서 인간이라는 이름을 지닌 모든 이들을 하나로 묶고 연결해 주는 것은 바로 인간의 마음속에 있는 영원한 욕구(갈망)이기 때문입니다. 인류는 자신의 길을 따라 발전해 나갈 수는 있지만, 인간은 언제나 똑같은 존재로 남아 있으며, 인간의 본성은 어디에서나 똑같다는 사실이 드러납니다. 인간의 마음은 오직 하나님에 의해서만 만족될 수 있습니다.

인간의 가장 깊은 욕구는, 모든 유한한 존재가 무한하고 영원하신 분 안에서 안식을 얻는 것으로 귀결됩니다. 그분에 대해서는 죄를 미워하시고 불경건함과는 전혀 무관하신, 정의롭고 거룩하신 하나님이시라는 사실 외에는 달리 생각할 수 없습니다. 그러나 인간에게 위로와 평화가 있으려면, 이 의롭고 거룩하신 하나님은 또한 자비롭고 은혜로운 아버지셔야 합니다. 그분은 죄를 화해시키고 용서하시며, 우리를 죄책에서 해방시키시고, 은혜로 우리를 그분의 자녀로 입양하는 분이십니다. 그리고 마지막으로, 그분은 또한 전능하시고 신실하신 분이셔야 합니다. 그분은 약속하신 것을 실제로 성취하실 수 있고, 중생과 성화의 길 안에서 이 세계와 인류를 하나님의 나라로 재창조하실 수 있는 분이셔야 합니다.

이것은 인간 마음속에 있는 뿌리 깊은 욕구(갈망)이며, 마치 역사적 사실들 속에 세워진 기념비처럼 우리 눈앞에 서 있는 기독교의 근본 사상이기도 합니다. 곧 아버지의 사랑과 아들의 은혜와 성령의 교통하심이라는 사도적인 축도는 보편적이며 의심할 여지없는 기독교 신앙의 핵심입니다. "주 예수 그리스도의 은혜와 아버지의 사랑과 성령의 교통하심이 너희 무리와 함께 있을지어다"

Ⅱ. 믿음이란 무엇인가?

1. 믿음의 학문

「믿음의 학문」(*Geloofswetenschap*, 1880)은 헤르만 바빙크가 "자유교회: 개혁 신학과 교회 생활을 위한 정기간행물" 6:11(1880년 11월), 510-21에 기고한 글이다(Herman Bavinck, "Geloofswetenschap." *De Vrije Kerk: Tijdschrift voor Gereformeerde Theologie en Kerkelijk Leven* 6:11 [november 1880]: 510-27). 이 작품에서 바빙크는 믿음과 지식의 관계를 다룬다. 그의 견해에 따르면, 믿음과 지식 이 양자는 서로에게 의존하며 서로를 풍요롭게 하는 관계라는 것이다. 따라서 그는 믿음과 지식을 분리하려는 시도에 단호히 반대한다. 독자들은 이 글을 통해서 믿음과 지식의 상호 관계에 대한 바빙크의 명료한 이해와 깊은 통찰을 만나게 될 것이며, '믿음의 학문'으로서의 기독교 신학이 지닌 학문적 정당성에 대한 아름다운 해명을 접하게 될 것이다.

믿음과 지식

'믿음'과 '지식' 사이의 투쟁은 너무나 오래된 싸움입니다. 학문적 체계 안에서 믿음이 존재하지 않으며 존재할 필요도 없다고 논증하는 것은 결코 도움이 되지 않습니다. 그 싸움은 여전히 치열하게 이어지고 있으며, 그 충격은 모든 인간의 마음속에 여전히 생생한 여파를 남기고 있습니다.

믿음과 지식, 곧 믿는 것과 아는 것은 우리 본성 속에 자리하고 있는 피할 수 없는 욕구입니다. 우리는 결국 이 둘 없이는 삶을 영위할 수 없습니다. 모든 믿음을 떨쳐버리려는 사람도, 우리 안에 있는 지식에 대한 갈망을 죄악시하며 억누르려는 사람도 똑같이 피상적으로 행동하는 것입니다. 우리는 반드시 믿어야만 합니다. 그리고 우리가 믿을 수 있다는 사실 자체가 곧 우리가 인간임을 보여줍니다. 만일 누군가가 자신에게서 모든 믿음을 완전히 내버릴 수 있다면, 그는 더 이상 인간일 수 없을 것입니다. 어린아이조차도 믿음의 세계 속에서 살아갑니다. 사회 전체, 인간들 사이의 교제, 모든 관계 또한 믿음 위에 세워지고 믿음으로 유지되는 것입니다. 개인의 삶과 그 모든 표현 역시 오직 믿음을 통해서만 이해될 수 있습니다. 보이지 않는 세계, 영원한 세계 또한 오직 믿음의 눈을 통해서만 열리는 것입니다.

그러나 우리는 [믿음과] 동시에 알고자 하는 강한 충동 또한 가지고 있습니다. 우리 안에는 지식에 대한 갈증이 생동하고 있으며,

그 갈증은 끊임없이 해갈되기를 갈망합니다. 믿음과 지식은 우리의 본성 속에 깊이 뿌리내려 있고, 부인할 수 없는 권리를 지니고 있습니다. 그러기에 이 양자 사이에는 갈등이 생기기 쉽고, 갈등이 생기는 것은 거의 불가피합니다. 왜냐하면, 각자가 자신의 권리를 주장하며 상대의 영역을 넘보려 하기 때문입니다. 믿음과 지식의 권리를 침해하면서도 무사할 수 있는 사람은 없습니다.

화해와 이원론

그럼에도 믿음과 지식 사이의 화해는 반드시 필요합니다. 그래서 많은 이들은 믿음과 지식 사이의 갈등을 해결하고자, 이 양자를 단순히 구별하는 데 그치지 않고, 아예 완전히 분리하여 각각의 영역을 철저히 구획하고자 했던 것입니다. 그렇게 함으로써 날카롭게 구분된 이원론 속에서 구원과 위로를 얻고자 했습니다.

그러나 [우리가] 이러한 이원론을 따라서 살아가는 것은 결국 불가능합니다. 믿음과 지식을 평화롭게 분리할 수 있다는 생각은 잠시 잠깐은 우리에게 안도감을 줄 수 있을지 모르지만, 결국 그것은 환상에 불과한 것입니다. 현실 속에서 믿음과 지식은 결코 분리될 수 없으며, 언제나 서로 얽히고설켜서 함께 존재합니다. 따라서 [우리가] 이원론의 길을 따른다면, 그것이 비록 일시적인 방편으로 의도된 것일지라도 믿음과 지식의 진정한 화해는 이루어질 수 없습니다.

많은 이들이 믿음과 지식의 화해를 위하여 여전히 이원론의 길을 따르려고 합니다. 심지어 오늘날의 기독교 신학자들조차 믿음과 지식, 곧 이 둘의 본질과 상호 관계를 어떻게 규정해야 하는지에 대해 일치된 견해를 보이지 못하고 있습니다. 신학에 큰 공헌을 하여 감사와 인정을 받아 마땅한 [위트레흐트 대학교의] 오스터쩨이 교수와 두데스 교수 사이에서도 이 문제에 관해서는 심각하고 근본적인 견해의 차이가 존재합니다. 이제 우리는 이에 대해 간략히 살펴보고, 나아가 우리의 입장을 제시하고자 합니다.

두데스, 믿음과 지식의 완전한 분리

두데스 교수에 따르면, 믿음(신앙)과 지식(앎)은 엄격하게 구분되어야 합니다. 지식으로서의 앎, 곧 지식이란 객관적으로 확실한 지식을 의미한다고 합니다.[1] 이러한 앎, 곧 지식은 감각적 혹은 정신적, 외적 혹은 내적 인식을 통한 매개적이고 간접적인 앎일 수도 있고, 의식에 의한 직접적 앎일 수도 있다는 것입니다. 반면에 믿음이란 어떤 것을 진리로 인정하는 것을 의미한다고 합니다. 하지만 두데스에 따르면 믿음에 따른 인정이란 단순한 인정이 아니라 믿음의 대상이 되는 진리가 정당하게 이루어지고 있다는 신뢰 속에서 이루어지는 인정입니다. 신뢰가 없는 믿음은 존재할 수 없다

1　*Inleiding tot de Leer van God*, bl. 1-24. *De Leer van God*, bl. 47-50, 70-76, 245. *Encyclopaedie der Christelijke Theologie*, 16을 보라.

는 것입니다. 믿음은 객관적으로 확실한 지식을 얻을 수 없는 곳에서, 그럼에도 불구하고 어떤 것을 진리로 받아들일 수 있는 근거가 있다고 여겨질 때 발생한다는 것입니다.

따라서 두데스에 따르면 믿음에는 객관적 확실성은 없고, 다만 주관적 확신이 있을 뿐입니다. 지식의 영역에는 주관성의 작용이 개입할 여지가 없지만, 믿음의 영역에는 인간이 주체적이고 주관적으로 참여한다는 것입니다. 믿음과 지식의 차이를 규정하는 데 있어 가장 중요한 것은 객관적으로 확실한 지식이 존재하는가 존재하지 않는가의 질문에 대한 답변이라는 것입니다. 지식의 최종 근거는 감각적이든 정신적이든, 외적·내적 인식에 있다고 합니다. 그러나 믿음의 최종 근거는 언제나 우리의 앎, 곧 실제로 존재하는 것에 대한 지식에 두어야만 한다는 것입니다. 사람이 아는 바는 그가 믿는 바의 근거가 된다는 것입니다. [곧 지식이 믿음의 근거가 된다는 것입니다]. 증거를 통해 작동하는 것은 지식의 영역이고, [지식의] 근거를 통해 작동하는 것은 믿음의 영역이라고 합니다. 따라서 이 둘은 철저히 구분된다는 것입니다. 믿음은 지식으로 변할 수 없고, 지식도 믿음으로 변할 수 없다는 것입니다.

두데스의 견해에 따르면 믿음이 지식으로 격상될 수도 없고, 지식이 믿음으로 격하될 수도 없습니다. 사람이 믿는 것이 지식의 원천이 될 수는 없다는 것입니다. 따라서 믿음과 지식 사이에는 다툼이나 갈등이 일어날 필요가 없다고 합니다. 왜냐하면, 모든 신앙의 근거는 항상 지식의 영역에 기반을 두고 있으며, 따라서 믿음은 지식의 내용에 맞추어져야만 하기 때문이라는 것입니다. 결국, 모든 믿음은 학문(과학)에 의해 지도받아야만 한다는 것입니다. 그러므로 이러한 두데스의 견해에 따르면 하나님에 대한 학문은 있을 수 없습니다. 신학, 곧 하나님에 대한 학문은 우리가 하나님에 대하여 아는 것을 전하는 것이 아니라, 하나님에 대하여 믿어야만 하는 것을 전할 뿐이라는 것입니다.

믿음과 지식은 동일한 주제에 대해서 서로를 전적으로 배제합니다. 이는 하나의 딜레마가 아닐 수 없습니다. 즉, 믿거나 알거나 둘 중의 하나라는 것입니다. 하나님이 존재한다고 믿는 사람은 하나님이 존재한다는 것을 아는 사람이 아니라는 것입니다. 두데스에 따르면 하나님에 대한 믿음은 하나님에 관한 학문을 만들어 낼 수 없습니다. 따라서 그는 '믿음의 학문'이라는 표현은 잘못된 것이라고 합니다. 또한, 성경에서 '알다', '알고 있다', '믿는다'라는 단어들이 사용되는 방식에 호소하는 것도 결정적인 근거가 될 수 없다고 합니다. 왜냐하면, 성경은 이 단어들을 엄밀하게 학문적 의미로 사용하지 않고, 대중적이고 일상적인 의미로 사용하기 때문이라는 것입니다.

오스터쩨이, 믿음에서 비롯되는 지식

자신의 동료인 두데스 교수의 견해와는 전혀 다르게, 판 오스터쩨이 교수는 '앎(지식)'과 '믿음(신앙)'이 분명히 구별되기는 하지

만, 두데스가 말한 것처럼 그렇게 엄격히 분리되어서는 안 된다고
보았습니다.[2] [두데스의 견해와는 달리] 우리가 오스터쩨이의 견해
를 따르게 되면, 하나님과 [신적] 사물에 관한 학문(과학)에 대해 충
분히 긍정적인 의미에서 말할 수 있게 됩니다. 다만 그것은 언제나
'믿음의 학문'이어야 합니다. 그러나 여기에서 믿음의 학문이란 믿
음을 단순히 연구 대상으로 삼는 학문이 아니라, 믿음에서 태어나
고 믿음에서 비롯된 학문을 의미합니다.

　따라서 오스터쩨이가 말하는 신앙은 분명히 기독교 신앙을 가
리키며, 그 중심에는 다름 아닌 살아계신 그리스도 자신이 서 계
십니다. 그러므로 믿음, 곧 신앙은 학문의 근원이며 뿌리, 다시 말
해서 믿음은 학문의 원리이자 출발점입니다. 여기에서 '학문'이라
는 개념은 '정밀과학'이라는 좁은 의미가 아니라, 보다 넓은 의미에
서 사용되고 있습니다. 오스터쩨이에 따르면 학문이란 어떤 방식
으로든 올바르고, 충분한 근거에 의해서 얻어진, 잘 정리된 지식을
가리킵니다. 이러한 의미에서 기독교 신앙 역시 학문을 산출합니
다. 그것은 바른 이해와 분명한 인식, 그리고 자연과학이 주는 확
실성 못지않은, 그러나 전혀 다른 성격의 확실성을 제공합니다. 만
일 '정밀과학'만을 학문이라고 규정한다면, 학문의 영역은 지나치
게 협소해지고 말 것입니다.

　따라서 오스터쩨이에 따르면 믿음과 지식은 서로 대립하지 않

2　*Christelijke Dogmatiek*, I § 3. II § 43, 44. *Voor Kerk en Theologie*, I, 81-
　115.

습니다. 오히려 믿음과 지식은 서로 함께 나아가며, 서로를 향하고 있고, 서로를 넘나드는 것입니다. 기독교 신앙은 지식으로 나아가고, 곧 지식이 됩니다. 왜냐하면, 그것은 우리를 하나님과 그리스도와의 교제 속으로 인도하고, 영적 세계의 내적 관조(직관)로 우리를 고양시키며, 인격적인 인생 체험의 원천이 되기 때문입니다. 모든 초감각적 · 초월적 인식은 믿음(신앙)을 통해서 얻어지는 지식이지만, 여전히 지식입니다. 결국, 믿음은 '믿음의 학문'의 근거이며, 요구이며, 한계이기도 합니다.

신학의 지위와 기독교적 관점

여기서 간략히 언급된 두 교수의 차이점은 매우 심오합니다. 이는 곧 두 사람 사이의 신학 방법론의 차이이며, 따라서 양자 중 어떤 입장을 취하느냐에 따라 기독교 신학의 본질과 성격에 대한 전체적인 관점이 달라질 수밖에 없습니다. 기독교 신학은 본질적으로 초감각적인 영역을 다루기 때문에, 그것을 믿을 것인지 믿지 않을 것인지가, 그리고 초감각적인 것에 대한 지식에 어떻게 도달할 수 있는가가 신학 이해에 있어서 대단히 중요한 사안이 아닐 수 없습니다. 만일 믿음과 지식을 철저히 이원론적으로 분리한다면, 신학은 더 이상 '학문'이라는 명칭과 그 독자적 성격을 유지할 수 없게 되고 말 것입니다. 그렇게 되면 신학은 종교학이라는 이름으로 자신의 자리를 확립하거나, 혹은 다른 학문의 영역에 종속될 수

밖에 없습니다. 반대로, 학문으로서의 신학의 독립성과 독자성을 유지하고자 하는 사람들은 믿음과 지식의 절대적 분리를 받아들일 수 없습니다.

따라서 이러한 분리는 기독교적이지도 성경적이지도 않습니다. 기독교는 인간을 하나님과 화해시킬 뿐만 아니라 인간 자신과도 화해시키며, 근본적으로 인간의 이성과 마음 사이에 존재하는 불화를 화해시킵니다. 참된 신앙의 종교인 기독교는 학문이 그 참된 의미에서 가능하도록 처음으로 길을 열어주었습니다. 한 유명한 자연 과학자는 이렇게 말했습니다. "기독교는 모든 종교 가운데서 문화적 영향력을 통해 학문의 발전을 장려해 온 유일한 종교이며, 특히 근대에 이르러 진정으로 중요한 의미의 자연과학적 발전을 그 자체로부터 불러일으킨 유일한 종교이다."[3]

성경 또한 두데스 교수가 주장한 것처럼 믿음과 지식 사이에 분리나 대립이 있다고 가르치지 않습니다. 성경에서 '알다', '인식하다', '믿다'라는 단어들이 엄밀한 학문적 의미가 아니라 일상적인 의미로 사용된다는 사실을 인정한다고 할지라도, 그 언어 사용을 통해 분명히 드러나는 것은 이 단어들이 실제적인 차원에서 서로를 배제하지 않는다는 점입니다. 오히려 이 단어들은 서로 구별되면서도 자주 함께 사용되며, 서로 결합 되고, 또 서로를 넘나들며 이어지기도 합니다(요 6:69; 요일 5:11).

---

3 *Der Beweis des Glaubens*, 1879 S. 451.

믿음과 지식의 바른 관계

사실, 믿음과 지식은 서로 간에 완전히 분리된 것이 아닙니다. 이 둘은 서로를 전제하고 요구하며, 어느 쪽도 다른 쪽 없이는 존재할 수 없습니다.

믿음이 없는 앎, 곧 지식은 존재하지 않습니다. 모든 지식은 믿음을 기초로 하며, 믿음 위에 서 있습니다. 두데스 교수가 주장하듯이 믿음의 최종적 근거가 지식의 영역에 놓여 있고 또 그렇게 놓여야 한다면,[4] 그 역으로 지식의 최종적 근거가 믿음의 영역에 놓여 있다는 것도 동일하게 참된 진술입니다. 따라서 두데스가 "연구에 믿음(신앙)이 전제된다면 학문은 성립할 수 없다"라고 말한 것은 옳은 주장이 아니며, 우리의 경험과도 모순되는 것입니다.[5]

신대륙이 존재한다는 믿음은 콜럼버스로 하여금 신대륙에 대한 지식을 얻게 한 직접적인 원인이 되었습니다. 만일 그에게 신대륙이 존재한다는 믿음이 없었더라면 그는 결코 신대륙에 대한 지식에 도달할 수 없었을 것입니다. 지식, 곧 앎은 연구의 결과입니다. 그러나 연구를 시작하려면 먼저 연구의 대상이 실제로 존재한다는 것, 우리의 감각이 우리를 속이지 않는다는 것, 연구를 통해 우리는 지식에 도달할 수 있다는 것을 믿어야만 합니다. 이러한 믿음이 없다면 연구도, 학문도 불가능합니다. "눈에 보이는 것뿐 아

---

4 Jacobus Issac Doedes, *Inleiding tot de Leer van God*, 12, 15, 16.

5 Jacobus Issac Doedes, *Inleiding tot de Leer van God*, 22.

니라 보이지 않는 것들에서도 믿음은 지식과 인식이라는 식물이 생명의 수액을 빨아들이는 토양이다"^{참조. 히 11:1}.

순수하게 경험적 관찰만으로 연구가 진행되는 경우는 결코 없습니다. 언제나 일정한 자료를 토대로 가설을 세우고, 그 가설이 연구를 인도하여 이끌고, 또 연구를 지속하도록 마음속에 내적인 충동을 불러일으킵니다. 역사적으로 가장 위대한 학문적 발견은 몇 가지 단서들을 근거로 전체를 추론하고, 천재적 통찰을 통해 가설을 제시한 이들에게서 기원하였습니다. 그러한 가설은 이후의 연구를 이끌었고, 결국 그 연구를 통해 그 가설은 참되고 올바른 것으로 입증되었습니다.

이처럼 학문은 본질에 있어서 믿음(신앙)을 전제로 하는 가설들을 통해 앞을 향하여 전진하며 나아갑니다. "나는 믿기에 알기를 구하며, 알게 된 후에는 내가 안다는 것을 믿는다." 지식이 시작이자 마침이 되고, 지식 안에 머물며 지식으로만 완결되는 절대적인 앎은 인간에게 존재하지 않습니다. 따라서 모든 앎(지식)의 기초는 믿음입니다. 두데스 교수 자신도 이 사실을 인정합니다. 그는 "스스로 관찰하는 자는 자신의 감각이 신뢰할 만하다는 것을 어느 정도 전제해야 하며, 따라서 자신이 받는 인상의 타당성을 믿어야만 한다"고 말합니다.[6]

우리 지식의 최종적 토대는 결코 증거가 아닙니다. 본질에 있

---

6 Jacobus Issac Doedes, *Inleiding tot de Leer van God*, 4-5.

어서 그럴 수조차 없습니다. 오히려 그것은 증명되지 않았지만, 일반적으로 받아들여지는 전제들, 곧 '신앙 명제들'입니다. 이러한 원리들을 증거 없이 받아들이기를 거부하는 이들에게는 어떠한 학문도 가능하지 않으며, 어떠한 증명도 힘을 발휘할 수 없습니다. 전제는 모든 학문의 기초입니다. 우리가 '공리'라고 부르는 것들은 증명할 수는 없지만, 일단 받아들여지고 믿어질 때 학문의 기초가 되며, 학문을 가능하게 하고, 그러한 공리 위에 세워진 학문 속에서 공리 자신의 정당성이 드러나게 되는 것입니다.

믿지 않고는 알 수 없듯이, 알지 않고서는 믿을 수 없습니다. 지식이 없는 믿음은 믿음이 아니라 단순한 추측에 불과합니다. 참된 믿음은 무(無)에서 비롯되는 것이 아니라, 우리 의지를 형성하고 어떤 것을 진리로 받아들이도록 이끄는, 알려지고 인정된 동기들에 근거하여 생겨나는 것입니다. 따라서 모든 믿음에는 지적인 요소와 윤리적인 요소가 함께 내포되어 있으며, 곧 지식과 신뢰가 결합 되어 있습니다. 그러므로 믿는다는 것은 '능력'과 '의지'의 통합입니다.

믿음과 지식의 차이

그러나 여기서 믿음과 지식이 동일하며, 두 영역 사이에 아무런 차이가 없다고 결론지어서는 안 됩니다. 두데스 교수는 "믿음은 지식이 아니고, 지식은 믿음이 아니다"라고 주장하는데, 이는 전적으로 타당합니다. 그러나 단지 믿음과 지식의 차이가 어디에서 발생하는지를 명확하게 규정하는 것이 문제입니다. 두데스는 이에 대해 이렇게 답변합니다. 신앙과 지식을 구분하는 핵심은 무엇보다도 "객관적으로 확실한 지식이 존재하는가"라는 질문에 대한 대답에 달려 있다는 것입니다.[7] 객관적으로 확실한 지식이란, 어떠한 입장을 취하든 상관없이 모든 사람에게 타당한 지식을 말합니다. 두데스 교수에 따르면 바로 여기에 구분의 기준이 놓여 있습니다. 그런데 그는 직접적인 지식, 곧 의식 또한 지식이라고 말합니다. 예를 들어, 내가 고통을 느낀다면, 나는 그것을 객관적으로 확실한 지식이라고 여깁니다. 그러나 그 지식이 모든 사람에게 객관적으로 확실한 것은 아닙니다. 내가 아프다고 주장할 때, 다른 사람은 그것을 '믿어야' 할 뿐, 내가 그에게 그것을 증명할 수는 없습니다. 따라서 그 지식은 분명 객관적으로 확실하다고 할 수 있지만, 오직 주체에게만 해당하는 확실성일 뿐입니다. 그러므로 두데스 교수가 제시한 기준에 의한다면, 직접적인 지식은 오히려 '지식'의 영역보다는 '신앙'의 영역에 속한다고 보아야만 할 것입니다.

　게다가 두데스 교수는 지식이 정신적(내적) 인식뿐만 아니라 감각적(외적) 인식의 산물이 될 수도 있다고 주장합니다.[8] 그러나 앞서 제시된 기준에 비추어 볼 때, 이러한 주장은 받아들일 수 없

7　Jacobus Issac Doedes, *Inleiding tot de Leer van God*, 9.

8　Jacobus Issac Doedes, *Inleiding tot de Leer van God*, 4, 12, 16, 17.

습니다. 두데스가 사용하는 엄밀한 의미에서의 학문, 곧 '정밀과학' 이란 모든 사람에게 객관적으로 확실한 지식을 뜻하며, 이는 오직 오감의 영역 안에서만 가능합니다. 학문의 엄밀한(정확한) 결과란 반드시 오감 가운데 하나를 통해 인식된 것일 뿐입니다. "오감 가운데 하나의 감각으로 인식될 수 있느냐의 유무는 엄밀성과 비엄밀성 사이에 존재할 수 있는 유일한 경계선이다. 만일 그 경계선을 넘어선다면, 거대한 가설의 물결이 엄밀한 학문의 영역으로 밀려들어 오는 것을 막을 수 없게 될 것이다."[9]

만약 우리가 '학문'이라는 이름을 모든 사람에게 보편적으로 인정되고 객관적으로 확실한 것에만 한정한다면, 학문의 영역은 지나치게 좁아져서 우리의 관심을 거의 끌지 못할 뿐 아니라, 일상적인 언어 사용과도 완전히 동떨어지게 되고 말 것입니다. 왜냐하면, 일부 유물론자들의 주장에도 불구하고, 두데스 교수는 윤리학·심리학·법학 등을 여전히 학문으로 부르고 있기 때문입니다. 물론 이는 '학문'이라는 용어에 대한 그의 이해와 상충하는 것입니다.

따라서 믿음과 지식의 차이는 지식의 객관적 확실성이나 결과의 정확성에 있는 것이 아닙니다. 오히려 그 차이는 다른 데 있습니다. 주관적으로 볼 때, 믿음은 이성과 마음이 함께 작용하는 활동입니다. 반면에 지식은 오직 이성의 활동일 뿐입니다. 그리고 객관적으로 볼 때, 믿음의 대상은 보이지 않는 것, 도덕적이고 영적

---

9 Theodor Zollmann, *Bibel und Natur in der Harmonie ihrer Offenbarungen*, dritte auflage, 5.

인 성격을 지니는 것이라면, 지식의 대상은 보이는 것, 감각적이고 물리적인 것입니다.

감각적 세계

우리가 감각적 세계를 인식할 때 우리는 그것을 '안다'라고 말합니다. 그러나 이 경우에도 절대적 의미에서의 '앎'을 말할 수는 없습니다. 왜냐하면, 우리의 감각이 과연 신뢰할 만한지, 우리의 인상이 정확한지, 우리가 모든 탐구의 출발점으로 삼는 근본 명제들, 곧 공리들이 타당한지뿐만 아니라, 감각적 세계 자체의 실재성까지도 결국은 가정되고, 전제되며, 믿어져야 하기 때문입니다. 사실 모든 것은 의심될 수 있으며, 심지어 우리 자신의 존재조차도 의심될 수 있습니다. 감각적 세계가 실제로 존재한다는 사실을 회의론자들에게 증명하여 납득시키는 것은 불가능합니다. 우리가 존재하며, 우리 주변 세계가 존재한다는 현실은 결국 하나의 가정일 뿐입니다. 이러한 가정은 우리가 그 위에서 논지를 세워 나갈 수 있는 토대이지만, 만약 그것을 거부한다면 우리는 의심과 불확실성의 심연으로 떨어지고 말 것입니다. 피조물인 우리는 창조된 세계의 토대 위에 서 있기에, 오직 경험을 통해서만 알 수 있으며, 또한 그 경험을 바탕으로만 성찰할 수 있을 뿐입니다.

의도적인 의심에서 시작하여 모든 근본 명제와 자신이 가진 모든 진리를 내던져 버리고, 현실을 벗어나서 생각하고 추론하는 것은 학문에 이르는 올바른 길이 될 수 없습니다. 우리의 사유는 결코 의심에서 시작될 수 없으며, 의심에서 출발한다면 아무런 결과도 얻지 못할 것이기 때문입니다. 사유의 시작은 언제나, 그리고 반드시 증명되지 않은 하나의 전제에서 출발해야 하며, 그 전제는 이후의 더 깊은 연구를 통해 비로소 입증되는 것입니다.

영적 세계

그러나 감각적 세계 위에는 또 다른 세계, 즉 오감, 즉 시각, 청각, 미각, 후각, 촉각으로는 지각할 수 없는 영적인 세계가 존재합니다. 이러한 영적인 세계가 우리에게 인식되고 알려지기 위해서는 우리 안에 특정한 도덕적 성향이 필요합니다. 우리는 모두 사랑과 증오, 우정과 분노, 죄와 죄책감 등의 힘을 알고 있습니다. 이러한 힘들은 오감의 모든 지각을 넘어서는 것이지만, 실제로 존재하며 우리를 지배하고, 양심과 자연, 그리고 역사 속에서 자신을 드러냅니다. 이 세계의 실제적 존재를 선험적으로 증명하는 것은 불가능합니다. 감각적 세계와 마찬가지로, 이 도덕적 세계의 실재성(實在性) 또한 받아들이고 믿어야만 하는 것입니다.

이러한 세계의 인상으로부터 자신을 차단하는 사람은 이러한 세계를 알지 못합니다. "앎이란 곧 소유함이다"라는 말처럼, 사랑이나 우정이 무엇인지는 오직 직접 경험을 통해서만 알 수 있습니다. 곧 실천이 이론에 앞서는 것입니다. 오직 경험한 사람만이 그 실재를 받아들입니다. 내가 한 폭의 그림을 단순히 아름답다고 여길 뿐 아니라 실제로 그것이 아름답다고 주장한다 하더라도, 만약 누군가가 전혀 미적 감각을 소유하고 있지 못하다면 그에게 이 그림의 아름다움을 증명하기란 불가능합니다. 그렇다고 해서 미학, 곧 아름다움에 대한 학문이 없어지는 것입니까? 보편적으로 타당한 증거가 없다는 이유로 아름다움의 실제적이고 객관적인 존재를 부정하며, 따라서 미학도 없다고 주장하는 것은, 내 생각에는, 세계의 존재에 대한 절대적으로 확실한 증거가 없으므로 자연과학도 없다고 주장하는 것과 같습니다.

믿음의 학문

그러므로 모든 학문은 궁극적으로, 그리고 어떤 의미에서 '믿음의 학문'이라고 할 수 있습니다. 다시 말해, 어떠한 학문도 일정한 믿음 없이는 성립될 수 없다는 것입니다. 그러나 본래의 의미에서 '믿음의 학문'이라는 명칭은 감각적 지각을 넘어 도덕적이고 영적인 성격을 지닌 대상을 다루는 학문, 곧 기독교 신학에 가장 합당합니다. 기독교 신학은 모든 사람에게 똑같이 적용되는 객관적으로 확실한 지식을 제공하지는 않습니다.

두데스 교수가 보기에 학문의 가장 놀라운 특징은, 학문이 전적으로 스스로 주제를 규정하고, 관점이나 방향과 상관없이 모든 이에게 동등하고 똑같이 적용된다는 사실이었습니다.[10] 그러나 이러한 사실은 우리에게 오히려 학문의 가장 놀라운 특징이기는커녕, 가장 별 볼 일 없는 특징으로 여겨집니다. 그 이유는 해당 학문이 여전히 물리적 세계와 직접 연결된 사물에 머물러 있으며, 따라서 물리적 강제성과 필연성을 지니고 있음을 보여줄 뿐이기 때문입니다. 이 점에서 쇼펜하우어의 물음은 전혀 빗나간 것이 아닙니다. 그는 이렇게 말합니다. "당신들은 수학의 신뢰성과 확실성을 끊임없이 찬미합니다. 그러나 그것이 나와 아무런 관련이 없다면, 그것을 아무리 확실하고 신뢰할 수 있다고 한들 내게 무슨 유익이 있겠습니까?"[11] 학문은 그 대상이 고귀할수록 가치가 떨어지는 것이 아니라, 오히려 그 가치가 더 높아집니다. 또한, 그 결과의 확실성이 줄어드는 것이 아니라, 단지 그것을 받아들이는 이들의 범위가 좁아질 뿐입니다. 자연과학의 확정된 결과는 누구나 수용합니다. 우리의 도덕적 성향이 거기에 영향을 미치지 못하고, 그것을 부정할 이유도 없기 때문입니다. 그러나 도덕적 세계는 그 세계를 인식하고 알기 위해 우리 안에 그 세계에 상응하는 도덕적 기관을 요구합니다. 순결한 신부가 불결한 자 앞에서 결코 얼굴을 드러내지 않듯이, 마음이 청결한 자만이 하나님을 볼 수 있습니다.

이는 단순히 종교적 감정의 표현이 아니라, 엄밀히 말해서 학

---

10 Jacobus Issac Doedes, *Inleiding tot de Leer van God*, 10-11.

11 쇼펜하우어의 이 말은 판 오스터쩨이에게서 인용함, J. J. van Oosterzee, *Voor Kerk en Theologie*, I, 101.

문적인 진술이기도 합니다. 그리고 감각 세계를 지각하는 우리의 감각 기관이 곧 그 세계의 실재를 믿게 만드는 것과 마찬가지로, 그 세계의 실재를 의심하는 것은 곧 우리의 감각 자체를 의심하는 것과 같은 것입니다. 따라서 그 기관(믿음)은 우리가 도덕적 세계를 인식하는 수단일 뿐만 아니라, 그 자체에 도덕적 세계의 실재에 대한 믿음을 수반하는 것입니다. 그러므로 그 도덕적 세계의 실재를 의심하는 것은 곧 믿음 자체를 의심하는 것이며, 이는 불가능한 일입니다. 히브리서의 저자는 이러한 사실을 깨닫고 다음과 같이 표현했습니다. "믿음은 바라는 것들의 실상이요, 보이지 않는 것들의 증거"입니다(히 11:1). 믿음이 곧 '증거'라는 이러한 진술은, 믿음과 지식을 완전히 분리하려는 입장과는 전혀 다른 것입니다.

여기서 '믿음'은 두 가지 의미로 사용됩니다. 첫째, 도덕적 세계를 인식하기 위해 반드시 필요한 도덕적 상태를 가리킵니다. 둘째, 바로 그러한 도덕적 상태의 토대 위에서 도덕적 세계가 실제로 존재한다는 사실을 신뢰하는 것을 뜻합니다. 이러한 믿음의 두 가지 의미는 서로 분리되지 않고 일치합니다. 따라서 믿음은 단순한 추측이 아니라 곧 증거입니다. 믿음을 이러한 도덕적 상태로 이해하는 첫 번째 의미에서 우리는 본래 의미의 '믿음의 학문'에 대해서 말할 수 있습니다. 신앙하는 사람에게는 영적 세계가 저절로 열리며, 이는 마치 감각을 사용하는 사람에게 물리적 세계가 열리는 것과 같습니다.

그러므로 '믿음의 학문'이란 판 오스터쩨이의 설명에 따르면,

믿음을 그 근원과 뿌리, 원리와 출발점으로 삼는 학문을 뜻합니다. 그리고 어떤 특정한 학문이 취급하는 대상이 눈에 보이는 것과 감각적인 것을 넘어설수록, 그 학문은 더욱더 '믿음의 학문'이 되는 것입니다. 왜냐하면, 믿음의 본질은 바로 유한한 영역을 넘어 무한하고, 초감각적이며, 기이하고, 신적인 영역으로 나아가는 데 있기 때문입니다. 믿음을 통하지 않고서는 이러한 더 높은 영역에 도달할 수 없습니다. 이러한 믿음은 오감, 즉 다른 다섯 가지 감각 위에 덧붙여진 제6의 감각이 아닙니다. 오히려 믿음은 우리의 인격이 지닌 정상적인 도덕적 상태, 즉 단지 마음뿐만 아니라 이성과 우리의 모든 능력과 힘이 조화롭게 통합된 상태를 의미합니다. 다시 말해, 믿음은 인격 전체의 조화로운 일치 속에서 성립하는 것입니다.

따라서 절대적 지식, 곧 지식이 시작이자 과정이며 끝이 되는 그러한 절대적 학문은 우리에게 불가능합니다. 모든 학문, 심지어 '정밀과학'에 있어서조차도 어떤 의미에서는 신앙, 곧 믿음이 개입될 수밖에 없습니다. 더욱이 오감을 통한 관찰을 넘어서는 것을 대상으로 하는 학문에서는, 크든 작든 믿음이 반드시 요구되는 것입니다.

기독교 신학

기독교 신학은 그야말로 탁월한 의미에 있어서 '믿음의 학문'입니다. 여기서 '학문' 앞에 붙은 '믿음의'라는 규정은 신학의 학문적 성격과 특징을 결정하지만, 결코 신학의 학문적 가치를 무효화시키지 않습니다. 왜냐하면, 모든 학문은 언제나 어떤 형태로든 믿어야 하며 증명되지 않은 것을 전제하기에, 만약 믿음을 이유로 하여, 학문과 비학문을 구별한다면 어떠한 학문도 아예 존재할 수 없을 것이기 때문입니다. 아니면, 만일 '학문'이라는 이름을 오직 '정밀과학'에만 한정시킨다면, 감각으로 관찰할 수 없는 것을 연구 대상으로 삼는 모든 학문은 학문이라는 이름을 박탈당해야만 할 것입니다. 아니면, 우리가 심리학, 윤리학 등을 여전히 학문으로 부른다면, 기독교 신학 또한 (단지 그것이 '믿음의 학문'이라는 이유만으로) 학문이라는 명칭을 부정당해서는 안 될 것입니다.

오늘날 기독교 신학자들 가운데서 두데스 교수조차 윤리학, 심리학, 신학에 '학문'이라는 명칭을 붙이는 것을 부정하지 않습니다. 오히려 그는 자신의 『신학 백과사전』 15페이지에서 이렇게 말합니다. "기독교 신학 전체가 독립적인 학문으로 인정받을 권리가 있다는 점은, 기독교 세계 안에서 결코 심각한 반론의 대상이 되어서는 안 된다." 우리 또한 두데스의 바람에 공감합니다. 그러나 우리가 보기에는, 그가 신앙과 지식을 분리함으로써 오히려 학문으로서의 신학의 권리를 심각한 반론에서 완전히 벗어나게 하지 못한 것으로 보입니다.

실제로 두데스 교수는 『신학 백과사전』 16페이지에서 그 자신의 논지를 계속해서 이어 나갑니다. "신학 안에 지식의 영역에 속하지 않는 부분이 있다고 해서, 앞서 말한 주장(즉, 기독교 신학이 독립된 학문이라는 점)이 부정되는 것은 아니다. 그 이유는 다음과 같다. 하나님에 관해서 학문적 지식이 가능하다고 말할 수 없다는 사실은 분명하다. 그러나 하나님에 관한 교리란, 우리가 하나님에 대해 믿어야 할 내용을 학문적으로 체계화한 것이다. 그리고 이렇게 학문적으로 정당화된 믿음 자체가 곧 학문적 탐구의 대상이 된다. 따라서 신론(神論)을 다룰 때 우리는 분명히 학문의 영역 안에서 활동하고 있다. 이는 우리가 '하나님에 대한 믿음'을 단순히 탐구의 대상으로 삼기 때문만이 아니라, 하나님에 대한 믿음의 모든 근거가 바로 지식의 영역 안에서 발견되기 때문이다."[12]

이로써 이제 모든 반론이 해소된 것입니까? 두데스 교수에 따르면 신론은 신앙의 영역에 속하며 학문일 수 없습니다. 그런데 어떻게 신론이 기독교 신학의 일부가 될 수 있습니까? 그의 정의에 따르면, 기독교 신학은 기독교와 관련된 여러 학문들의 통합체가 아닙니까? 신학이 학문이 아니라면, 신학은 학문의 범주에 포함될 수 없습니다. 비록 두데스 교수가 신에 대한 믿음이 이제 학문적 고찰의 대상이 되고 있다고 말하더라도, 신에 대한 믿음은 여전히 학문이 될 수 없습니다. 가령 누군가가 유령에 대한 믿음을 학문적 연구의 대상으로 삼는다고 해서, 그 유령에 대한 믿음이 학문이 되는 것이 아닌 것과 같은 이치입니다.

12　두데스 교수는 오직 하나님에 관한 교리만이 믿음의 영역에 속한다고 말한다. 그러나 믿음과 지식을 분리하는 것이 그의 입장이라면, 하나님에 관한 교리가 아니라 기독교 신학이 믿음의 영역에 속해야만 하는 것이 아닐까?

신학이 학문의 범주 안에 포함되어 자신의 고유한 자리를 차지하기 위해서는, 좁은 의미에서든 넓은 의미에서든 단순히 학문적으로 다루어진다는 사실만으로는 충분하지 않습니다. 신학은 반드시 독립된 학문이어야만 합니다. 신학의 연구 대상은 완전히 알려져 있을 필요는 없지만, 모든 학문이 그러하듯이 부분적인 앎 속에서도 더 깊은 연구를 통해 점차 더욱더 넓고 깊게 알려질 수 있어야만 합니다. 그러나 두데스 교수가 주장하듯이 지식과 믿음을 엄격하게 분리하게 되면, 신학은 좁은 의미에서뿐만 아니라 넓은 의미에서도 그 학문적 성격을 상실하게 되고 말 것입니다. 그 결과 신학은 더 이상 독립된 학문으로 존립할 수 없으며, 결국 종교학부에 흡수되거나 다른 학부들 가운데 하나에 소속될 수밖에 없는 상황에 놓이고 말 것입니다.

따라서 지식과 믿음을 엄격히 분리하는 것은 결코 바람직하다고 할 수 없습니다. 기독교 신학자는 이러한 지식과 믿음의 분리를 받아들일 수 없습니다. 두데스 교수 역시 지식과 믿음을 분리하는 자신의 견해를 끝까지 고수하지 않았고, 그로 말미암아 발생하는 모든 결과를 실제로 적용하지도 않았습니다. 그는 자신의 저서 『신론 입문』(*Inleiding tot de Leer van God*)에서 반복적으로 신앙의 궁극적 근거가 지식의 영역에 놓여 있다고 말하며, 또 『신학 백과사전』에서 신론을 신학적 학문 체계에 포함시키는 것을 정당화할 때에도 하나님에 대한 믿음의 모든 근거가 지식의 영역에 놓여 있다고 주장합니다. 그렇다면 두데스에게 있어서도 신앙과 지식의 분리는 사실상 포기된 셈입니다.

하나님 존재 가설의 정당화

이 점은 그의 저서 『신론』(*De leer van God*) 제2부(77페이지 이하)에서 가장 뚜렷하게 드러납니다. 제2부의 제목은 「학문에 의해 정당화된 하나님에 대한 믿음」(Het geloof aan God door de wetenschap gerechtvaardigd)입니다. 그런데 이 제목이 뜻하는 바는 무엇일까요? 그것은 우리가 하나님을 믿는다는 사실 자체를 정당화해야 한다는 뜻이 아닙니다. 하나님을 믿는다는 것은 이미 주어진 사실이기 때문입니다. 오히려 정당화되어야 할 것은 우리가 하나님을 믿는 것이 타당하다는 점, 즉 우리의 믿음이 단순히 '무의미한 의견'이나 '근거 없는 가정'이 아니라는 사실입니다. 다시 말해, 정당화되어야 하는 것은 곧 하나님이 실제로 존재한다는 사실입니다. 따라서 피어슨 교수가 『장례식에서』(*Ter Uitvaart*, 1869)라는 자신의 저서에서, 두데스가 자신의 저서 『신론』 제2부의 제목을 「하나님 존재 가설의 정당화」(De hypothese van Gods bestaan gerechtvaardigd)라고 했어야만 했다고 지적한 것은 진직으로 옳은 견해입니다. 물론 그 정당화는 학문을 통해서 이루어져야 합니다. 왜냐하면, 일단 '가설'이라는 범주에 들어서면, 우리는 이미 학문의 영역에 들어와 있는 것을 의미하기 때문입니다.

가설 속에서 믿음과 학문은 서로 손을 맞잡고, 함께 길을 걸어갑니다. 믿음은 가설을 거쳐 점차 지식으로 나아갑니다. 두데스 교수는 이렇게 말합니다. "우리는 하나님이 존재한다는 것을 알지 못한다. 그것을 증명할 수 있는 증거도 없다. 우리는 단지 그것을 믿을 뿐이다." 이러한 그의 주장은 타당합니다. 그러나 그렇다고 해서 좁은 의미에서 신학이 학문이 될 수 없다고 결론짓는 것은 옳지 않습니다. 우리가 학문이라고 부르는 것은 결코 객관적으로 완전히 확증된 지식, 모든 사람에게 동일하게 인정되는 사실, 혹은 순수한 '정밀과학'만을 뜻하지 않기 때문입니다. 윤리학을 예로 들어봅시다. 오늘날 도덕 철학자들 사이에는 여전히 큰 견해 차이가 있고, 서로 다른 도덕 체계들이 정면으로 충돌하기도 합니다. 그럼에도 불구하고 윤리학은 여전히 학문으로 인정됩니다.[13] 마찬가지로, 신학이 영적 세계에 대해 아직 확정적인 결론을 내리지 못했다 하더라도, 자연과학이나 역사 연구가 신학이 제시한 모든 가설을 완전히 불가능한 것으로 입증하지 않는 한, 신학은 여전히 학문이라 불릴 수 있습니다.

만물의 기초가 되는 가설

신학은 아직 설명되지 않은 현상을 해명하기 위해 가설을 세운

---

13 따라서 하나님에 관하여 이처럼 큰 견해 차이가 존재하는 이유에 대한 설명을, 두데스 교수가 『신론 입문』(*Inleiding tot de leer van God*), 22-24에서 주장하는 것처럼 "우리는 단지 하나님을 믿을 뿐, 그분에 관해 아무것도 알지 못한다"는 데서 찾을 필요는 없다.

다는 점에서 학문입니다. 영적 영역에 이러한 현상들이 존재하는 한, 다시 말해 예수 그리스도의 교회가 여전히 이 땅에 있고, 믿음을 통해 그 영적 세계를 바라보며 그 세계를 인정하는 한, 기독교 신학은 학문으로서 독립적인 위치를 차지할 수 있습니다. 하나님 -그분은 모든 가설 위에 서 있는 궁극의 가설이십니다. 하나님을 직접 보지 않고도 하나님을 전제하는 것, 그것이 바로 믿음의 본질입니다. 이러한 하나님에 대한 전제는 학문 안에서는 하나의 가설이 되며, 이 가설은 더 깊은 탐구를 통해 끊임없이 정당화되어야 합니다.

그러나 믿음은 결코 증거를 기다리지 않으며, 증거에 의존하지도 않습니다. 믿음이란 세상의 마지막을 내다보며, 언젠가 반드시 드러날 진리를 미리 "예감"하는 것입니다. 신앙은 수많은 반대와 의심에도 불구하고, 하나님을 변함없이 그 자리에 세웁니다. 갈릴레오가 로마교회의 압력에도 굴하지 않고 "그럼에도 불구하고 [지구는] 움직인다"라고 고백하며 진리를 붙잡았듯, 믿음 역시 수많은 반대와 의심 속에서도 하나님을 굳게 붙들고 진리가 마침내 드러날 것을 확신합니다. 학문(과학)은 이를 종종 터무니없다고 말합니다. 그러나 믿음은 항상 이렇게 말합니다. "그럼에도 불구하고 하나님은 존재하시니, 더 깊이 탐구하라. 결국, 너희는 그분을 발견하고, 그분을 뵙게 될 것이다. 하나님이야말로 만물의 기초가 되는 가설이시며, 그분 없이는 결국 아무것도 설명될 수 없다는 사실을 너희는 알게 될 것이다."

깜픈(Kampen), 1880년 10월
헤르만 바빙크 박사.

2. 믿음과 직관

「믿음과 직관」(*Geloof en aanschouwing*, 1902)은 헤르만 바빙크가 자신이 속한 분리파 개혁 교회인 '기독교 개혁교회'(Christelijke Gereformeerde Kerk)의 주간지인 「드 바자윈」(*De Bazuin*)에 기고한 글이다(Herman Bavinck, "Geloof en aanschouwing." *De Bazuin* 50:42-48 [1902]). 이 작품은 지금까지 대중에게 널리 알려지지 않은 문헌이지만, 이를 통해 바빙크가 이해한 믿음과 직관의 관계, 특히 하나님을 직접 뵙는 '지복직관'에 관한 그의 견해를 엿볼 수 있다는 점에서 매우 귀중한 자료라 할 수 있다. 바빙크는 이 작품의 (3) 파트에서 지복직관을 본격적으로 논의하고 있다. 독자들은 이 글을 통해, 한스 부어스마(Hans Boersma)가 자신의 영향력 있는 저서(*Seeing God: the Beatific Vision in Christian Tradition*, Grand Rapids: Eerdmans, 2018; 한스 부어스마 지음, 김광남 옮김, 『지복직관: 기독교 전통에 나타난 하나님에 대한 관조』, 서울: 새물결플러스, 2023, 78-79)에서 바빙크가 지복직관이라는 전통적 교리에 대해서 냉담하고 부정적이었으며 때로는 명시적으로 거부했다고 평가한 견해가 바빙크에 대한 공정한 비평이 아님을 확인하게 될 것이다.

(1)

진리를 향한 갈망

인간이 창조될 때 지니게 된 하나님의 형상 속에는 단지 의와 거룩함만이 아니라 참된 지식도 함께 담겨 있었습니다. 인간은 하나님께 마음과 의지만을 부여받은 것이 아니라, 외부 세계와 자기 내면을 보고, 듣고, 알며, 깊이 사고할 수 있는 지각과 이성도 함께 부여받았습니다. 따라서 창조 때 인간은 덕과 아름다움, 거룩함과 영광뿐 아니라, 무엇보다도 지식과 진리를 선물로 받았습니다. 이러한 지식과 진리 없이 인간은 자신의 목적에 부합된 삶을 살 수 없으며, 모든 선한 일을 행할 수 있는 하나님의 사람이 될 수 없습니다.

죄로 인해 인간이 창조 시에 소유했던 참된 지식은 사라졌으며, 그 진리는 소멸하게 되었습니다. 죄는 전인(全人)에 걸쳐서, 즉 영혼과 육체, 이성과 마음, 의식과 의지 모두에 그 영향력을 행사합니다. 성경이 가르치듯, 자연인은 이성이 어두워지고 생각이 헛되며, 하나님의 영에 속한 것들을 깨닫지 못하고, 심지어 진리를 거짓으로 바꾸어 버리기까지 합니다. 그는 본성적으로 거짓된 존재이며, 끊임없이 허망한 환상 속에서 살아가고, 부유하고 풍성하다고 스스로 자처하지만, 사실은 가난하고 눈멀고 벌거벗은 자입니다. 스스로 지혜롭다고 여기지만, 실제로는 어리석은 자가 되어버린 것입니다.

그럼에도 하나님께서 베풀어 주시는 일반은총으로 인하여, 인간은 자신의 정신을 완전히 놓아버리지는 않았습니다. 물론 정신이상(정신병) 역시 죄의 결과입니다. 문명 세계 속에서 죄의 권세와 영향력이 확대됨에 따라 해마다 정신이상자의 수는 점점 더 늘어나고 있습니다. 또한, 정신이 온전한 사람과 그렇지 못한 사람 사이의 경계를 분명하고 정확하게 정하는 것도 불가능합니다. 그러나 여전히 양자 사이의 구분은 존재합니다. 곧 일부 사람들에게 주어진 정신이상과 성경이 증언하는 모든 사람에게 공통된 이성에 드리워진 영적 어두움은 서로 다른 것입니다. 인간 일반에게는, 타락 이후에도 여전히 지각하고 바라보며, 생각하고 알 수 있는 능력이 남아 있습니다. 인간이 죄 가운데 놓여 있는 상태에서 비록 부패했을지라도, 여전히 인간으로 남아 있는 것처럼, 인간의 이성 역시 본래의 성격을 유지하고 있으며, 진리를 필요로 하고, 오직 진리 안에서만 평안과 안식을 찾을 수 있습니다.

하나님께서는 인간의 마음속에 여전히 진리에 대한 사랑과 지식에 대한 갈망, 그리고 학문에 대한 감각을 보존해 두셨습니다. 그래서 인류는 역사 속에서 끊임없이 진리를 찾으려 애써 왔으며, 혹시라도 진리를 붙잡고 발견할 수 있을지도 모른다는 기대 속에서 노력해 왔습니다. 인류에게는 진리에 대한 뿌리 깊은 욕구가 있으며, 지식과 학문을 향한 불타는 갈망이 있습니다.

진리를 찾으려는 수많은 헛된 시도를 바라보고, 의심 속에서 자신의 길을 걸으며, 슬픔에 젖거나 혹은 무심한 태도로 "진리가 무엇인가?"라는 빌라도의 물음을 입에 올리는 사람들이 항상 있었고, 지금도 그러한 물음을 가진 이들이 적지 않습니다. 그러나 이런 이들의 숫자는, 제한된 영역에서든 더욱더 넓은 영역에서든, 진리의 비밀을 밝혀내기 위해 어떤 수고도 마다하지 않고 어떤 희생도 아깝지 않다고 여기는 이들에 비하면 지극히 미미할 따름입니다. 인류는 그런 조심스럽고 회의적인 질문 때문에 그 발전의 길에서 걸음을 멈추지 않습니다. 오히려 끊임없이 앞으로 나아가며, 언젠가 의와 진리의 태양이 그 길을 환하게 비추어 줄 것이라는 희망 속에서 전진합니다. 그리고 한 철학자가 진리의 영역에 들어섰고 삶의 수수께끼를 풀었다고 주장하면, 곧이어 다른 철학자가 등장하여 자신이야말로 진리의 소유자라고 주장할 것입니다. 회의주의는 열정과 확신으로 받아들여지는 사상 체계라기보다 오히려 영혼의 질병입니다.

일부 사람들은 직업적인 회의주의자들만큼 멀리 나아가지는 않았지만, 순수한 진리는 오직 하나님의 소유일 뿐이므로, 순수한 진리를 추구하는 과정에서 오류를 범할 가능성이 있기에 그와 같은 진리를 찾으려고 애쓰는 것만으로 만족해야만 한다고 주장합니다. 그러나 이러한 주장은 자기 인식의 부족을 드러내는 행위일 뿐입니다. 우리를 자유롭게 하는 것은 진리를 '찾는 행위'가 아니라 오직 진리 그 자체입니다. 의와 진리를 사모하며, 그것들에 굶주리고 목마른 자가 복이 있는 것은, 그들이 굶주리고 목마르기 때문이 아니라, 그로 인하여 결국 배부르게 될 것이기 때문입니다. 거짓과 오류, 어리석음은 언제나 속박을 낳습니다. 반대로 지식만이, 그것도 순수하고 확실한 지식만이 힘입니다. 자연을 아는 자는 자연을 다스리며, 자연을 자기 자신의 의지에 복종하게 할 수 있습니다.

어떻게 진리에 도달할 수 있는가?

그러나 중요한 것은 단지 "진리란 무엇인가?"라는 물음만이 아닙니다. 똑같이 중요한 또 다른 물음은 "인간이 어떻게 하면 진리에 도달할 수 있는가?"입니다.

학문은 고대 헬라스에서 시작되었는데, 그 출발점은 가장 근본적이고 대담한 문제들, 곧 만물의 기원과 모든 존재의 원인에 대한 물음이었습니다. 이는 마치 어린아이가 끊임없이 "왜?"라는 질문을 던지면서 가장 근원적인 문제를 제기하는 것과 같습니다. 그러나 곧 진리란 무엇인가에 대한 견해가 크게 엇갈릴 뿐 아니라, 진리에 도달하기 위해 어떤 길을 선택해야 하는가에 대해서도 의견이 서로 크게 달랐다는 중요한 사실을 사람들은 깨닫게 되었습니다.

철학의 역사에서 학문이 시작될 때부터 두 가지 노선이 나란히, 그러나 서로 대립적으로 전개되었습니다. 한쪽에서는 감각적 경험을 지식의 유일한 근거로 보았습니다. 진리라 불릴 수 있는 것은 오직 눈으로 보고, 귀로 듣고, 손으로 만지고, 혀로 맛보고, 무게를 재거나 길이를 측정할 수 있는 것뿐이라는 입장이었습니다. 반대편 쪽에서는 사유(思惟)를 불신했습니다. 사유는 발전하는 과정에서 오히려 현실로부터 멀어지며, 실제 세계가 아닌 하나의 관념적 세계를 만들어 낸다고 여겨졌기 때문입니다.

그러나 다른 이들은 오히려 감각적 인식을 불신했습니다. 왜냐하면, 감각은 사물의 본질에 도달하지 못하고 단지 겉모습, 즉 현상만을 알게 할 뿐이었기 때문입니다. 따라서 감각은 끊임없이 변하는 의견들만 낳을 뿐, 확고하고 지속적인 학문을 제공할 수 없는 것으로 간주 되었습니다. 그래서 그들은 인간의 이성을 진리의 유일한 인식의 원리로 높였으며, 순수한 사유를 통해서만 참된 지혜에 도달하고자 했던 것입니다.

다행히 우리에게는 [감각적 또는 감각을 통한] 인식과 [이성적 또는 이성을 통한] 사유 사이의 대립이 존재하지 않습니다. 왜냐하면, 인식과 사유, 이 양자는 서로를 배제하거나 배척하지 않기 때문입니다. 하나님께서는 사물을 보고 사유 활동에 필요한 자료를 수집하는 능력과 수집된 자료를 사유를 통해서 분류하고, 가공하며, 정리하는 이 두 가지 능력을 모두 인간에게 부여하셨습니다. 이 두 가지 능력은 모두 학문을 세우는 데에 있어서 똑같이 필수적이며 중요합니다. 인식이 없이 인간은 자기 사유를 위한 내용을 얻을 수 없으며, 사유하는 능력이 없이는 인식을 통해 얻은 표상(表象)들에 학문적 형태를 부여할 수 없습니다. 사유가 형성한 개념은 인식이 그 바탕에 없다면 헛되고 공허한 것이며, 인식을 통하여 제공되는 표상들은 사유를 통하여 관념의 빛 안에서 드러나지 않는 한 맹목적인 것입니다.

믿음과 직관

[감각적 또는 감각을 통한] 인식과 [이성적 또는 이성을 통한] 사유를 대립시키는 이러한 잘못된 구도에 더해서, 우리가 동일하게 거부해야 하는 또 하나의 대립이 있습니다. 외부 세계에 대한 우리의 모든 인식은 오직 오감, 즉 다섯 가지 감각을 통해서만 이루어지며, 그 가운데 청각과 시각이 가장 중요합니다. 다른 세 가지 감각, 즉 후각과 미각과 촉각을 차치하더라도, 바로 이 두 감각, 즉 청각과 시각을 통해 영혼은 표상들을 받아들이고, 그 표상들을 사유를 통해 가공하고 정리합니다. 곧 우리는 귓전에 들려오는 말을 믿음으로 듣고 받아들임으로써, 그리고 눈으로 본 사물을 영적으로 직관하여 자기의 소유로 삼음으로써, 우리 안에서 표상들을 형성시킵니다. 그러므로 우리가 표상들을 획득하고, 지식을 습득할 수 있는 길은 본질적으로 두 가지 방향이 있습니다. 곧 말씀과 사물, 귀와 눈, 믿음과 직관이 바로 그것입니다.

많은 이들은 이 두 방향을 다시 서로 대립시키며, 둘 중 하나만이 참된 지식으로 인도할 수 있다고 생각합니다. 그들은 이렇게 주장합니다. "참된 것은 오직 우리가 직접 보거나 적어도 볼 수 있는 것뿐이다. [감각을 통한] 직관 [내지는 인식]이야말로 인간이 완전히 신뢰할 만한 지식에 도달할 수 있는 유일한 방법이다." 그러나 또 다른 이들은 감각을 통한 직관을 배제하고, 오직 말씀과 그 말씀을 믿는 신앙만이 모든 지식의 참된 열쇠라고 여깁니다. 그러나 이러한 [이분법적인] 대립은 우리에게 성립될 수 없습니다. 귀가 눈을 대신할 수 없듯, 말씀이 사물을 대신할 수 없으며, 믿음이 직관을 대신할 수 없습니다. 동시에 그 반대도 성립되지 않기는 마찬가지입니다. [눈이 귀를 대신할 수 없고, 사물이 말씀을 대신할 수 없으며, 직관이 믿음을 대신할 수 없습니다]. 믿음은 직관과 나란히 있을 뿐 아니라, 직관 속에서도 필수적입니다. 직관 또한 언제나 어떤 방식으로든 믿음과 함께 작용합니다. [결국, 참된 지식은 어느 한쪽에 대한 배타적 강조가 아니라, 감각적 경험과 신앙적 수용이 서로를 보완하는 긴장 속에서 가능하다는 것입니다].

물론 감각적 경험과 믿음, 이 둘 사이에는 분명히 무시할 수 없는 차이가 있습니다. 사도 바울은 그리스도인들이 이 땅에서 "믿음으로 행하고 보이는 것으로 행하지 않는다"고 말합니다(고후 5:7). 그러나 차이가 곧 대립을 의미하는 것은 아닙니다. 사실 믿음은 어떤 의미에서는 하나의 '바라봄', 곧 직관이기도 합니다. 바울 자신이 표현했듯이, 그것은 거울로 보는 것 같이 희미하게 보는 것이고(고전 13:12), 하나님 말씀의 거울 안에서 주님의 영광을 바라보는 것(고후 3:18)입니다. 반대로 우리가 지금 이 땅에서 하나님의 말씀을 통해 믿음으로 얻게 되는 지식은, 장차 성도들이 누리게 될 지식과 비교해 볼 때 본질이나 성격에 있어서 다른 것이 아닙니다. 다만 지금은 불완전할 뿐이며, 장차 완전해질 것입니다. [우리는 부분적으로 알고 부분적으로 예언하지만] 완전한 것이 올 때에는 부분적인 것은 사라지게 될 것입니다. 이는 어린아이가 자라 어른

이 되면, 어린아이 때의 일을 버리는 것과 같습니다. 그럼에도 불구하고, 믿음을 통해 얻는 지식은 본질적으로 직관을 통해서 얻게 되는 지식과 동일합니다. 지금은 내가 부분적으로밖에 알지 못하지만, 그때에는 하나님께서 나를 아신 것처럼 내가 온전히 알게 될 것입니다(고전 13:9-12).

따라서 '믿음'(신앙)과 '직관'은 어느 한쪽이 아니라 이 양자 모두가 지식에 이르는 길입니다. 둘 다 우리 의식 속에 표상들을 불러일으킵니다. 믿음을 통해서 우리는 직접 보지 못하거나, 혹은 단지 그림이나 묘사를 통해서만 접할 수 있는 것들에 대한 표상들을 얻습니다. 반대로 직관을 통해서 우리는 우리 가까이에 있어서 얼굴과 얼굴을 마주 보듯 직접 볼 수 있는 것들에 대한 표상들을 얻습니다.

(2)

믿음의 의미

바울이 고린도후서 5장 7절에서 "그리스도인들은 이 땅에서 믿음으로 행하고 보는 것으로 하지 않는다"고 말할 때, 그 문맥을 살펴보면 그는 분명히 구원에 이르는 믿음을 염두에 두고 있었습니다. 사실 사도는 고린도후서 4장과 5장에서 신자들, 특히 그리스도의 일꾼들이 이 땅에서 겪어야 하는 고난에 대해 자세히 다루고 있습니다. 신자들은 이 땅에서의 고난이 가볍고 잠시뿐임을 압니다.

또한, 그들은 이 땅에서의 고난이 장차 자신들에게 주어질 지극히 크고 영원한 영광을 이루어 간다는 사실도 압니다. 더 나아가, 그들은 이 땅에서 '장막'과 같은 육신의 집이 무너질지라도, 장차 손으로 지은 집이 아니라 하나님께서 친히 마련하신 영원한 집이 기다리고 있다는 것을 확신합니다.

그러기에 그들이 세상에서 겪는 환난은 그들의 마음 자세를 흔들어 놓지 못합니다. 그들은 고난으로 인해 낙심하거나 좌절하지 않습니다. 오히려 그들은 언제나 담대할 수 있습니다. 왜냐하면, 그들이 육신 안에 거하는 동안은 주님과 멀리 떨어져 있다는 사실을 이미 알고 있기 때문입니다. 하나님의 계획안에서 육신은 단지 지상의 임시 거처일 뿐입니다. 이러한 육신은 신자들을 주님과 직접 교제하지 못하도록 잠시 잠깐 신자들을 주님과 분리시켜 놓는 역할을 합니다. 그래서 이 땅에서 신자들은 믿음으로 살아야만 하는 것입니다. 믿음은 신자들의 삶이 움직이는 영역이며, 영적인 생명이 활동하고 호흡하는 터전입니다. 곧, 신자들이 육신 가운데 사는 것은 [그들을 사랑하사 그들을 위하여 자기 자신을 버리신] 하나님의 아들을 믿는 믿음 안에서 사는 것입니다(갈 2:20).

바울이 여기서 말하는 믿음의 대상은 다름 아닌 그리스도이십니다. 신자들은 이 땅에 사는 동안 그분을 눈으로 보지 못합니다. 오직 말씀이라는 거울을 통해서만 그분의 영광을 바라봅니다(고후 3:18). 그러나 거울을 통해 보는 것은 희미합니다(고전 13:12). 신자들이 여전히 주님과 떨어져 사는 것은, 그들이 아직도 땅에 속해 있으며, 감각적이고 지상에 묶인 육신 안에서 살고 있기 때문입니다.

그러나 '믿음'이라는 단어는 단지 구원과 관련된 의미만을 지니고 있지 않고, 훨씬 더 광범위한 의미를 지니며, 인간의 전 삶 속에 깊숙이 스며들어 있습니다. 우리는 단 한 순간도 믿음 없이 살아갈 수 없습니다. 믿음은 마치 우리가 숨 쉬는 공기와도 같습니다. 우리는 우리의 감각이 신뢰할 만하다는 것, 사고의 법칙이 올바르다는 것, 이웃이 정직하다는 것, 언론 보도가 정확하다는 것, 역사적 증언이 사실이라는 것, 먼 나라와 민족에 대한 기록이 진실이라는 것, 그리고 땅이 굳건히 서 있다는 것 등을 믿습니다.

다시 말해, 의식하든 의식하지 않든, 우리는 모두 하나님께서 창조 세계의 다양한 영역을 위해 제정하신 법칙과 홍수 이후 온 자연과 맺으신 언약, 곧 자연언약의 확고함을 신뢰하며 살아가는 것입니다. 하나님의 신실하심, 참되심, 오류 없으심은 하나님의 존재를 믿든 믿지 않든, 모든 인간이 의지하고 있는 흔들리지 않는 토대입니다. 가장 깊은 차원에서 모든 믿음은 결국 하나님의 증언에 대한 복잡한 신뢰를 의미합니다.

그렇다면 우리는 왜 여름과 겨울이 규칙적으로 바뀌고, 해와 달이 세대에서 세대로 빛을 비추며, 땅이 무너지지 않고, 하늘이 허물어지지 않으며, 사람들의 말이 일상 속에서 신뢰할 수 있고, 과거의 증언을 통해 역사를 세울 수 있다고 믿는 것일까요? 그것은 모든 영역에 하나님께서 세우신 법칙이 있으며, 그분께서 친히 그 법칙들을 붙들고 계시기 때문입니다. 하나님의 참되심, 곧 그분의 말씀과 의지(뜻)의 신실하심이 모든 믿음에 대한 가장 확실한 근거입니다.

이로부터 우리는 믿음의 근본 의미가 무엇인지 알 수 있습니다. 모든 영역에서 믿음은 신뢰할 수 있는 증언에 근거한 이성의 자발적 동의라는 공통적인 성격을 지니고 있습니다. 직관은 사물을 직접적이고 즉각적으로, 마치 얼굴을 마주하듯 인식하게 하지만, 믿음은 보이지 않는 사건과 사물, 혹은 이 땅에서 육신을 지니고 살아가는 동안 결코 눈으로 볼 수 없는 것들과 관련됩니다. 이러한 사건과 사물에는 언제나 그것들을 우리에게 전해 주는 증언자가 존재합니다. 우리는 그것들을 직접 보지 못하고, 누군가의 증언을 통해 알게 됩니다. 그리고 그 증언자가 신뢰할 만하다고 판단될 때 -자연스럽게든, 혹은 검증을 거쳐서든- 우리는 증언자의 말과 증언을 받아들이고 의지하게 됩니다. 따라서 모든 믿음에는 다음과 같은 세 가지 요소가 포함됩니다.

① 신뢰할 수 있는 한 사람의 증언
② 그 증언자의 신뢰성에 근거하여 자발적으로 증언을 수용하거나 동의하는 행위
③ 신뢰할 수 있는 중재자가 구두 또는 서면으로 증언한 사항이나 사건에 대한 지식

이것이 바로 믿음의 일반적인 개념이며, 어떤 영역에서든 믿

음은 항상 이러한 성격을 지니고 있습니다. 믿음은 "바라는 것들의 실상이요 보이지 않는 것들의 증거"(히 11:1)입니다. 우리가 다른 사람의 말, 신문 기사, 역사적 증언, 여행가들이 기록한 나라와 민족에 대한 묘사, 학자들의 학문적 저작 등을 받아들일 때, 바로 이러한 믿음의 개념이 작동하고 있는 것입니다. 또한, 진리에 관한 영역에서 역사적 믿음, 일시적 믿음, 기적에 대한 믿음, 그리고 '구원을 가져다주는 믿음'을 구분할 때에도 믿음에 대한 동일한 개념이 드러납니다.

구원을 가져다주는 믿음

모든 믿음들 사이에 일정한 공통점이 있다고 해서 각각의 차이점을 무시해서는 안 됩니다. 특히 '구원을 가져다주는 믿음'은 전적으로 특별한 성격을 지니고 있습니다. 물론 구원을 가져다주는 믿음은 일반적인 의미의 믿음과 어떤 공통점을 지닙니다. 그렇지 않다면 구원을 가져다주는 믿음이 '믿음'이라 불릴 수 없었을 것입니다. 하지만 구원을 가져다주는 믿음은 역사적 믿음, 일시적 믿음, 기적에 대한 믿음과는 본질에 있어서 구별됩니다.

구원을 가져다주는 믿음은 기적입니다. 구원을 가져다주는 믿음은 기원에서나 대상에서나, 그리고 열매에 있어서 모두 초자연적인 것입니다. 구원을 가져다주는 믿음은 인간의 마음 밭에서 스스로 자라나는 것도 아니고, 하나님의 '일반은총'으로 길러지는 것도 아닙니다. 구원을 가져다주는 믿음은 전적으로 하나님의 '특별 은총'으로 말미암는 선물입니다. 구원을 가져다주는 믿음은 단지 과거의 증언을 받아들이는 데 머무르지 않고, 하늘에 오르시어 전능하신 하나님 보좌 우편에 앉아 계신 그리스도를 믿음의 대상으로 삼습니다. 그리고 이 믿음은 단순히 현세적인 지식을 더해 주는 데 그치지 않고, 죄 사함과 하나님의 자녀로 입양됨, 그리고 영생이라는 열매를 맺습니다.

그래서 기독교 교의학은 모든 시대를 통틀어 이러한 구원을 가져다주는 믿음을 어떻게 올바르게 정의하고, 또 조금이라도 정확하게 설명할 수 있을지 끊임없이 씨름해 왔습니다. 모든 설교자는 『하이델베르크 교리문답서』 제7주일의 문답을 다룰 때마다 그 어려움을 깊이 실감합니다. 왜냐하면, 이 주제가 너무나 크고 신비로워서 우리가 하는 어떤 말로도 온전히 표현할 수 없기 때문입니다. 하나님께서 죄인들을 어둠에서 놀라운 빛으로 불러내시고, 죄인들을 사탄의 권세에서 그분의 영원한 사랑을 받는 아들의 나라로 옮기실 때 사용하시는 그 방법을 누가 충분히 설명할 수 있겠습니까? 우리의 교리문답에서 "참된 믿음은 지식과 신뢰로 이루어진다"라고 말할 때, 그것은 믿음에 대한 부분적인 이미만을 드러낼 뿐입니다. 그리고 여기서 말하는 지식과 신뢰는 서로 분리되어 따로 존재하는 것이 아니라, 사람의 마음속 깊은 곳에 감추어져 있고 우리의 지각(감각)을 넘어서는 하나의 뿌리에서 솟아난 두 개의 나무줄기와 같습니다.

그러나 여기서 우리가 중점을 두고자 하는 것은 차이점보다는 오히려 모든 종류의 믿음이 지니는 공통점입니다. 우리가 이미 말했듯이, 만일 '구원을 가져다주는 믿음'이 다른 모든 형태의 믿음과 아무런 공통점을 가지지 않는다면 '믿음'이라는 이름을 더 이상 붙일 수 없을 것입니다. 그렇지 않다면, '믿음'이라는 명칭은 부적절한 것이 되어, 그 명칭이 가리키는 내용을 전혀 이해시키지 못할 뿐 아니라 오히려 오해와 혼란만을 불러일으키게 될 것입니다. 그런데 하나님께서 은혜로 사람의 마음에 부어주신 이 귀한 선물에 대하여 성경이 '믿음'이라는 이름을 부여했다는 사실 자체가, 우리가 일상에서 사용하는 모든 종류의 믿음과 일정한 공통된 특징을 지니고 있음을 뜻하는 것입니다.

말씀에 근거하는 믿음

오늘날 이와 같은 사실을 분명히 이해하고 강조하는 것은 대단히 중요한 일입니다. 구원을 가져다주는 믿음의 대상은 하나님 우편에 앉아 계신 그리스도이십니다. 그리고 그 믿음은 오직 그리스도만을 대상으로 삼을 수 있으며, 반드시 그렇게 해야만 합니다. 왜냐하면, 구원을 가져다주는 믿음은 그리스도께서 자신을 우리에게 주시고, 말씀 속에서 자신을 계시하신 그대로 그분을 받아들이는 것이기 때문입니다. 우리는 각 신자에게 개별적으로 주어지는 특별한 계시를 통해 그리스도를 아는 것이 아닙니다. 또한, 우리 내면의 종교적 체험을 조합하여 그리스도의 인격과 사역을 만들어 낼 수 있는 것도 아닙니다. 더 나아가 교회의 경험으로부터 그분의 형상을 그려낼 수도 없습니다. 구원을 가져다주는 믿음은, 칼뱅의 유명한 표현처럼, "성경의 옷을 입은 그리스도"를 그 대상으로 삼습니다. 곧 성경이 증언하는 그리스도를 믿음으로 붙드는 것입니다. 만일 성경이 없었다면, 지난 18세기 동안 전해 내려온 구두 전승만으로는 우리가 그리스도에 대해 거의 아무것도 알 수 없었을 것입니다. 성경이 없었다면 우리는 그분의 인격과 사역에 대한 올바른 이해를 세우는 데 필요한 근거를 모두 잃어버렸을 것입니다.

그러므로 하늘에 계신 그리스도와 우리의 믿음 사이에는 사도들의 증언이 자리하고 있습니다. 요한복음 17장 20절이 말하듯, 우리는 오직 사도들의 말씀을 통해서만 그리스도를 믿을 수 있습니다. 또한, 사도들의 선포를 통해 우리는 사도들과 교제를 나누며, 그 교제는 다시 아버지와 그분의 아들 예수 그리스도와의 교제로 이어집니다(요일 1:3). 바로 여기에서 구원을 가져다주는 믿음이 다른 모든 종류의 믿음과 공유하는 본질이 드러납니다. 믿음은 단순한 주관적 확신이 아니라, 하나님께서 자신의 말씀을 통해 우리에게 계시하신 모든 것을 참되다고 받아들이는 확고하고도 분명한 지식입니다. 우리가 사도들의 증언에 의지하는 이유는, 그 증언이 하나님의 말씀으로서 전적으로 신뢰할 수 있기 때문입니다.

그러므로 하나님의 말씀에 대한 믿음은 곧바로 그리스도에 대한 믿음과 연결됩니다. 물론 우리는 상상 속에서 어떤 형상을 만들어 그것에 '그리스도'라는 이름을 붙이고, 마치 그것이 참된 그리스도인 것처럼 여길 수도 있을 것입니다. 그러나 진정하고 참되신 그리스도는 오직 성경을 통해서만 알 수 있는 분입니다. 사도들의 증언이 신적 권위를 지닌 말씀으로 선포될 때, 우리는 바로 그 증언을 통해, 그리고 그 증언에 근거하여 그리스도를 믿게 되는 것입니다.

그러므로 모든 믿음은 어떤 말씀이나 메시지, 혹은 증언에 근거합니다. 그리고 그 증언자가 신뢰할 만하다면, 그 믿음은 직접 눈으로 보는 것과 다름없이 올바른 이해와 확실한 지식을 우리에게 제공합니다.

(3)

그리스도를 봄

사도 바울의 증언에 따르면, 이 땅에서 그리스도인들은 믿음으로 살아갑니다. 사도는 이를 더욱 분명히 하기 위해 "보는 것으로 하지 않는다"라는 표현을 덧붙여서 믿음의 고유한 성격을 강조합니다. 고린도후서 5장 7절에서 "보는 것"이라고 번역된 헬라어 단어는 본래 어떤 사람이나 사물의 고유한 모습이나 형상이나 외형을 의미합니다. 따라서 문맥상 여기에서 우리가 특별히 염두에 두어야만 하는 것은 다름 아닌 그리스도의 모습과 형상입니다. 결국, 앞서 언급했듯이, 그리스도께서는 그리스도인들이 이 땅을 살아가는 동안 붙들어야만 하는 [인간에게] 구원을 가져다주는 믿음의 대상이 되십니다. 다시 말해, 신자들이 육체 안에서 살아가는 삶은, 그들을 사랑하시어 그들을 위해 자신을 내어주신 하나님의 아들을 믿는 믿음으로 사는 삶입니다.

바울이 대조적으로 언급하는 '모습'과 '형상'은 다른 것이 아니라 바로 그리스도의 모습과 형상을 가리킵니다. 이 땅에서 신자들은 그리스도를 직접 눈으로 볼 수 없습니다. 그들은 오직 그리스도에 대해 증언하는 사도들의 말씀 속에 머물러야만 합니다. 신자들은 그리스도의 영광을 직접 대면하지 못하며, 그리스도께서 행하신 말씀의 거울을 통해서만 그분의 영광을 바라봅니다(참조. 고후 3:18). 그러나 신자들이 죽음을 맞아 육신을 벗고 주님과 함께 거하게 될 때 모든 상황은 변하게 되는 것입니다. 이 땅에서 사는 동안 비록 주님을 직접 뵙지 못했지만, 결국 그들은 자신들이 사랑했던 주님과 영원히 함께 살게 될 것입니다. 하늘로 올려지시고 아버지의 우편에 앉으신 주님의 모습과 형상은 그들의 삶에 새로운 성격을 부여할 것입니다. 지금 그들이 보이지 않는 그리스도를 믿음으로 붙드는 것처럼, 그때에는 그리스도의 현현(顯現) 자체가 그 역할을 대신히게 될 것입니다. 그때 신자들은 하늘에서 그리스도의 영광에 둘러싸여 살게 될 것이며, 그분의 얼굴빛을 바라보는 가운데서 길을 걸으며, 그분의 직접적인 임재 가운데서 그분과 교제하며, 날마다 그분의 장막 안에 거하게 될 것입니다. 지금은 사도들의 증언 위에 머물러야 하지만, 그때가 되면 이러한 증언은 더는 필요하지 않게 될 것입니다. 왜냐하면, 신자들이 주님을 얼굴과 얼굴을 마주하여 직접 뵙게 될 것이기 때문입니다.

이와 같은 사상은 성경 여러 곳에서 다양한 방식으로 표현됩니다. 예수께서는 '대제사장의 기도'에서, 아버지께서 자신에게 맡겨 주신 자들이 자신과 함께 있어 아버지께 주신 자신의 영광을 보게 해 달라고 기도하셨습니다. "아버지여, 내게 주신 자도 나 있는 곳에 나와 함께 아버지께서 창세 전부터 나를 사랑하시므로 내게 주신 나의 영광을 그들도 보게 하시기를 원하옵니다"(요 17:24). 또한, 하나님께서는 미리 아신 자들을 그 아들의 형상을 본받도록 미리 정하시어, 그분을 많은 형제 가운데 맏아들이 되게 하셨습니다(롬 8:29). 그리고 이 일은 오직 신자들이 언젠가 주님을 얼굴과 얼굴을 마주하여 뵙게 될 때 비로소 온전히 성취될 것입니다.

물론 신자들은 지금도 그리스도께서 행하신 말씀의 거울 속에서 그분의 영광을 바라봄으로써, 주님의 영으로 말미암아 영광에서 영광으로 나아가며 그분의 형상을 따라 변화되어가고 있는 것입니다(고후 3:18). 그러나 신자들이 주님을 있는 그대로 보게 될 때(요일 3:2), 그들은 비로소 온전하고 완전하게 주님을 닮게 될 것이며, 또한 그분의 영광스러운 몸과 동일한 형상을 지니게 될 것입니다(빌 3:21). 그때에야 비로소 신자들은 주님과 함께 영광 가운데 나타나게 될 것입니다(골 3:4). 그들은 주님께서 그들을 아신 것처럼, 그들 자신에 대하여 온전하게 알게 될 것입니다(고전 13:12). 그리고 그들은 이마에 어린양의 이름을 새길 것입니다(계 22:4).

지복직관

이 모든 것은 성경 안에서 그리스도를 바라보는 일이 특별한 의미를 지닌다는 사실을 보여줍니다. 그리스도를 바라봄, 즉 그리스도를 직관하는 것에는 우리를 변화시키고, 구원하며, 영화롭게 하는 능력이 담겨 있습니다. 모든 '바라봄' 즉 '직관' 내지 '관조'는 많든 적든 바라보는 주체가 바라보이는 대상과 닮아가는 과정입니다. 보는 눈과 보이는 대상 사이에는 어떤 [친밀한] 연대성과 일치성이 반드시 있어야만 하며, 그렇지 않다면 [그 대상에 대한] 인식 자체가 성립될 수 없습니다. 우리가 더 정확하게 볼수록, 우리의 의식 속에는 바라보는 대상에 대한 더 순수한 형상이 아로새겨지고, 우리는 그 대상을 닮아가게 되는 것입니다. 우리가 그리스도의 영광을 바라볼 수 있으려면, 우리는 이 땅에서 먼저 믿음을 통해 그분을 알아야 하며, 이미 성령을 통해 그분의 형상으로 변화되기 시작해야만 합니다. 그리고 장차 그리스도를 직접 뵙는 그와 같은 [그리스도를] 바라봄', 곧 그리스도에 대한 직관으로 인하여, 우리와 그리스도 사이의 닮음이 완성되고 완전하게 될 것입니다.

이러한 '바라봄'이 시니는 [바라보이는 대상을] 닮아가게 하는 능력은, 성경에서 단지 그리스도를 바라보는 것만이 아니라 하나님 자체를 바라보는 것에 대해서 언급될 때 더욱 뚜렷하게 드러납니다. 구약성경만 보더라도 여러 곳에서 하나님을 본 경험들이 기록되어 있습니다(창 32:30; 출 24:11; 33:18-23; 민 12장; 사 13:22; 욥 4:16;

시 16:11 등). 그러나 이러한 구절들은 대체로 하나님을 직접적으로 본 것이라기보다는, 환상이나 꿈, 표징, 천사 등을 통한 하나님의 나타나심, 곧 하나님의 계시 속에서 하나님을 [간접적으로] 본 것으로 이해됩니다. 따라서 대부분의 구약의 구절들은 하나님을 직접적이고 즉각적으로 본 것을 말한다고 보기는 어렵습니다.

사실 하나님은 인간의 육안을 통해서 볼 수 있는 어떤 형체를 가지신 분이 아닙니다. 이스라엘 백성에게 주님께서 불 가운데서 말씀하실 때, 그들은 그분의 음성은 들었으나 그분의 어떤 모습도 보지 못했습니다(신 4:12). 하나님은 영이십니다(요 4:24). 그분은 가까이할 수 없는 빛 가운데 거하시며, 그 누구도 하나님을 본 적이 없습니다(요 1:18; 6:46; 요일 4:12; 딤전 6:16). 그럼에도 불구하고 신약성경은 장차 믿는 자들이 하나님을 보는 것을 모든 복의 절정, 곧 지복(至福)이 될 것이라고 약속합니다(마 5:8; 히 12:14; 계 22:4 등). 그러나 여기서 말하는 하나님을 본다는 것은 육체의 눈을 통한 봄이 아니라, 영혼의 눈을 통해, 거룩하게 된 이해력을 통해, 정결한 마음으로 보는 영적인 '바라봄'을 의미합니다.

성경에서 마음이 청결한 것과 주님을 보는 일이 서로 연관되어 있는 것도 -"마음이 청결한 자는 복이 있나니 저희가 하나님을 볼 것임이요"(마 5:8)- 바로 이러한 맥락에서만 이해될 수 있습니다. 거룩함이 없이는 그 누구도 주님을 보지 못하리라는 말씀처럼, 하나님을 알아보고 그분의 임재 내지는 현존을 깨닫고 그분의 은혜를 누리려면, 반드시 하나님과의 친밀한 연대성이 필요합니다. 마음이 부정한 사람은 하나님을 볼 수도 없고, 또한 감히 하나님을 보려 하지도 않을 것입니다.

그러나 마음이 청결한 자는, 베드로 사도가 말한 바와 같이 하나님의 성품에 참여하는 자이기에, 하나님을 볼 수 있고, 보기를 희구하며, 실제로 하나님을 보게 될 것입니다. 그는 이미 이 땅에서 성경이라는 거울 속에서, 자신의 내적 체험 속에서, 그리고 삶을 이끄시는 하나님의 섭리 속에서 하나님을 뵙습니다. 그리고 장차 훨씬 더 충만하고 영화로운 방식으로 하나님을 뵙게 될 것입니다. 그리고 그로 인해 하나님을 아는 지식을 얻게 될 것인데, 그 지식은 하나님이 '자기 스스로에 대하여 가지고 있는 지식'과 동일한 지식은 아니지만, 그 지식에 상응하는 지식이 될 것입니다. 곧 지금은 우리가 부분적으로 알지만, 그때에는 주께서 우리를 아신 것처럼 우리가 온전히 알게 될 것입니다(고전 13:12).

직관, 이성의 '바라봄'

믿음이라는 단어와 마찬가지로, '바라봄' 곧 '직관'이라는 단어도 단지 영적이고 구원론적인 의미만 지니는 것이 아니라, 일상적이고 자연스러운 의미에서도 자주 사용됩니다. 예를 들어 성경에서도 여인들이 예수의 무덤을 보고, 그의 시체가 거기에 어떻게 두어졌는지를 보았다는 기록이 있습니다(눅 23:55). 사실 이것이 바로 '바라봄'이라는 단어의 첫 번째이자 원래의 의미입니다. 말에서는 자연적인 원래의 의미가 우선이고, 그다음에 영적인 의미가 파생되는 법입니다. '보는 행위'는 인간이 눈을 통해 행하는 지각 활동으로서, '보다', '바라보다', '응시하다', '관찰하다' 등에 상응하는 의미를 가집니다. 다른 감각 기관을 통한 인식을 바라봄, 직관 내지는 관조라는 이름으로 부르는 것은 그 자체가 부적절한 용법입니다. 누구나 쉽게 느낄 수 있듯이, 소리와 음향을 귀로 들을 때의 청각이나, 단맛과 신맛을 혀로 맛볼 때의 미각, 혹은 단단함과 부드러움을 손으로 느낄 때의 촉각을 '바라봄' 곧 '직관'이라고 부르는 것은 부자연스러운 표현입니다.

사람이나 사물을 즉각적으로 이성을 통해서 파악하는 것을 '직관'이라고 부르는 것이 훨씬 더 자연스럽습니다. 물론 이것은 비유적인 의미이지만, 단어의 본래 의미와 크게 어긋나지 않습니다. 왜냐하면, 이성을 통한 직접적 인식도 일종의 '바라봄' 내지는 '직관'이기 때문입니다. 그렇지만 그러한 '바라봄'은 육체의 눈이 아니라 영혼의 눈으로 보는 '직관'입니다. 하나님께서는 모든 것을 보신다는 것도 이와 같은 뜻입니다. 하나님은 육체를 가지신 분이 아니기에 육체적 의미의 눈 또한 갖고 계시지 않습니다. 그럼에도 불구하고 하나님은 모든 것을 보십니다. 하나님 앞에서는 모든 것이 벌거벗은 듯이 드러나며, 하나님의 눈은 온 땅을 두루 살피십니다. 사실 하나님은 육체적 눈을 가지지 않으셨기에, 오히려 우리보다 무한히 더 완전하게 모든 것을 보시는 것입니다. 육체의 눈은 아무리 정교하게 지어진 기관(器官)이라 할지라도 제한적이고 유한하며,

많은 결함을 가지고 있습니다. 그러나 하나님은 영이신데, 무한하고 완전한 영이시기에 모든 만물을 그 깊은 본질과 가장 깊은 밑바닥까지 꿰뚫어 보십니다. 하나님의 전지하심 앞에 은폐될 수 있는 것은 아무것도 없습니다.

그러므로 천사들과 영화롭게 된 성도들은 날마다 하늘에 계신 아버지의 얼굴을 본다고 말할 수 있습니다. 그들은 육체의 눈으로 하나님을 바라보는 것은 아니지만, 여전히 실제에 있어서, 참되게 하나님을 바라봅니다. 왜냐하면, 우리 안에서 진정으로 보는 것은 눈이 아니라 정신이기 때문입니다. 눈은 단지 도구일 뿐이며, 보는 활동은 영혼, 곧 정신이 행하는 것입니다. 인간의 '나', 곧 '자아'가 눈을 통해서 보고, 귀를 통해서 듣는 것입니다. 따라서 비록 비유적인 표현이기는 하지만, 이성을 통하여 사물을 직접 인식하는 것을 '바라봄' 즉 '직관' 내지는 '관조'라고 부르는 것도 전혀 부자연스러운 표현이 아닙니다.

이러한 언어의 사용은 성경 안에서뿐만 아니라 학문에서도 일반적입니다. 많은 철학자들은 지식이 단지 '감각적 직관'과 그 위에 세워진 추론을 통해서만 얻어지는 것이 아니라고 말합니다. 그들은 오히려 '지성적 직관'을 통해서만 사물의 겉모습의 이면을 꿰뚫어 한눈에 그 본질을 파악하고, [감각적 직관에 의존하는] 세밀한 분석만으로는 결코 도달할 수 없는 사물의 깊은 핵심에 도달하게 된다고 주장합니다. 실제로 예술가들이나 철학자들에게서 종종 가장 정확한 관찰이나 가장 치열한 연구를 훨씬 능가하는 특별한 직관의 재능이 발견됩니다. 그들의 천재성은 언제나 그 비상(飛翔)의 높이에 있어서 [일반인이나 학자들의] 가장 뛰어난 재능조차도 훨씬 능가합니다.

(4)

하나님은 영이시다

믿음과 직관, 즉 바라봄은 인간이 자기 바깥의 세계와 자기 안의 세계를 인식하는 두 가지 주요한 길입니다. 그리고 이 두 길을 통해 인간은 지식과 학문에 이르게 되는 것입니다. 이는 우리의 일상의 경험이 가르쳐 주는 바이며, 성경 또한 이를 증언해 줍니다. 나아가 믿음과 직관이 어떤 관계에 있으며, 각각 어떤 가치를 지니는 것인지에 대해서도 주님의 말씀이 우리에게 빛을 비추어 줍니다. 우리가 이 점을 바르게 이해하려면 먼저 예수께서 증언하신 "하나님은 영이시다"라는 말씀에서 출발해야만 합니다.

이방인들은 하나님의 영적 본질에 대한 인식을 거의 다 잃어버렸습니다. 비록 피조물 속에서 하나님의 보이지 않는 것들, 곧 그분의 영원하신 능력과 신성이 드러나 알 수 있음에도 불구하고, 그들은 하나님을 알면서도 하나님을 하나님으로 영화롭게 하거나 감사하지 않았습니다. 오히려 그들의 생각은 허망해졌고, 미련한 마음은 어두워졌습니다. 그리하여 썩지 아니하는 하나님의 영광을 썩어져 버릴 사람과 새와 짐승과 기어다니는 동물 모양의 우상으로 바꾸어 버렸습니다(롬 1:20-23). 그들은 믿음을 잃어버린 뒤 눈에 보이는 것들로 자신들을 위한 신을 만들고자 했습니다.

그들은 하나님의 입으로부터 그분의 모든 사역을 통하여 인간에게 전해지는 그분의 말씀을 알아듣지 못했고, 오히려 눈으로 보고 손으로 만질 수 있는 신들을 만들었습니다. 그 결과 그들이 섬기는 신들은 허영과 무의미에 불과했으며, 그 신들에게는 존재도, 자기의식도 없었습니다. 그 신들은 입이 있어도 말하지 못하고, 눈이 있어도 보지 못하며, 귀가 있어도 듣지 못하고, 코가 있어도 냄새 맡지 못하고, 손이 있어도 만질 수 없고, 발이 있어도 걸을 수 없었으며, 목구멍으로 어떤 소리도 낼 수 없었습니다. 그리고 사람은 언제나 자기가 섬기는 신과 같기를 원했기에, 그러한 신을 만들고 그 신을 신뢰하며 점점 그 자신이 만든 신의 모습을 닮아가고 말았던 것입니다.

우상을 통해 모든 신적이고 보이지 않는 것들을 물질적으로 바꾸어 버린 이방 종교와 달리, 성경은 하나님께서 순수하고 완전하며 무한하신 영이시라는 사실을 강력하게 증언합니다. 그리고 이러한 증언에는 두 가지 의미가 담겨 있습니다.

첫째, 하나님은 실제로 존재하시되 보이지 않고, 비물질적이며, 육체를 가지지 않으신 방식으로 존재하신다는 것입니다. 하나님은 헛된 '허상'도, '무'(無)도, 인간의 인식능력이 만들어낸 '표상'도 아닙니다. 오히려 그분은 스스로 자유로우신 영적인 존재이십니다. 하나님은 스스로 존재하시며, 자기 자신으로부터, 자기 자신을 통하여, 자기 자신 안에서, 그리고 자기 자신을 향하여 존재하십니다. 하나님은 순수한 존재이시며, 순수한 본질이십니다.

둘째, 하나님은 완전한 자의식을 가지신 분이시라는 것입니다. 하나님은 빛이시며, 그분 안에는 어둠이 전혀 없습니다. 그분 안에는 그분 자신에게 감추어진 것이나 불가해한 것이 전혀 없습니다. 하나님의 전(全) 존재는 그분의 영원하고 무한하신 자의식 속에서 가장 완전한 방식으로 반영되어 있습니다. 아무도 하나님을 본 적이 없으나, 하나님은 자신을 통해 자신 존재의 가장 깊은 심연까지 직관하시고 아십니다. 아버지를 아는 이는 아들밖에 없고, 아들을 아는 이는 아버지밖에 없으며, 마찬가지로 성령께서도 모든 것을 살피시고, 하나님의 깊은 것까지도 알고 계신다고 성경은 증언합니다. 그러므로 하나님이 영이시라는 것은 곧 하나님이 가장 완전한 '존재'와 '자의식'을 동시에 가진 분이심을 의미하며, 또한 하나님께서 영원한 생명과 영원한 빛이심을 의미합니다.

하나님 사역의 이중적 성격

이러한 이중적 성격은 -그렇게 불러도 좋다면- 하나님의 모든 사역에서도 드러납니다. 그것은 하나님의 '내적 사역'에서도, '외적 사역'에서도 마찬가지입니다. 아버지께서 스스로 생명을 가지신 것처럼, 아버지는 아들에게도 스스로 생명을 가지게 하셨습니다. 그 아들은 영원하고 참되신 아들이며, 아버지와 '동일 본질'(ὁμοούσιος)이시며, 동일한 생명을 가지신 분입니다. 동시에 그 아들은 말씀(로고스)이시며, 태초에 하나님과 함께 계셨으며, 아들은 곧 하나님이셨습니다. 하나님께서는 영원부터 아들에게 존재를 부여하셨습니다. 아들은 아버지로부터 '출생'하심으로, 아버지로부터 자신의 존재를 부여받으신 분입니다. 여기서 아들의 출생은 곧 아버지의 '말씀하심'입니다. 그리고 이러한 아버지의 '말씀하심'은 인간의 말하는 행위, 곧 언어 행위와 미약하나마 유사성을 가집니다. 또한, 아버지와 아들로부터 '발출'하시는 성령 또한 한 분의 위격이시며, 스스로 자신의 생명을 소유하신 분이지만, 동시에 자기 자신의 의식의 빛으로 모든 만물과 심지어 하나님의 깊은 심연까지도 모두 다 통찰하시는 분이십니다.

창조 역시 이와 유사한 방식으로 이루어집니다. 오직 영이신 하나님만이 창조하실 수 있습니다. 비교하자면 인간에게도 또한 창조의 능력이 부여되어 있다고 말할 수 있습니다. 그러나 인간은 정신이 그 자신 안에 머무르는 한에서만 학문이나 예술, 혹은 다른 어떤 분야에서 새롭고 위대한 것을 창조할 수 있습니다. 선지자들도 성령께서 그들 위에 임하셨을 때에만 자신들의 위대한 사역을 수행할 수 있었습니다. 반면, 동물은 창조할 수 없습니다. 동물들은 발명이나 발견을 하지 못하며, 예술이나 학문을 산출하지 못합니다. 그러나 비유적으로 말해서, 인간도 창조적일 수 있습니다. 왜냐하면, 인간은 하나님의 형상을 따라 창조되었고, 물질을 지배하는 정신을 소유하고 있기 때문입니다. 그래서 인간은 "도구를 제작하는 동물"이라고 불립니다.

그러나 이러한 모든 것은 단지 미약한 비유에 불과하지만, 하나님의 창조가 무엇인지에 대해 어느 정도의 이해를 우리에게 제공해 줍니다. 창조의 사역은 전적으로 하나님께만 속합니다. 오직 하나님만이 그 단어가 지닌 유일하고 완전한 의미에서 '창조'하실 수 있습니다. 하나님은 영이시며, 자신의 영원한 뜻과 계획 속에서 모든 만물의 존재와 발생을 결정하신 분이십니다. 그리고 자신의 전능하신 뜻을 통해 피조물들이 [하나님께] 의존적이며 독립적이지는 않지만, 개별적이고, 개체적인 존재가 되게 하신 분이십니다. 그러므로 하나님의 창조는 곧 말씀하심이며, 그분이 말씀하시는 것이 곧 창조의 행위입니다. 하나님께서 "빛이 있으라"하고 말씀하셨을 때 곧 세상에 빛이 있게 되었습니다. 하나님이 말씀하시면 그것은 존재하게 되고, 그분이 명령하시면 그것은 [존재로] 서게 됩니다.

하나님께서는 말씀으로 만물을 창조하셨습니다. 하늘과 땅에 있는 모든 만물은 그분의 말씀을 통해 지어진 것이며, 그 말씀이 없이는 단 하나도 존재하게 된 것이 없습니다. 하나님께서 말씀으로 만물을 창조하셨고, 지금도 그 말씀으로 만물을 붙드십니다. 그러므로 말씀은 영원하고 전능하며 어디에나 계시는 능력입니다. 모든 존재는 하나님의 생각이 구체화 된 것이며, 만물은 보이지 않는 하나님의 형상입니다. 모든 피조물은 만물보다 먼저 나신 아들을 통하여 존재를 부여받았고, 그 아들 안에서 자신의 존재를 유지합니다. 모든 만물은 [하나님의] 능력의 말씀 안에서 안식하며, 그 말씀으로 계속 자신의 존재를 영속(永續)시키는 것입니다.

믿음으로 보는 본질

이처럼 온 세상의 창조는 하나님의 생각(사유)이 형상화된 것입니다. 그분의 생각은 모든 존재의 기초이자 본질이며 핵심입니다. 우리가 창조와 섭리를 이렇게 이해할 때, 히브리서 11장 3절의 깊은 의미가 보다 분명하게 드러나게 됩니다. "믿음으로 모든 세계가 하나님의 말씀으로 지어진 줄을 우리가 아나니, 보이는 것이 나타난 것으로 말미암아 된 것이 아니니라." 그런데 [헬라어] 원문은 조금 다르게 표현되어 있는데, 그것을 직역하면 다음과 같습니다. "믿음으로 우리는 온 세상이 하나님의 말씀으로 지어진 줄을 깨닫는다. 이는 보이는 것들이 나타난 것으로부터 존재하게 된 것이 아니기 때문이다." 사도가 이 말씀을 통해 전하려는 중심 메시지는 분명합니다. 믿음의 대상은 눈에 보이는 것이 아니라는 사실입니다. 히브리서가 기록될 당시 유대 그리스도인들은 여전히 성전과 제사, 각종 [제례] 의식과 같은 눈에 보이는 것들에 집착하고 있었습니다. 그러나 참된 믿음의 대상은 보이지 않는 그리스도이시며, 하늘나라이고, 보이지 않는 영원한 복락입니다.

이미 구약시대에 하박국 선지자는 "의인은 그의 믿음으로 말미암아 살리라"(합 2:4)라고 증거했습니다. 믿음은 곧 "바라는 것들의 실상이요, 보지 못하는 것들의 증거"(히 11:1)입니다. 이 믿음 안에서 모든 경건한 자들이 이 땅에서 나그네로 살았습니다. 사실 구약성경이 처음 언급하는 사건, 곧 창조 사건부터가 믿음에 의해서만 이해될 수 있는 사건입니다. 우리는 오직 믿음을 통해서만, 이 세상이 하나님의 말씀, 곧 그분의 명령으로 창조되었음을 알 수 있습니다. 단순히 눈으로 세상을 본다고 해서 결코 이 진리를 깨달을 수는 없습니다. 오직 믿음, 곧 하나님의 말씀을 믿는 믿음을 통해서만, 세상이 하나님의 말씀으로 창조되었을 뿐 아니라 지금도 매 순간 그 말씀으로 보존되고 다스려지고 있음을 깨닫게 되는 것입니다.

히브리서 11장 8절은 아브라함이 하나님께 부르심을 받았을 때, 장차 기업으로 받을 땅을 향하여 갈 바를 알지 못한 채 [하나님의 말씀에] 순종하여 떠난 사건을 전합니다. 이것은 결코 우연이나 돌발적인 사건이 아니라, 믿음으로 이루어진 사건입니다. 마찬가지로, 눈에 보이지 않는 세계, 곧 창조가 하나님의 말씀으로 이루어졌다는 사실도 오직 믿음을 통해서만 이해될 수 있습니다. 이는 단순한 선택이나 우연의 결과가 아니라, 하나님께서 자신의 뜻 가운데서 의도적으로 정하신 것입니다. 하나님은 말씀으로 세상을 창조하실 때, 바로 이러한 목적과 뜻을 두셨습니다. 그것은 곧, 사람들이 눈으로 보는 것들이 보이는 것들에서부터 나온 것이 아님을 알게 하시려는 것이었습니다. 이렇게 하심으로써 믿음의 본성과 필연성이 창조 때부터, 그리고 창조 그 자체를 통해서 모든 사람에게 분명히 드러나도록 하신 것입니다.

세상은 하나님의 말씀으로 창조되었으며, 우리가 보는 것들은 보이는 것으로부터 기원한 것이 아닙니다. 모든 만물은 하나님의 말씀과 생각(사유)에서 비롯되었고, 지금도 하나님의 말씀으로 그 존재가 유지되고 있습니다. 그러므로 사물의 본질을 알기 위해서는 믿음이 반드시 필요합니다. 단순히 눈으로 보는 것만으로는 충분하지 않습니다. 보는 것은 사물의 외형과 현상, 표면만을 드러낼 뿐, 그 본질과 핵심, 그리고 보이지 않는 것들의 배후에 도달하지는 못하기 때문입니다.

오직 믿음만이 우리를 사물의 본질에 이르게 해줍니다. 하나님의 증언에 굳게 붙들려 있는 믿음만이 말씀을 통해 눈에 보이는 것들의 기원과 본질을 밝혀 줍니다. 그리하여 우리는 하나님 말씀의 빛 안에서 사물을 참되게, 본래의 모습 그대로 바라볼 수 있게 됩니다. 그 결과 믿음은 우리가 눈에 보이는 세계를 올바르게 이해하게 하고, 참되고 본질적인 지식을 얻게 해줍니다. 곧 믿음을 통하여 우리는 세상이 하나님의 말씀으로 지어졌다는 사실을 깨닫게 되며, 지금도 그 말씀이 이 세상을 붙들고 계심을 인정하며 그 사실을 이해하게 되는 것입니다.

(5)

일반계시와 특별계시

하나님의 모든 사역, 곧 창조와 섭리와 통치는 하나님의 생각(사유)에 근거하고 있습니다. 이 모든 것은 하나님의 말씀, 곧 하나님께서 말씀하심으로 이루어진 것입니다. 그러므로 하나님의 사역의 참된 본질은 오직 믿음을 통해서만 깨달을 수 있습니다. 만일 죄가 세상에 들어오지 않았더라면, 인간에게 하나님의 직접적이고 문자적인 특별계시는 반드시 필요하지는 않았을 것입니다. 하늘이 하나님의 영광을 선포하고, 궁창은 그분의 손으로 하신 일을 나타내기 때문입니다(시 19:1). 따라서 [인간이 타락하지 않았더라면] 피조물들을 통해서도 인간은 보이지 않는 것들을 이해하고 파악할 수 있었을 것입니다. 하나님께서는 자신의 모든 사역을 통해 인간에게 말씀하셨습니다. 그러므로 하나님의 형상으로 창조된 인간이 죄에 빠지지 않았더라면, 인간은 창조 세계 속에 나타난 하나님의 말씀을 분명히 이해하고, 믿음을 통해 하나님의 영원한 뜻과 생각을 배울 수 있었을 것입니다.

그러나 타락 이전의 상태에서 일반계시만으로 충분했을 것이라는 주장은 어디까지나 일정한 범위 안에서만 인정될 수 있는 견해입니다. 아담이 죄를 범하지 않았다고 할지라도, 단지 하나님의 손으로 지으신 피조물들만을 통해 창세기 1장에서 기록된 것과 같이 만물의 기원과 과정을 온전히 이해할 수 있었을지는 불분명합니다. 하나님께서 특별한 방식으로 아담에게 직접 알려주시지 않으셨다면, 아담이 그 모든 사실을 알 수 있었는지 의문입니다.

실제로 하나님께서는 타락 이전에도 인간에게 자신을 계시하신 것은 분명합니다. 단지 창조 사역과 그 안에 울려 퍼지는 말씀을 통해서 뿐만이 아니라, 하나님께서는 실제 자신의 말씀과 인간의 언어 안에서 의도적으로 전달하신 생각을 통해서도 자신을 계시하셨습니다(창 1:28; 2:16). 그러나 이러한 제한하에서 타락 이전의 무죄한 상태의 인간에게 있어서도 일반계시의 충분함은 여전히 인정될 수 있습니다. 죄로 말미암아 인간의 지성이 어두워지지 않았더라면, 인간은 믿음을 통해 피조물 속에서 하나님의 보이지 않는 속성들과 그분의 뜻을 올바로 이해하고 통찰할 수 있었을 것입니다.

특별계시의 필요성

그러나 죄로 인해 여기에 큰 변화가 일어나게 되었습니다. 자연인, 곧 타락한 인간은 하나님의 영에 속한 보이지 않는 것들, 즉 비가시적인 피조물들을 이해하지 못할 뿐 아니라, 눈으로 보고 손으로 만질 수 있는 가시적인 피조물들조차도 올바르게 파악하지 못하게 되었습니다. 온 이방 세계의 역사가 이 사실을 증거합니다. 곧, 세상이 하나님의 말씀으로 창조되었으며, 보이는 것들이 단순히 눈앞에 드러난 것으로부터 생겨난 것이 아니라는 사실은 특별계시 없이는 전혀 알 수 없는 진리입니다. 피조물을 통해 얻을 수 있는 하나님에 관한 지식은 모든 민족에게서 왜곡되고 오류와 뒤섞여졌으며, 마침내 우상숭배와 형상숭배로 진락하고 말았습니다.

이른바 '자연 종교'와 '자연적인 도덕성'은 그 어디에서도 순수하고 참된 모습으로 존재하지 않습니다. 그러므로 타락 이후에는

비록 자연적이고 가시적인 사물에 대한 올바른 인식을 위해서라
도, 특별계시, 곧 하나님께서 특별히 말씀하시는 것과 그분의 실제
적인 말씀은 필수적인 것이 되었습니다. 성경 안에서 우리에게 다
가오는 하나님의 말씀은 단지 좁은 의미에서의 구원에 이르는 지
식만을 전달하는데 국한될 수 없었고, 반드시 온 세상과 인류의 모
든 역사 위에 그 빛을 비추어 주어야만 했습니다. 하나님에 관한
지식, 즉 하나님의 미덕과 사역에 대한 지식이 피조물로부터 얻어
질 수 있다는 사실조차도, 타락 이후에는 하나님의 직접적인 말씀
을 통해 의도적으로 계시되어야만 했던 것입니다. 하나님께서 친
히 자신의 말씀으로 우리에게 말씀하셨기에, 우리는 이제 보이는
것들이 결코 눈앞에 나타난 것들 자체에 그 기원과 근거를 두고 있
지 않다는 사실을 깨달을 수 있게 된 것입니다. 그렇지만, 타락 이
후의 특별계시가 이러한 문제를 주된 주제로 삼고 있는 것은 아닙
니다. 사실 그것은 특별계시의 중심 내용도, 궁극적인 목적도 아닙
니다. 성경은 자연과학이나 예술을 위한 교과서가 아닙니다. 그러
나 성경은 삶의 모든 영역에 빛을 비추어 주며, 그 길을 걸어가는
모든 이들의 발에 등불이 되어 줍니다.

예언과 기적

특별계시의 핵심적인 내용은 타락한 인간의 구원, 곧 죄인인 인
간의 구원이며, 더 정확히 말하자면 잃어버린 인류의 구원 안에서

하나님의 영광이 드러나는 것입니다. 그런데 여기서 곧바로 주목할 만한 사안이 하나 있습니다. 이러한 특별계시는 단지 말씀(언어)으로만 주어지는 것이 아니라, 행위(사건)를 통해서도 나타난다는 사실입니다. 예언과 기적은 -이 두 가지를 넓은 의미로 이해한다면- 특별계시 안에서 언제나 손을 맞잡고 함께 나아가는 것입니다.

하나님께서 인간의 타락 이후 아담과 하와를 은혜언약 안에 세우셨을 때, 그분은 그들에게 또한 약속의 말씀(창 3:15)을 통하여 예언(말씀)과 기적(행위)이 함께 역사한다는 사실을 알리셨습니다. 또한, 하나님께서 홍수 이후에 모든 창조 세계와 더불어 자연언약을 맺으셨을 때도, 노아와 그의 가족에게 그 언약을 직접 알려주시고, 그들 위에 축복의 말씀을 선포해 주셨습니다(창 8:21 이하). 하나님께서 아브라함을 갈대아 우르에서 가나안 땅으로 인도하시려 하셨을 때도, 먼저 그를 부르시고 그분의 뜻을 알려주셨습니다. 그리고 수 세기가 지난 후에, 하나님께서 이스라엘 백성을 많은 표징과 기사를 통해 이집트에서 가나안으로 인도해 내셨을 때도, 그분의 모든 행하심은 언제나 말씀과 함께 이루어졌습니다.

이렇게 이스라엘의 전 역사를 통틀어, 하나님의 말씀과 행위, 곧 예언과 기적은 언제나 나란히 함께 나타났고, 함께 역사했던 것입니다. 말씀과 행위, 이 둘 중의 어느 하나만으로는 충분하지 않습니다. 왜냐하면, 말씀과 행위는 서로를 보완해주고, 서로를 지탱해주며, 서로를 해석해 주기 때문입니다. 이러한 사실은 신약의 계시에서 더욱 분명하게 드러납니다. 그리스도께서는 육신으로는

[다윗의 혈통으로] 조상들에게서 나셨습니다(롬 1:3). 주님께서는 눈으로 볼 수 있고, 귀로 들을 수 있으며, 손으로 만질 수 있는 분으로서 우리의 감각 인식의 범주 안에서 실제로 나타나셨습니다. 사도들이 생명의 말씀에 관하여 자신들이 직접 듣고, 직접 보고, 직접 바라보고, 직접 손으로 만진 것을 우리에게 선포했던 것입니다.

말씀과 행위의 불가분성

이렇게 역사적이며 감각적인 실재성이 바로 우리 기독교 신앙의 중심점입니다. 그리스도께서는 육신을 따라서는 조상들에게서 나셨지만, 동시에 영원히 찬송 받을 참된 하나님이십니다. 그분은 태초에 하나님과 함께 계셨고, 스스로 하나님이신 말씀, 곧 로고스이십니다. 그러므로 그리스도는 율법과 복음을 선포하신 우리의 대제사장이시며, 아버지를 밝히 드러내셨고, 또한 자신이 세상의 구주이심을 친히 증언하신 분이십니다. 그리스도께서는 자기 자신의 해석자이셨고, 자신이 누구인지, 자신의 인격과 사역의 중요성은 무엇인지, 자신의 고난과 죽음, 부활과 승천의 이유와 목적은 무엇인지를 선포하셨습니다. 따라서 신약성경의 구원 사건들은 하나님의 말씀을 통하여 마침내 성취되는 것입니다.

예수께서는 자신의 제자들에게 모든 것을 다 말씀하시지는 않으셨습니다. 제자들이 당시에는 그분의 말씀을 다 감당할 수 없었기 때문입니다. 그러나 예수께서는 자신이 떠나신 후에 진리의 성령을 보내주시겠다고 제자들에게 약속하셨습니다. 그 성령께서 오셔서 제자들을 모든 진리 가운데로 인도하실 것입니다. 실제로 사도들은 그리스도께 들은 것과 본 것, 목격하고 손으로 만진 것을 성령의 인도하심을 통하여 선포하셨습니다. 그러므로 사도의 증언은 그리스도의 인격과 사역에 대한 하나님의 신적인 주석(注釋) 외에 다른 것이 아닙니다. 따라서 특별계시 안에서는 말씀과 행위, 예언과 기적이 반드시 함께 있어야만 합니다. 그 둘은 서로 떨어질 수 없으며, 어느 하나만으로는 불완전하고 불충분하기 때문입니다.

우리가 잠시 "성경적 역사"와 "성경적 신학"이라는 말을 사용한다면, 두 영역은 어느 정도 구분될 수 있을지는 몰라도, 결코 분리될 수는 없습니다. 이 둘은 자물쇠와 열쇠, 날줄과 씨줄처럼 서로 맞물려 하나를 이루고 있기 때문입니다. 역사 속에서 여러 차례 반복되어 나타난 신비주의의 오류는, 이 사상이 구원의 말씀은 붙잡되 죄의 문제는 그대로 두고, 단지 마음의 새로운 태도만을 강조하는 것으로부터 발생했다는 데 있습니다. 그러나 역사는 이미 그런 식의 신앙은 결국 기독교의 중심과 본질을 상실하게 만든다는 사실을 충분히 보여주고 있습니다. 신비주의자들이 말하는 "사람들의 마음속에서 연합하는 신비적 그리스도"는 결국 역사적 예수 그리스도와 이름만 같을 뿐, 역사적 예수 그리스도와는 전혀 다른 존재입니다. 또한, 사람들이 의지했던 "내적인 빛"은 종종 성경 본문을 경멸하는 결과로 나타났으며, 신비주의자들이 자신을 내맡겼던 "영"은 종종 위로부터 온 성령이 아니라, 아래로부터 온 다른 영으로 드러났던 것입니다. 그러므로 특별계시 안에서 우리는 하나님의 말씀과 행위의 통일성 및 상호 연관성을 반드시 붙들어야만 합니다. 만약 하나님께서 친히 자신의 말씀 안에서 그리스도의 인격과 사역을 우리에게 설명해 주시지 않으셨다면, 우리가 그것을 어떻게 올바로 이해할 수 있었겠습니까? 그리고 만일 하나님의 말씀이 그 말씀의 의미를 드러내는 실제 사건들과 분리되어 있다면, 그 말씀은 우리에게 무슨 유익이 있겠습니까?

죄는 본질에 있어서 거짓과 불의, 무지와 불순종, 어둠과 부패를 동시에 내포하고 있습니다. 죄는 인간의 전(全) 존재를 오염시켰습니다. 곧 죄는 영혼과 육체, 이성과 마음, 그리고 인간 삶의 모든 영역에 침투하여 인간을 완전히 타락시켰던 것입니다. 그 결과 인간은 하나님의 형상, 곧 [참된] 지식과 [의와] 거룩함을 완전히 상실하게 되었습니다. 따라서 특별계시는 말씀과 행위, 예언과 기적 안에서 주어졌습니다. 인간의 전 존재와 인간의 의식 전체가 모두 새로워져야만 했기 때문입니다.

인간의 새로워짐은 '소명'(부르심)만으로는 충분하지 않습니다. 인간의 소명은 반드시 '중생'(거듭남)에 의하여 인도되어야만 하기 때문입니다. 그리고 인간의 새로워짐은 중생만으로도 충분하지 않습니다. 인간의 중생은 반드시 소명과 함께 나아가야만 하기 때문입니다. 하나님께서는 교회에 단지 자신의 말씀만 주신 것이 아니라, 동시에 자신의 성령도 주셨습니다. 그리고 또한 자신의 성령만 주신 것이 아니라, 자신의 말씀도 함께 주셨습니다. 믿음이란 하나님께서 자신의 말씀 안에서 계시하신 모든 것에 대한 확실한 지식일 뿐만 아니라, 동시에 그리스도의 공로로 인하여 나의 모든 죄가 용서받았다는 굳건한 신뢰이기도 합니다. 그러므로 하나님께서 이렇게 하나로 합치신 것을 사람이 감히 나누어서는 안 됩니다.

(6)

직관의 필요성

'창조'와 '재창조', 두 영역 모두에서 말씀과 사건, 사상과 행위는 서로 긴밀하게 결합 되어 있습니다. 두 영역에서 이 양자는 언제나 함께 나란히 나아가며, 서로를 동반하고, 서로를 해석하고, 서로를 지지합니다. 그러므로 자연의 역사나 은혜의 역사 모두에서 '믿음'과 '직관'은 우리에게 있어서 지식과 학문에 이르는 두 가지 길입니다.

그럼에도 불구하고, 이 두 영역 사이에는 처음 생각할 때 거의 화해할 수 없을 만큼 커다란 차이가 존재합니다. 왜냐하면, 자연의 역사가 우리를 사방에서 에워싸고 있기 때문입니다. 태초에 하나님의 전능하신 말씀으로 생겨난 창조 세계는, 지금도 하나님의 섭리로 말미암아 그 존재를 유지하고 있으며 존속하고 있습니다. 그때 창조된 하늘은 지금도 여전히 우리 머리 위에 펼쳐져 있으며, 그때 만들어진 땅은 우리가 지금 발을 딛고 서 있는 바로 그 땅입니다. 그때 하늘의 천공(궁창)에 빛으로 두신 해와 달과 별들은 지금도 여전히 우리를 비추고 있으며, 낮과 밤을 밝히고 있습니다.

심지어 그때 바다와 육지에서 창조된 모든 생명체도, 본질에 있어서나 그 종류에 있어서, 지금 우리가 보고 있는 그것들과 똑같은 존재들입니다.

하나의 관점에서 보면, 아무것도 고정되어 있지 않습니다. 모든 것은 끊임없이 움직이고, 모든 것은 변하고 움직입니다. 불안정함 외에는 영원한 것이 없습니다. [불안정함만이 영원합니다]. 그러나 또 다른 관점에서 보면, 그 모든 변화와 생성 속에서도, 날마다, 해마다, 세기마다 항상 같은 것들이 존재합니다. 한 세대가 지나고 또 다른 세대가 오지만, 땅은 영원히 지속됩니다. 이미 있었던 것은 다시 있을 것이고, 이미 행해진 것은 다시 행해질 것이므로, 해 아래 새것이 없습니다. 그러므로 우리는 자연 속에서 하나님께서 행하시는 사역들을 날마다 관찰(직관)할 수 있습니다. 우리는 [자연 속에서] 하나님의 사역이 존재한다는 사실을 다른 목격자들의 증언을 통해 믿을 필요가 없습니다. 왜냐하면, 우리는 이미 사방에서 그 사역들로 둘러싸여 있기 때문입니다. 우리는 우리 자신의 눈으로 그것들을 보고, 우리 자신의 손으로 그것들을 만지며, 우리 자신의 감각으로 그것들을 인지합니다.

따라서 자연에 관한 연구, 즉 눈으로 볼 수 있는 사물들에 대한 학문에서는 눈여겨 바라보는 것, 즉 직접적인 관찰 내지는 직관이 매우 중요한 위치를 차지합니다. 물론 우리는 언제나 하나님 말씀의 빛 아래에서 창조 세계 전체를 바라보아야만 합니다. 그렇지 않으면 우리는 사물들을 올바른 빛 아래서 보지 못하게 되고, 사물들의 겉모양에 머무를 뿐, 그것들의 속뜻과 본질에 이르지 못하게 되기 때문입니다. 그러나 우리가 아무리 하나님의 말씀의 빛 아래에서 창조 세계, 곧 자연을 바라보는 것이 옳고 필수적이라고 할지라도, 자연을 참되게 알기 위해서는 우리가 우리 자신의 눈을 열어 직접 자연을 보고, 관찰하고, 인식하며, 연구해야만 하는 것입니다.

성경은 분명히 우리 발을 위한 등불이요, 우리 길 위의 빛일 뿐만 아니라, 우리가 수행하는 학문의 도상에서도 또한 등불이요 빛입니다. 그러나 성경은 자연학과 화학과 천문학을 위한 교과서가 아닙니다. 이러한 학문들을 배우고자 하는 사람은 자연으로 눈을 돌려, 사물들 그 자체를 향하여 "너는 무엇이며, 어떻게 존재하느냐?"라고 질문해야만 합니다. 이러한 이유로 인하여, 그리스도인들은 '직관적 · 경험적 관찰 방법'이 적절한 영역 안에서, 정당한 한계 가운데 사용된다면, 이 방법을 절대로 반대하지 않습니다. 우리는 이른바 경험적 탐구 방법을 절대로 거부하지 않습니다. 하나님께서도 자연을 통하여 우리에게 말씀하시며, 그 속에서 그분의 지혜를 드러내고 계시는데, 어찌 우리가 직관적. 경험적 관찰 방법을 반대할 수 있겠습니까?

하나님의 말씀은 성경에 국한되는 것이 아닙니다. 창조 세계 전체가 우리의 눈앞에 펼쳐져 있는 한 권의 아름다운 책과 같습니다. 창조 세계 안에서 모든 피조물, 즉 크고 작은 존재들은 마치 글자들처럼, 보이지 않는 하나님의 속성들, 곧 그분의 영원하신 능력과 신성을 우리에게 보여줍니다.

우리는 '경험론자들', 즉 직접 보고 관찰 내지는 직관하는 방식을 주장하는 사람들이 눈에 보이는 것들을 자신들의 눈으로 직접 관찰하고, 자유롭고 독립적으로 연구하며, 가능한 한 철저하고 정확하게 자연과 사물들을 인식하려는 태도에 대하여 결코 반대하지 않습니다. 아니, 오히려 그러한 태도와 관련하여 우리도 그들과 같은 견해를 가지고 있습니다. "근원으로 돌아가자!" 이것은 우리 또한 경험론자들과 함께 외치는 구호입니다. 자연을 참되게 배우려면, 우리는 어린아이처럼 겸손하고 순종하는 마음으로 자연 앞에서 자연을 향하여 "너는 무엇이냐?"를 질문하며 자연에 대하여 배우고자 하는 태도를 지녀야만 합니다. 우리는 자연 위에 우리의 의견과 이론과 체계를 억지로 강요해서는 안 됩니다. 우리는 자연을 지배하는 주인이 아니라, 그저 묻고 배우는 제자들일 뿐입니다. 어린아이 같은 순종이야말로 자연학의 영역에서도 진리와 자유에 이르는 길입니다.

경험주의의 맹점

그러나 경험론자들과 우리 사이의 이러한 유사한 태도에도 불구하고, 우리가 오늘날의 경험론자들과 끝까지 함께할 수 없는 데는 두 가지 이유가 있습니다. 첫 번째 이유는, 그들이 관찰(직관)이라는 방법을 유일하고 절대적인 방법으로 [과도하게] 격상시키는 태도에 대하여 우리가 결코 동의할 수 없다는 데 있습니다. 왜냐하면, 관찰의 방법은 유일한 길이 아니며, 그럴 수도 없고, 또한 그렇게 되어서도 안 되기 때문입니다. 하늘과 땅에는 단순한 관찰 내지는 직관으로는 결코 알 수 없는 것들이 많이 있습니다. 그러기에 우리는 그러한 것들에 대해서는 다른 방법으로 지식을 얻고자 접근해야만 합니다. 이는 하나님과 신적인 것들뿐만 아니라, [모든 존재의] 본질과 핵심, 그 존재들의 보이지 않는 배경, 그리고 만물이 의존하고 있는 [하나님의] 말씀과 생각까지도 인간의 육안으로는 결코 접근할 수 없는 영역이기 때문입니다. 그럼에도 불구하고 인간이 이러한 것들을 억지로 드러내려고 한다면, 그는 그것들을 훼손하게 되고, 결국 자신의 영적인 실존을 가난하고 빈약하게 만들 뿐입니다.

그리고 우리가 오늘날의 경험론자들에게서 불편함을 느끼며 동의할 수 없는 또 다른 하나의 이유는, 그들이 너무 쉽게 연구를 끝내고 너무 서둘러 결론을 내린다는 점에 있습니다. 예를 들어, 지질학자들은 여기저기서 지층들을 조금만 조사하더니, 곧바로 "성경의 창조 이야기는 사실이 아니다. 창조라는 사건은 없었으며, 지구는 수백만 년 동안 존재해 왔다"라고 단정지어 버립니다. 인류학자들은 인간을 연구하면서 동물과의 유사성을 관찰한 뒤, 성급하게 "인간은 동물에서 진화했으며, 양자 사이에는 본질적인 차이가 없다"라고 결론 내어 버립니다. 또 범죄학자들은 범죄자를 연구하여, 범죄자와 정신질환자 사이의 몇 가지 공통점을 발견하자, 대담하게 "범죄란 단지 정신이상(정신병)의 한 형태일 뿐이며, 따라서 범죄는 처벌이 아니라 치료의 대상이다"라고 주장해 버립니다.

이 모든 것은 우리 그리스도인들이 보았을 때 지나치게 피상적인 태도로 보입니다. 우리는 이러한 현상들을 직접 관찰하고 진지하게 연구하는 일 자체에 관해서는 반대하지 않습니다. 그러나 하나님이 지으신 창조 세계는 너무나 광대하고 광막하며, 그곳에는 헤아릴 수 없는 수많은 현상이 발생합니다. 그러나 여기에 비해서 우리의 관찰 능력은 너무나 제한적입니다. 따라서 우리가 바라는 것은 경험적 연구를 포기하라는 것이 아닙니다. 우리는 오히려 그러한 경험적 연구가 훨씬 더 철저하고 세밀하게 이루어지기를 바랍니다. 짧은 시간 동안의 불완전한 관찰만으로 모든 현상을 다 알게 되었고, 그 모든 현상을 죄다 설명할 수 있다고 성급히 결론짓지 않기를 바라는 것입니다. 우리에게 오직 한 가지 바람이 있다면, 그것은 경험론자들이 좀 더 인내심을 가지고, 조금 더 겸손하게 그 험난한 길을 걸어갔으면 하는 것입니다.

그들의 성급함(조급함)은 사실 이해가 가지 않는 것은 아닙니다. 왜냐하면, 믿지 않는 사람은 언제나 조급하고 불안하기 때문입니다. 그도 결국 인생과 세상에 대한 어떤 일관된 관점, 곧 하나의 세계관을 필요로 합니다. 그런데 그러한 세계관을 믿음으로 받아들이기를 거부한다면, 그는 어쩔 수 없이 자신의 힘으로 또 다른 하나의 세계관을 만들어 내야만 하고, 그 과정에서 불완전하고 부정확한 자료들 위에 그것을 세울 수밖에 없습니다.

반면에 우리 그리스도인들은 학문적인 영역에서 종종 지나친 인내심을 가지고 있고, 때로는 무척 소극적이기까지도 합니다. "믿는 자는 서두르지 않는다"(사 28:16)는 성경의 말씀을, "믿는 자는 가만히 앉아서 아무 일도 하지 않는다"는 뜻으로 잘못 이해하는 경우가 종종 있습니다. 그러나 그것은 전혀 올바른 해석이 아닙니다. 믿음은 사람을 무기력하고 게으르게 만들지 않습니다. 오히려 믿음은 사람을 일하도록 자극합니다. 학문의 영역에서도 마찬가지입니다. 다만 믿음은 일하는 자에게 필요한 평정심과 내적인 안식, 차분한 시선, 편견 없는 탐구, 조용한 소망과 선한 열망을 선물해 줍니다. 이 세상에서 그리스도인보다 더 평안하고, 더 열린 마음으로, 더 큰 확신 가운데 학문에 임할 수 있는 사람은 없습니다. 왜냐하면, 그리스도인은 풀잎 하나, 비와 가뭄, 풍년과 흉년, 음식과 음료, 건강과 질병, 부와 가난, 형통과 고난, 이 모든 것들이 결코 우연으로 말미암은 것이 아니라, 하나님 아버지의 손으로부터 자신에게 주어진다는 사실을 알고 있기 때문입니다.

구원을 아는 유일한 길

자연을 연구할 때, 곧 가시적인 사물들을 과학적으로 탐구할 때 직관적 관찰은 불가피합니다. 자연 연구에 있어서 직관적으로 탐구의 대상을 관찰하는 것은 정당할 뿐 아니라, 지식에 이르는 가장 중요한 수단이기도 합니다. 하지만 재창조에서의 하나님의 사역은 전혀 다른 것입니다. 물론 은혜의 계시는 말씀뿐만 아니라 사건들도 포함합니다. 그리고 그 사건들은 한때 직접 눈으로 목격한 목격자들에 의해 감각적으로 관찰되고 인식될 수 있었던 것입니다.

하지만 지금 우리에게 그 사건들은 모두 과거의 일입니다. 사도들은 실제로 육신이 되신 말씀을 눈으로 보았습니다. 곧 생명의 말씀에 대하여 자신들의 눈으로 보고 손으로 만진 것을 우리에게 선포했습니다. 하지만 우리는 그 사건들을 직접 본 적이 없습니다. 우리는 그 사건들을 오직 사도들의 증언, 곧 하나님의 뜻에 따라 사도들을 통해 세상에 선포된 말씀을 통해서만 알 수 있습니다. 따라서 구원의 사건들, 곧 구원 계시의 역사에 대해서는 우리에게 직접적인 '직관'의 가능성은 없습니다. 그 사건들을 알 수 있는 유일한 길은 오직 믿음뿐입니다. 이렇게 보았을 때, 자연의 일들과 은혜의 일들 사이에는 우리가 지식에 이르는 방식에 있어서 큰 차이와 뚜렷한 대조가 있어 보입니다. 즉, 자연 세계에서는 감각적 관찰(직관)이 세상을 알게 하는 기관이고, 은혜의 세계에서는 믿음이 하나님의 특별계시를 우리의 의식 속에 받아들이게 하는 수단입니다. 그러나 좀 더 깊이 생각해 보면, 그 차이는 현격히 줄어들 것이고, 그 대조 또한 크게 완화될 것입니다.

3. 믿음과 사랑

「믿음과 사랑」(*Geloof en liefde*, 1909)은 헤르만 바빙크가 당시 기독교적 생활의 증진을 위하여 간행되었던 청년회 월간지 『엑첼시오르』(*Excelsior*) 제245호(1909년 8월) 121-122에 기고한 글이다(Herman Bavinck, "Geloof en liefde," *Excelsior*, no. 245 (Augustus 1909): 121-122). 바빙크는 이 글에서 믿음과 사랑의 관계가 어떠한 것인지를 규명한다. 그리고 감상적이거나 왜곡된 사랑을 비판하고, 믿음 안에서 하나님과 이웃을 향한 참된 사랑이 무엇인지를 해명한다.

믿음과 사랑의 관계

믿음과 사랑, 이 양자는 종종 서로 갈등을 빚곤 합니다. 진실성에 있어서 전혀 의심의 여지가 없고, 따뜻한 신앙심으로 돋보이는 신자들 가운데에도, 정작 이웃에 대한 참된 사랑을 거의 찾아볼 수 없는 이들이 있습니다. 이러한 모습을 직접 눈으로 본 사람들 가운데는, 그런 신자들의 종교를 위선(僞善)으로밖에 설명할 수 없다고 말하는 이들도 있습니다. 그러나 실제로는 그렇지 않습니다.

믿음과 사랑, 종교와 도덕은 분명히 서로 깊은 연관성이 있으며, 조화롭게 함께 작동해야만 합니다. 그러나 믿음과 사랑, 도덕과 종교는 동일한 것은 아닙니다. 그리고 어떤 사람들에게서는 이 양자 사이의 간격이 너무나 멀기도 합니다. 종교적인 열심을 가진 사람들 가운데는 도덕적인 요구와 불편한 관계에 놓인 이들도 있고, 경건하다고 여겨지는 사람들 가운데도 특정한 도덕적 문제에 대해 지나치게 느슨한 양심을 가진 이들이 있습니다. 심지어 신앙의 모범으로 존경받는 이들조차도, 고통받는 자들이나 타락한 자들, 혹은 원수와 반대자들에 대해서 놀라울 만큼 냉담하고 무정한 태도를 보일 때가 있습니다. 사도 야고보는 이미 이런 사람들을 알고 있었으며, 그들에게 그들의 믿음을 행위로 증명할 것을 권면했던 것입니다(약 2:18).

다른 한편으로, 자신의 의무를 진지하게 여기며, 자신의 직업에 있어서 성실하고 정직하며, 고통받는 이들을 깊이 동정할 줄 아는 사람들 또한 적지 않습니다. 그러나 그들 가운데는 모든 종교와 단절하고, 종교적인 믿음(신앙)이 도덕적인 삶에 도움이 되기보다는 오히려 해가 된다고 여기는 이들도 있습니다. 그 이유는, 믿음이라는 것은 언제나 어떠한 권위에 의존하기 때문에, 인간에게서 자율성과 자유를 빼앗는다고 그들이 생각하기 때문입니다. 그들의 견해에 따르면, 신앙인은 선(善) 자체를 사랑하고 행하는 것이 아니라, 그것을 명령한 입법자로 인하여 선을 행하거나, 혹은 그 선의 실천에 대한 보상을 기대하기에, 선을 행한다는 것입니다. 물론 이러한 태도 자체가 나쁜 것은 아닙니다. 하지만 그것은 진정한 선, 곧 참된 도덕성에는 여전히 미치지 못하는 태도입니다. 참된 도덕성의 최고단계에서는 선을 그 자체로 사랑하며, 상이나 벌을 염두에 두고 선을 행하지 않습니다. [예수를 찾아온] 부자 청년은 이러한 '도덕성에 대한 만족감'의 일면을 보여줍니다. 그 청년은 자신이 어려서부터 십계명의 둘째 돌판에 기록된 모든 명령을 -살인하지 말라, 간음하지 말라, 도둑질하지 말라, 거짓증언하지 말라, 속여 빼앗지 말라, 네 부모를 공경하라!- 모두 다 지켰다고 예수께 말했던 것입니다(막 10:20). 그러나 예수께서 그 청년을 시험하셨을 때, 그는 슬픈 마음으로 주님 곁을 떠날 수밖에 없었습니다.

그럼에도 불구하고, 모든 종교와 모든 민족 가운데에서 종교와 도덕은 크게 든 작게 든 서로 밀접한 관계를 맺고 있습니다. 종교는 언제나 인간의 삶을 질서 있게 이끌기 위한 규범들을 그 자신 속에 포함하고 있으며, 종교에서 도덕적 명령들은 신으로부터 비롯된 것으로 간주되고, 신은 또한 그것들을 지키는 자들에게는 상을 약속하고, 그것들을 어기는 자들에게는 벌을 줌으로써, 그것들을 유지하신다고 믿어져 왔던 것입니다.

기독교가 말하는 믿음

기독교 안에서도 종교와 도덕 사이의 이러한 상관관계가 존재하는데, 기독교에서 그 둘의 관계는 다른 어떤 종교보다 훨씬 더 깊고 친밀합니다. 왜냐하면, 기독교에 와서야 종교와 도덕이 비로소 참되고 순수한 성격을 갖출 수 있었기 때문입니다. 기독교에서 종교는 곧 믿음에 근거하며, 도덕은 곧 사랑에 근거합니다. 그러나 기독교가 말하는 믿음(신앙)은 -마치 우리가 일반 역사나 각 나라의 역사에서 반복적으로 그러한 형태의 믿음을 자주 보는 것처럼- 단순히 '역사적 믿음', 즉 역사적 사건이나 기적에 대한 증언을 사실로 받아들이는 것을 의미하지 않습니다. 이와 달리 참되고 진실한 믿음으로서의 기독교 신앙이란 예수 그리스도 안에서 나타난 하나님의 은혜에 대한 마음의 신뢰를 의미합니다.

하나님은 또한 율법 안에서 자신을 처음으로 계시하셨고, 율법에서 우리에게 "이것을 행하라. 그러면 살리라"라고 요구하셨습니다. 그러나 우리가 이러한 '행위로 말미암는 의'를 얻는다는 것은 더 이상 불가능한 일입니다. 왜냐하면, 율법은 우리의 육체의 죄과로 말미암아 무력하게 되었기 때문입니다. 그러므로 하나님께서는 그의 은혜의 풍성함을 따라 복음 안에서 하나의 다른 의를 계시해 주셨습니다. 그것은 율법과 상관없는 의, 곧 율법 없는 의이며, 이는 곧 그리스도를 통하여 성취된 의를 의미합니다. 그 의는 그리스도의 인격 안에 담겨 있으며, 우리가 믿음으로 말미암아 우리 자신의 것으로 받아들일 수 있게 되는 그러한 의입니다.

그러므로 참된 믿음은 한 분의 인격, 곧 하나님께서 우리에게 주신 지혜와 의와 거룩함과 구원이신 그리스도를 그 대상으로 삼습니다. 그러나 우리는 성경 안에서 우리 눈앞에 드러난 그대로의 그리스도를 섬겨야만 합니다. 그렇지 않으면 우리는 그리스도에 대해 아무것도 알지 못하고, 어쩌면 거짓된 그리스도를 스스로 만들어 내어 오류 속으로 빠져들고 말 것입니다. 그러나 참된 믿음은 성경의 증언에만 머물러 있지 않습니다. 참된 믿음은 성경의 증언을 뚫고 나아가, 그리스도 자신에게까지 이르게 합니다. 참된 믿음은 신자를 그리스도와 연합시키며, 그분과 교제하게 하여 줍니다. 그리고 이렇게 믿는 사람은 바로 그리스도에 의해 하늘에 계신 아버지의 자녀가 되고, 영원한 생명의 상속자가 될 것입니다. 따라서 기독교의 믿음은 다른 어떤 종교에서 말하는 믿음이나, 세상의 다른 영역에서 사용하는 '믿음'이라는 말과는 전혀 다른 의미를 가집니다. 왜냐하면, 기독교의 믿음은 의롭게 하고, 거룩하게 하며, 구원에 이르게 하는 믿음이기 때문입니다.

기독교가 말하는 사랑

마찬가지로, 기독교에서의 사랑은 비(非)기독교적 도덕에서의 사랑과 전혀 다른 것입니다. 하지만 겉보기에는 그렇지 않아 보일 수도 있습니다. 사람들은 종종 종교는 서로 간에 크게 다르지만, 도덕에서는 결국 같은 결론에 이른다고 말하곤 합니다. 물론 이런 주장에는 일리가 있습니다. 왜냐하면, 도덕률이 모든 사람의 마음속에 어느 정도 명확하게 새겨져 있기 때문입니다. 그러나 이런 판단은 매우 피상적인 것입니다. 더 깊이 들어가 보면, 도덕의 영역에서도 그 차이는 점점 더 뚜렷하고 명백해지기 때문입니다. 오늘날의 시대에 그 사실은 더욱더 강하게 증명되고 있습니다. 모든 도덕률과 개념들이 의심스러운 발전의 과정을 겪고 있기 때문입니다.

특히 십계명의 첫 번째 돌판에 새겨진 하나님에 관한 계명들에 대해서, 그 변화는 더욱더 명백합니다. 이제는 하나님에 대한 사랑이 도덕법의 한 계명이라는 사실조차 많은 사람의 생각 속에 더 이상 존재하지 않습니다. 하나님의 존재와 계시, 그리고 그분에 대한 인식 가능성 자체가 부정되는 상황에서, 어떻게 여전히 하나님을 사랑한다고 말할 수 있겠습니까?

그래서 많은 사람이 사랑에 대해 말할 때, 그들은 곧바로 이웃에 대한 사랑만을 떠올립니다. 그러나 그들이 이해하는 이웃 사랑은 매우 독특한 방식으로 해석되고, 해석된 것보다 더 독특한 방식으로 적용됩니다. 이러한 독특한 이해와 더 독특한 적용의 원인은

'정의'와 '사랑'을 서로 대립하는 것으로 보고, 사랑을 온유함이나 동정심, 혹은 연민의 감정과 동일시하는 데서 비롯된 것입니다. 그러나 이러한 사랑의 개념은 기독교에서 유래한 것이 아니라, 불교에서 유래한 것입니다. 불교에서는 인간 존재 그 자체가 본래 불행이며, 따라서 인간은 존재 그 자체로 연민(동정)을 받을 가치가 있는 것으로 간주합니다.

그러나 이러한 [불교적인] 사랑의 이해는 자연스럽게 독특한 적용을 낳습니다. 만약 사랑이 연민(憐憫)이며 모든 '정의'(正義)를 배제하는 것이라면, 사랑의 대상은 단지 가난한 사람이나 병든 사람만이 아니라, 범죄자들까지도 포함할 수 있습니다. 왜냐하면, 범죄자들은 가장 비참한 처지에 있으며, 자기 존재로 인하여 누구보다도 더 큰 고통을 겪고 있기 때문입니다. 따라서 그들에게 '형벌'을 가하는 것은 옳지 않다는 논리가 가능해집니다. 범죄자들은 감옥에 있어야 할 자들이 아니라, 오히려 병원이나 최소한 '교정 시설'에 머물러야 할 사람들이 되는 것입니다. 그리고 사랑은 범죄자들에게만이 아니라 동물들에게도 확장되어야만 한다고 말합니다. 왜냐하면, 동물들도 우리 인간들과 '동일한 기원'을 지니고 있으며, 우리 가족의 일부이기 때문입니다. 따라서 동물에 대한 사랑은 '이웃 사랑'의 한 형태로 여겨집니다. 실제로, 특히 부유한 계층 가운데에는 동물을 사람보다 더 잘 먹이고 입히며, 병이 들면 의학적으로 치료하고, 죽으면 장례까지 정중하고 장엄하게 치러주는 남녀들이 점점 더 늘어나고 있습니다.

오늘날 도덕법의 모든 계명이 -비단 첫 번째 돌판의 계명만이 아니라 두 번째 돌판의 계명까지도- 기독교 윤리에서 이해되고 적용되는 방식과는 전혀 다르게 해석되고 있음을 밝히는 일은 그렇게 어렵지 않습니다. 오늘날 '네 부모를 공경하라'라는 계명, 곧 하나님께서 우리 위에 세우신 모든 권위를 존중하라는 계명은 어떻게 취급되고 있습니까? 살인, 간음, 도둑질을 금하는 명령은 이제 어떤 권위를 지니고 있습니까? 이웃을 해치려고 거짓 증언을 하지 말고, 이웃의 것을 탐내지 말라는 명령은 여전히 효력을 가지고 있습니까? 이 모든 점에서, 단지 삶의 실천뿐 아니라 관념적 이론 속에서도 모든 측면에서 점점 다른 형태의 새로운 도덕성이 형성되고 있습니다. 니체는 많은 사람의 마음속에 무의식적으로 자리 잡고 있던 생각들을 단지 여러 가지 측면에서 명시적으로 표현했을 뿐입니다.

그러나 기독교가 선포하는 사랑은 불교가 말하는 사랑과 본질에 있어서 다른 종류의 사랑입니다. 특히 기독교의 사랑이 법과 의(義)를 무시하거나 폐기하지 않고, 오히려 그것을 받아들이고 완성한다는 점에서 불교의 사랑의 개념과 뚜렷이 구별됩니다. 기독교는 구원의 종교이지만, 그 구원은 의의 길 안에서 주어지는 구원입니다. 그리스도는 하나님의 사랑의 결정적 증거이십니다. 특히 그리스도께서 많은 사람을 위한 속전으로 자기 생명을 내어주셨다(딤전 2:6)는 사실 속에서, 하나님의 사랑은 가장 분명하게 드러납니다.

복음

그러므로 우리에게 이러한 구원을 알려주는 복음은 여전히 율법과는 다른 것입니다. 율법이 요구하는 것을 복음은 우리에게 선물로 주며, 율법이 정죄하고 우리를 죽음에 이르게 하는 곳에서 복음은 우리를 자유롭게 하고 우리에게 생명을 줍니다. 그러나 복음은 그리스도를 통해 그러한 무죄판결과 생명을 올바르게 얻도록 허락하고, 그리하여 육신을 따라 행하지 않고 성령을 따라 행하는 사람들에게 율법의 의가 이루어지도록 하십니다. 은혜는 자연이나 율법을 폐기하지 않으며, 오히려 그것들을 회복시키고 완성시킵니다. 그래서 그리스도를 믿는 사람들은 진심으로 이렇게 고백하게 됩니다. "내 속사람으로는 하나님의 법을 즐거워하노라!" (롬 7:22).

믿음과 사랑

그러므로 기독교에서 믿음과 사랑은 서로 분리할 수 없이 깊게 결합되어 있습니다. 새로운 삶은 믿음에서 시작되고, 믿음 안에서 자라납니다. 우리가 이 땅에서 사는 동안 그러한 믿음의 삶은 계속되며, 우리의 생이 끝난 후에야 비로소 삼위일체이신 하나님을 직접 대면(직관)하는 삶으로 옮겨질 것입니다. 그런데 이 새로운 삶은 사랑 안에서 그 자신의 힘을 드러냅니다. 사랑은 새로운 생명이 움직이는 영역이고, 그것이 숨 쉬는 대기이며, 그것이 달려가는 길입니다. 그러나 그러한 사랑은 약함이 아니라 강함이며, 달콤한 감정이 아니라 생동하는 힘이고, 감상적인 정서가 아니라 의지의 강인함입니다. 사랑은 의로움을 회피하거나 파괴하는 것이 아니라, 율법을 성취하는 사랑입니다. 마치 의사가 연민의 감정을 억누르고, 참된 사랑의 힘으로 환자의 환부에 메스를 대는 것처럼, 사랑은 때로는 겉보기에 냉정하고 사랑이 없어 보이는 행동으로 나타나기도 합니다. 그러나 사랑은 언제나 이웃의 구원과 하나님의 영광을 목표로 하며, 모든 일에서 율법의 의를 성취하는 사랑입니다. 그러한 사랑을 위해서는 우리에게 믿음이 반드시 필요합니다. 그리고 기독교의 믿음은 바로 이러한 사랑 안에서 살아서 역사하며 움직입니다.